미 육군

소총사격교범

번역 홍희범

호 비 스 트

M4A1을 사격중인 75레인저연대의 대원. 장착한 유탄발사기는 M320. 조준경은 1배율과 4배율 전환이 가능한 캐나다의 엘칸 스펙터 DR이다. 여기에 AN/PEQ-15와 슈어파이어 웨폰라이트도 달려있다. 이 총은 조정간이 오른쪽에 없어 일찍부터 특수부대용으로 지급된 버전으로 추정된다.

M150 RCO와 PEQ-15(AN/PEQ-15)가 장착된 M4A1을 아프가니스탄에서 사격중인 미 육군 병사. 장착된 탄창은 맥풀사의 폴리머제 PMAG.

US ARMY CARBINES/RIFLES

▲ 현재 미 육군 제식 소총으로 지급중인 M4A1카빈. 원래 M4A1카빈은 특수부대 지급 총기였으나 2013년부터 기존의 M4카빈을 개조하는 형식으로 정규군에도 지급되고 있다. 사진의 총은 주한미군 보유 총기로, M68CCO(에임포인트 콤프 M4)와 수직손잡이, 웨폰라이트등이 장착되었다.

▶ SOPMOD, 즉 특수부대용의 M4카빈용 액세서리 키트. 사진은 2005년에 나온 블록 1 사양으로, 지금은 블록 3까지 발전했다. 사실 여기 나온 액세서리들의 대부분은 이미 정규군에까지 넘어가 있다. 레일 시스템의 발전으로 M4/M4A1카빈은 엄청난 확장성을 보여주고 있으며 액세서리도 전술과 기술의 발전에 맞춰 빠르게 교체되고 있다.

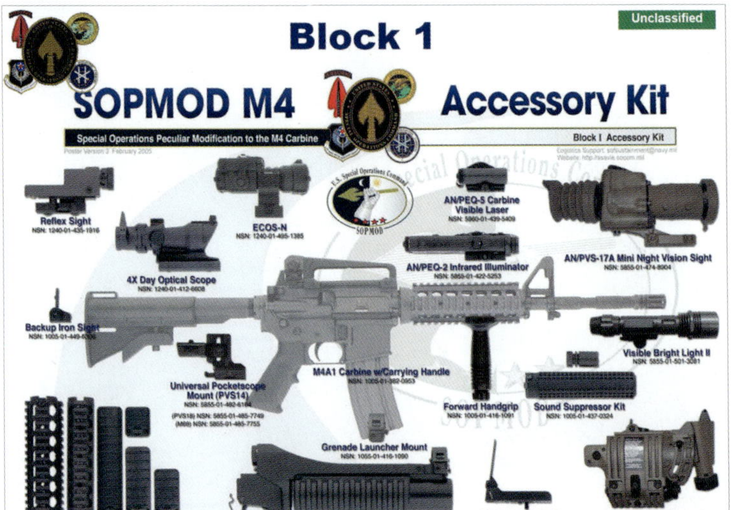

C
F
SEMI
AUTO
SAFE
MFG 3S679
PART # 9349102
SERIAL # 10645091

FN MFG LLC.
COLUMBIA, SC
MFG. CODE
3S679
SEMI
SAFE
AUTO
PROPERTY
OF U.S. GOVT.
M4A1CARBINE
CAL. 5.56MM
10645091

▲▶ M4카빈을 사격중인 미육군 병사. M4카빈은 불과 얼마 전까지도 미 육군의 제식 소총으로 사용됐지만 현재 육군 보유분은 점차 M4A1으로 개조되고 있다. 외관상 큰 변화는 없지만 조정간이 안전-반자동-3점사로 조작되며 조정간 위치도 왼쪽에만 국한된다.

◀ 최근 지급되는 M4A1의 리시버. 이 총은 기존 FN사제의 M4를 M4A1으로 개조한 것이다. 3점사(BURST)각인이 있던 곳이 AUTO(완전자동)으로 바뀌고, 명칭 부분도 M4에서 M4A1으로 바뀌었다. 또 조정간도 원래 왼쪽에만 있던 것이 오른쪽에도 장착되는 좌우대칭형이 되었다. 아프가니스탄등에서의 실전경험으로 미군은 3점사가 이론과 달리 불편하고 상대적으로 고장의 원인이 되기 쉬운데다 총격전의 대부분이 반자동으로 실시되며 연발사격은 단시간의 제압사격 중심으로 이뤄진다는 점 때문에 3점사를 자동으로 점점 교체하는 추세이다.

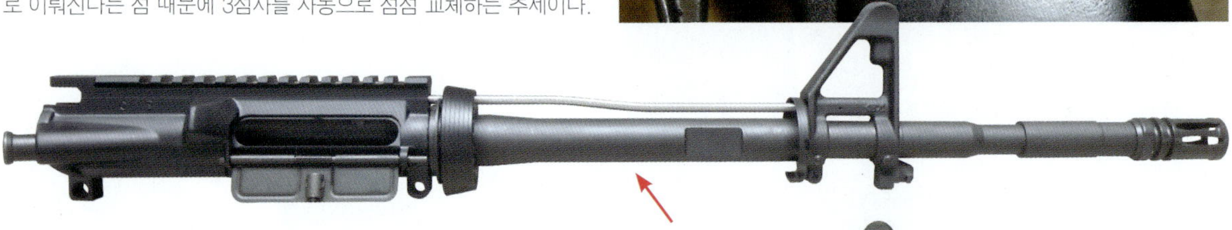

M4A1(위)과 M4(아래)는 총열의 차이도 있다. M4(노란 화살표)는 안쪽이 가늘게 되어 있는 일명 펜슬 배럴이지만 M4A1(붉은 화살표)은 이 부분이 굵어 연발 사격시의 과열 문제가 훨씬 적다. 현재 배치되는 M4A1도 이 굵은 총열이 사용되고 있다.

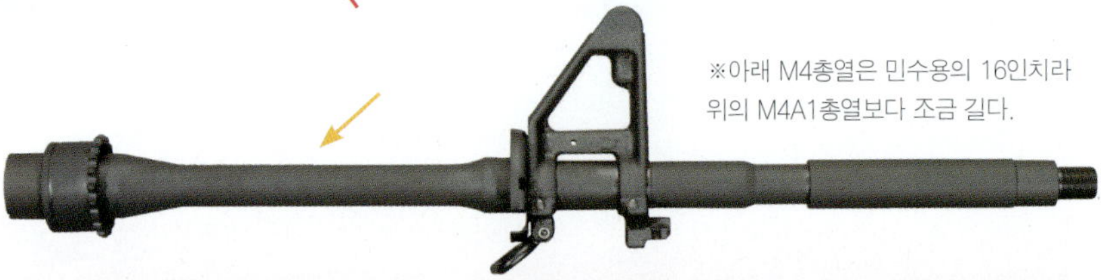

※아래 M4총열은 민수용의 16인치라 위의 M4A1총열보다 조금 길다.

미 육군의 대표적 유탄발사기인 M203. 1969년에 실전배치된 이래 지금도 대량으로 사용된다. M4및 M4A1카빈의 독특한 총열 형태도 M203장착때문에 디자인된 것이다. 원래 M4용으로는 짧은 버전인 M203A1도 있지만 정규군에서는 대부분 기본형 M203을 그냥 쓴다(사진은 미 해병대원).

M203으로 유탄을 발사중인 미 육군 병사. 40mm 저속유탄은 말 그대로 느리기 때문에 사진에 이처럼 포착되는 경우도 비교적 드물지 않다.

▼ 현재 M203의 후계로 보급중인 독일 HK사의 M320유탄발사기. 소총 장착뿐 아니라 사진같은 단독운용도 가능하며 더블액션이라 불발시에도 재격발이 되며 다양한 길이의 탄을 쏠 수 있다. 다만 휴대성등의 면에서 M203보다 불편하다는 평가도 적지 않다.

M16A4를 3점사로 사격중인 미 해병대원. M16A4는 원래 일반 보병용으로 미 육군에도 배치되었으나 그 기간은 매우 짧고, 테러와의 전쟁으로 M4계열과 교체되었다. 그러나 미 육군에서도 비전투 병력에게 아직 지급되고 있고 해병대도 최근까지 제식으로 사용했다(현재 M4로 교체중).

레일 커버를 대부분 떼어낸 상태의 M16A4를 쏘는 미 해군 수병들. 미 육군과 해병대에서 밀려난 M16A4들은 이처럼 해군에 상당수가 넘어갔다.

▲◀ 1980년대에 등장해 90년대 후반까지 미 육군 제식소총이었던 M16A2. M4카빈도 M16A4도 이 총에서 파생된 바리에이션이다. 고정식 운반손잡이, 폴리머제 핸드가드(총열덮개), 20인치 총열등 고전적인 레이아웃이 이제는 오히려 인상적이다. A2역시 미 육군에서 2선급 부대등을 위해 아직까지 현역에 남아 운용중이며 이라크나 아프가니스탄등의 동맹국에 군사원조품으로도 대량으로 보내진 바 있다.

◀ 미 육군 특수부대(그린베레) 대원이 Mk.18 Mod.1을 들고 경계중이다. Mk.18시리즈는 특수전 사령부 예하 부대용으로 10.5인치 총열을 장착한 M4A1의 바리에이션으로, 실내전이나 근접전에 적합하다는 이유로 CQBR(접근전용 소총)으로도 불리며 핸드가드도 미군 제식의 KAC(나이츠 아마먼트)사 제품이 아닌 대니얼 디펜스사의 제품이 달려있는 등 많은 점이 다르다.

미 육군
소총사격교범

번역: 홍희범 | **월간 플래툰** 발행인 겸 편집장

홍익대학교 영문과 졸업

국군방송 『첨단무기의 산실 방위산업』과 『무기의 세계』 출연

現 허핑턴 포스트 코리아 기고

국방일보 기고 (2010~2013)

KBS1 생방송 일요토론 《충격의 경찰사망 사전, 총기로 부터 안전한가?》 출연

저서

『전차의 세계』

『세계의 군용총기백과 3권, 4권』

『세계의 항공모함』

『밀리터리 실패열전 1권, 2권』

번역서

『무기와 폭약』

『세계 제2차 세계대전』

『스나이퍼』

미 육군 소총사격교범

목 차

Chapter 1 개요 · · · · · · · · · · 5
Chapter 2 소총 및 카빈 조작 기본 · · · · · · · · · · 14
Chapter 3 조준장비 · · · · · · · · · · 28
Chapter 4 총기 장착용 부가장비 · · · · · · · · · · 56
Chapter 5 전개 · · · · · · · · · · 62
Chapter 6 안정성 · · · · · · · · · · 70
Chapter 7 조준 · · · · · · · · · · 96
Chapter 8 제어 · · · · · · · · · · 119
Chapter 9 이동 · · · · · · · · · · 132

부록 A · · · · · · · · · · 137
부록 B · · · · · · · · · · 155
부록 C · · · · · · · · · · 166
부록 D · · · · · · · · · · 184
부록 E · · · · · · · · · · 191

Chapter 1 개 요

이 교범은 병사들에게 소총을 효과적으로 사용해 총격전에서 위협을 배제하기 위해 제작되었다. 이를 위해 각개 병사는 병기, 그 작동, 그 능력, 병기 부착물 및 탄약의 능력, 그리고 그 능력들을 어떻게 효과적으로 사용하느냐를 이해해야 한다.

이 챕터에서는 적절한 병기 취급 및 전술적 적용, 그리고 개인화기가 가진 적을 압도할 능력에 대한 개요를 살펴볼까 한다

1-1. 각개 병사는 개인화기로 정확하고 효과적인 사격을 가할 책임이 있다. 이 교범은 사격 과정의 기능적 요소들을 정의하며, 탄도 및 탄약의 특성과 정의를 설명하며, 병사가 개인화기를 효과적으로 사용하는데 필요한 다양한 교전 기술을 소개할까 한다. 여기에는 전투중에 정확한 사격을 실현하는데 필요한 능력을 쌓고 개선하며 유지하는데 필요한 표준적인 순서와 기술들이 나열되어있다. (그림 1-1)

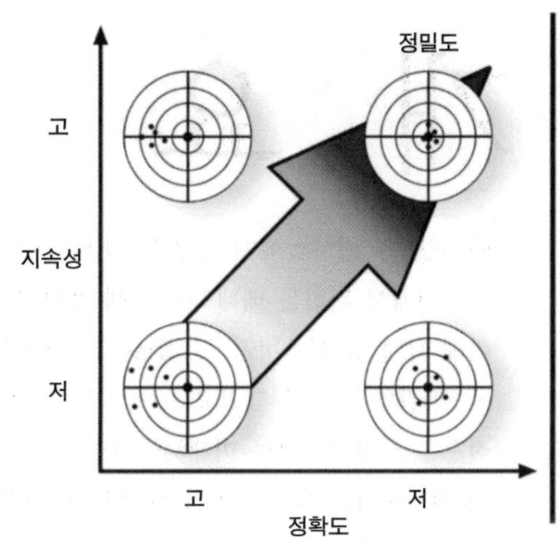

그림 1-1. 사격에 필요한 기술들의 적용

안전한 병기 취급

1-2. 안전한 병기 취급 절차는 병사들이 화기를 안전하고 효과적으로 취급하고 조작하며 사용하는데 필요한 지속적이고 표준화된 방법이다. 병기 취급은 3가지 요소로 구성된다. 병사, 병기, 그리고 주변환경이다.

- 병사는 아군의 상황에 대한 이해, 병기의 상태, 주변환경에 대한 적절한 판단능력을 유지해야 한다. 현명하고 적응력이 뛰어나며 잘 훈련된 병사는 사용하는 병기에 대한 가장 중요한 안전 장치가 된다.
- 병기는 병사가 전투에서 위협을 제거하는 주요 수단이다. 병사는 병기의 기계적 안전장치 및 그 조작법을 숙지해야 하며 해당 병기의 작동 원리도 숙지해야 한다.
- 주변환경은 병사가 처한 주변 상황을 뜻한다. 병사는 총구 방향 원칙을 준수하는 한편으로 표적이 무엇인지, 표적 뒤에 무엇이 있는지도 파악해야 한다.

1-3. 병기를 효과적이고 안전하게 다루려면 병사들은 세 가지 중요한 병기 취급 기준을 인지하고 있어야 한다.

- 화기 안전 규칙
- 병기 안전 상태
- 병기 통제 상태

1-4. 이 기준들은 안전한 병기 취급에 필요한 요소들을 직접적으로 지원한다. 이들은 소총뿐 아니라 모든 병기 혹은 병기체계를 다루는데 필요한 충분한 안전수단을 제공하도록 되어있다.

1-5. 안전수단을 충분히 제공하는 이유는 훈련 및 실전에서 여러 겹의 안전수단을 확보함으로써 최대한의 안전을 보장하기 위한 것이다. 각개 병사는 두 가지의 화기 안전 규칙이나 병기 안전상태를 위반해야 오발사고를 일으킬 수 있다.

주) 각개 부대의 표준 작전 절차(SOP: Standard Operating Procedures)나 사격장 SOP, 작전 환경등은 추가적인 안전조치를 요구할 수 있다. 하지만 화기 안전 규칙은 언제나 적용된다. 만약 부대 차원에서 어떤 이유로든, 예를 들어 공포탄이나 훈련용 탄약등을 훈련에 사용하기 위해 화기 안전 규칙을 위반해야만 한다면 부대장은 충분한 위험 감소 대책을 수립해야 한다.

화기 안전 규칙

1-6. 화기 안전 규칙은 병사가 사용하는 모든 병기에 대해 표준화되어 있다. 병사들은 위에 기재된 예외를 제외하면 훈련, 실전, 탄약의 종류에 무관하게 이를 적용해야 한다.

규칙 1: 모든 병기는 장전되었다고 간주하라

1-7. 병사가 다루는 모든 병기는 무조건 장전되었고 발사준비가 되었다고 간주한다. 해당 병기가 실제로 장전되었는지 아닌지의 여부는 병사가 병기를 다룰 때 그 어떤 경우에도 취급에 영향을 끼쳐서는 안된다.

1-8. 병사들은 훈련이건 전투중이건, 병기를 적절하게 취급하기 위한 알맞는 행동을 취할 필요가 있다.

규칙 2: 파괴(혹은 살상)할 생각이 없는 대상에 절대 병기를 겨누지 않는다.

1-9. 병사들은 반드시 사용 병기의 총구(포구)가 어디있는지 파악해야 하며 병기가 발사되면 탄이 어디로 날아갈지도 파악해야 한다. 병사들은 총구와 표적 사이가 어떤 상태인지, 표적 주변에 아군이나 비전투인원, 혹은 해당 병사가 명중시키기를 원하지 않는 대상이 있는지 확인해야 한다.

1-10. 불가피한 상황이라면 병사들은 사격하기를 원하지 않는 사람이나 물체에 총구가 향하는 시간을 최소화해야 하며 그 동안에도 다른 세 가지 화기 안전 규칙을 준수해야 한다.

규칙 3: 사격할 때까지 방아쇠에서 손가락을 뗀다.

1-11. 병사들은 사격하고자 할 때 까지는 방아쇠에 손가락을 대지 않는다. 어느 병기에서도 병사 자신이 가장 중요한 안전수단이다. 기계적 안전장치가 없는 병기도 있다. 기계적 안전장치가 있다 해도 병사들은 해당 안전장치가 고장날 수도 있으므로 여기에만 100% 의존해서는 안된다.

1-12. 병사들은 표적이 없다면 언제든지 안전장치를 걸어둬야 한다. 만약 해당 병기에 일반적인 기계적 안전장치가 없다면 사수의 손가락이 주요 안전장치가 된다.

규칙 4: 표적 및 그 주변에 대한 확실한 식별

1-13. 잘 훈련된 병사는 표적을 분명히 식별하고 그 전방, 그리고 그 후방에 무엇이 있는지 알 수 있다. 병사는 자신이 가진 병기에서 발사된 모든 탄환 및 그 탄환에 의해 벌어진 최종 결과물에 책임을 진다.

1-14. 상기 규칙들의 적용은 아군 피해나 부수적 피해, 장비나 기반시설에 대한 피해를 최소화할 수 있다. 또 병사의 추가 사격을 준비하는데도 요긴하게 적용된다.

병기 안전 상태

1-15. 병기의 준비태세는 병기 안전상태(Weapon Safety Status:WSS)로 불린다. 이것은 색상(녹, 황, 적)으로 해당 병기의 준비상태를 표시한다.

1-16. 각 색상은 병기에 적용되는 특정한 행동을 대표한다. 이들은 훈련이나 전투에서 각개 병사나 소부대, 기타 집단에서 필요한 임무나 작전에 따라 필요한 안전 수준을 적용하고 유지하는데 사용된다.

주) 만약 여기에 기재된 사항들이 확실하지 않다면 해당 병기의 교범 혹은 이 교범의 챕터 2를 참고할 것.

1-17. 아래의 WSS는 모든 M4및 M16계열 총기들에 적용된다.

녹(그린: Green)

1-18. 해당 병기의 탄창이 제거되어있고, 약실도 비어있으며 노리쇠는 후퇴고정되었거나 전진해 있으며 조정간은 안전 상태에 놓여있다.

주) '녹'상태를 위한 영문 명령은 'Green And Clear' 혹은 'Go Green' 이다.

황(앰버: Amber)

1-19. 병기에 탄창이 삽입되어 있으나 약실은 비어있고, 노리쇠는 전진했으며 탄피배출구 덮개는 닫혀있어야 하며 조정간은 안전 상태에 놓여있다.

주) '녹'상태를 위한 영문 명령은 'Go Amber' 이다.

적(레드: Red)

1-20. 탄창이 삽입되어 있고, 약실에도 탄이 장전되어 있으며 노리쇠가 전진해 있고 탄피배출구 덮개도 닫혀있으며 조정간은 안전 상태에 놓여있다.

주) 화기 안전 규칙 4를 준수해 표적을 식별한 뒤 병사는 병기의 조정간을 반자동, 점사, 혹은 자동에 놓고 방아쇠에 손가락을 얹을 수 있다. 다만 이는 교전 준비가 완료된 뒤의 일이다.

1-21. 표 1-1은 M4및 M16계열 총기의 WSS를 보여준다.

상태	녹(GREEN)	황(AMBER)	적(RED)
기능	안전	준비단계	준비완료, 조정간 안전
명령	탄창제거, 약실 안전	탄창 삽입	사격 준비
탄약	없음	탄창 삽입됨	탄창 삽입/ 약실 1발 장전
노리쇠	후퇴고정	전진	전진
약실	비어있음	비어있음	탄약 장전/폐쇄
조정간	안전	안전	안전
방아쇠	손가락 대지 말 것	손가락 대지 말 것	손가락 대지 말 것

표 1-1. M4및 M16계열 총기의 WSS(병기 안전상태).

병기 통제 상태

1-22 병기 통제 상태(Weapons Control Status)는 전술적 상황 및 작전구역의 교전수칙, 그리고 적과의 교전 가능성에 따라 지휘관이 사격을 통제하는 전술적 수단이다. WCS는 상정된 위협에 대해 어떤 아군 부대나 병기가 직사로 이에 대처할지에 따라 필요한 표적 식별 조건을 규정한다.

1-23. 표 1-2는 훈련과 실전 모두의 전술적 상황에서 사용되는 표준적인 WCS를 서술한다. 이들은 위협 조건이 충족될 경우 언제 사수가 사격해도 좋은지 서술한다.

병기 통제 상태	해설
병기 대기	교전 명령이 있기 전에는 교전하지 말 것.
병기 준비	표적이 **분명히 적으로 식별될 때에만** 교전할 것.
병기 사용	**아군으로 확실히 식별되지 않는** 표적과 교전할 것.

표 1-2. WCS(병기 통제 상태)

1-24. 병기 통제 상태와 병기 안전 상태는 지휘관들이 아군 피해를 막고 부수적 피해를 최소화하는데 적용한다. 작전 구역이나 작전 유형에 따라 필요한 관련사항들은 모든 병사들에게 분명히 인지시켜야 하며, 일반적으로 작전 명령(Operations Order: OPORD), 경고 명령(Warning Order: WARNORD), 혹은 단편적 명령(Fragmentary Order: FRAGORD)에 포함된다.

압승

1-25. 압승이란 각개 병사가 훈련받은 능력을 활용해 장비와 기술을 동원, 적절한 무력을 구사해 자신에게 압도적이고 일방적으로 유리한 전투를 전개하는 것이다. 어떤 위협에 대해서도 압승을 거두기 위해 본 교범은 아래의 요소를 활용하는 직사 교전 능력을 병사들이 보유하게 하고자 한다.

- 현명함–변화하는 조건에 대해 언제나 이해할 수 있는 능력.
- 신속성–위협을 물리적-인지적으로 회피할 수 있는 능력.
- 치명성–무력을 상대에게 치명적으로 적용할 능력.
- 정확성–무력을 언제나 정확하게 투사해 적절한 시간과 장소, 목적에서 올바른 효과를 달성할 수 있게 하는 능력.

1-26. 이를 위해서 각개 병사는 나에게 불공정할 정도로 유리한 상황을 만드는 핵심요소를 이해하고 전술 작전중에 그 요소들을 철저하게 활용해야 한다. 압승을 위한 구성요소들은 아래와 같다.

- 표적 탐지, 획득, 식별–각개 병사가 적보다 먼 거리에서 의심스런 표적을 찾아내고 분명히 적대적이라고 식별하는 능력을 갖춰야 한다. 이는 병사의 훈련과 함께 광학장비나 열상장비, 기타 센서류등의 기술을 활용할 능력에 좌우된다.
- 교전 거리–적이 아군을 효과적으로 공격하거나 탐지할 수 있는 것보다 더 먼 거리에서

적을 타격해 패퇴시킬 수 있는 병기와 조준 수단, 탄약을 제공해야 한다.

- 제한적 시계(視界)–시인성이 제한적인 상황(역자 주: 야간 혹은 실내 등)에서도 각개 병사가 활동할 수 있는 능력과 장비를 부여함으로써 같은 상황이 약점으로 작용하는 적에게 큰 효과를 거둬야 한다.
- 정확성–적보다 지속적으로 높은 명중률을 발휘할 수 있는 병기와 탄약의 조합을 제공해야 한다.
- 속도–각개 병사가 동원하는 병기와 조준장비, 그리고 부가장비는 끊김 없이 통합적으로 작용해야 하며, 사용도 직관적이어야 하고 자연적인 동작과 인위적 조작을 적절하게 균형을 맞춰 근접전과 장거리전, 중거리전 모두에서 신속한 초탄 및 차탄 사격을 가능케 해야 한다.
- 말 효과–원거리에서도 명중탄만 얻어진다면 확실히 위협을 제거할 정도의 훌륭한 탄도적 능력을 발휘해야 한다.

1-27. 압승의 구성요소는 아니지만, 뛰어난 훈련은 현명하고 신속하며 치명적이고 정확한 병사를 만드는데 필수적이다. 훈련은 선제적이고 논리적이며 구조화된 방식으로 효율을 쌓으며 병사들에게 적으로부터 압승을 거둘 능력을 제공한다. 이를 위해서는 최소한의 시간 동안 병사들에게 압승을 위한 모든 요소를 최대한 경험할 수 있게 훈련 내용을 짜야 한다.

표적 탐지, 획득, 식별

1-28. 병사 각개 단계에서의 압승을 위한 첫 번째 요소는 시계(視界)가 제한적이거나 낮은 상황에서 최대한 멀리 있는 표적을 탐지하는 능력이다. 이 교범에서는 병사의 표적 탐지 및 획득능력을 향상시키는 제식 소총용의 조준장비들을 다뤄본다. 각개 병사는 휴대한 화기와 탄약의 최대 유효사거리보다 더 멀리 있는 표적을 탐지하고 획득하고 식별해야 한다.

1-29. 이 교범은 병사가 일단 탐지한 표적이 아군인지, 적인지, 비전투원인지 올바르게 식별할 능력을 쌓는데 필요한 중요한 식별 정보를 제공한다.

교전 거리

1-30. 소부대 전술의 성공을 확보하기 위해 각개 병사는 적보다 더 먼 거리에서 효과적으로 위협과 교전할 수 있는 병기체계를 요구한다. 이렇게 되면 적의 최대 유효사거리보다 더 먼 거리에서 적을 파괴할 수 있는 우위가 생긴다.

1-31. 사거리의 우위는 정밀한 사격으로 적과 교전할 시간을 마련하는 전술적 교전 여유를 제공한다. 예를 들어, 각개 병사가 500m거리에서 적 인원과 효과적으로 교전할 능력이 있다면 적 소총수에 대해 10~20%의 사거리 절대 우위를 보이는 것이다. 이 10~20%의 사거리 차이는 40~80m에 해당하며, 적이 이동하는데 약 15~40초의 거리를 소요한다.

1-32. 그림 1-2.는 병사의 시각에서 전장을 묘사한 것이다. 기동성 있고 끊임없이 움직이는 위협에 대처하려면 표적 획득 능력은 화기와 광학장비, 탄약의 최대 유효사거리에 놓인 위협과 교전하는데 도움이 되는 수준이어야 한다

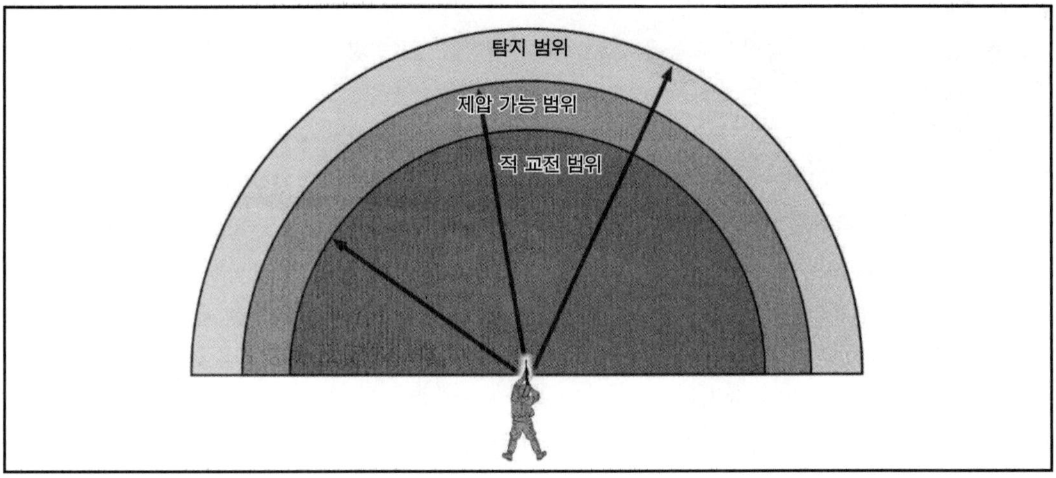

그림 1-2. 소부대 교전거리내의 제압 가능 범위

제한적 시계

1-33. 병사들은 전술 상황에 관계없이 어떤 조명 상황에서도 표적을 탐지-식별-획득할 수 있어야 한다. 그런 능력을 위해 제한적 시계(視界)상황을 극복하기 위한 조준장비들이 지급되지만 그 능력이 완전한 것은 아니다.

1-34. 광증폭 장비와 열상장비는 뛰어난 압승 가능성을 제공하지만 단점과 한계도 존재한다. 이 장비들의 능력에 대한 일반적인 정보, 특히 다양한 광량 상황에서 이들 장비가 어떤 능력을 발휘하는지에 대한 것이 이 교범에서 제공된다. 병사들은 야시장비를 사용하면 무엇을 볼 수 있고 볼 수 없는지 이해해야 한다. 야시장비의 장점과 한계를 이해하는 것은 아군 방어 및 오인사격, 부수적 피해를 예방하는데 결정적인 영향을 끼치며 전술적 작전에서 압승 요인을 유지하게 된다.

정확도

1-35. 육군의 표준 제식소총은 최대 유효사거리까지 일정한 수준의 명중률을 발휘하도록 설계되었다. 우수한 탄약과 배율이 있는 조준장비를 사용하면 이 명중률은 더욱 지속적이고 신뢰할 수 있게 유지된다. 병사들은 전술적 교전상황에서 이들을 효과적으로 활용해 정확한 사격을 할 수 있는 능력을 키워야 한다.

속도

1-36. 근접전투는 신속한 기동과 속도-정확도의 균형을 요구하며 주변 상황에 대한 배려는 거의 할 필요가 없다. 병사들은 사격중에 총구를 최대한 올바른 방향으로 유지하기 위해 사격 통제능력을 활용해 최

대한 신속하고 효과적으로 움직여야 한다. 효과적인 근접전 기동능력이 제2의 본능처럼 자리잡으려면 정기적인 훈련과 반복이 요구된다.

1-37. 전술행동에 필요한 속도의 근본은 병기와 탄약, 탄도, 조준장비의 작동원리에 대한 이해를 통해 얻어진다. 이것은 연습(부록 D) 및 부대별 훈련 프로그램에 의해 보강된다.

1-38. 압승을 위한 훈련의 목표는 병사가 위협을 탐지하고 그것이 적인지 식별한 뒤 표적에 필요한 효과를 내기 위해 사격을 가하는 것이다. 이 교범은 병사가 전술 작전을 속도 및 원활하고 막힘없는 행동을 수행하기 위해 필요한 이해 및 자신감, 능력을 강화하고 키우는데 필요한 정보를 미리 제공하기 위해 작성되었다.

종말 탄도 효과

1-39. 종말 탄도 효과는 탄자가 목표에 명중한 뒤 멈출 때 까지 보이는 행동을 뜻한다. 소총 탄약은 사실 최대 유효사거리는 물론 그 너머에서도 상당한 위력을 발휘한다. 이 교범에서는 훈련및 전투를 위해 사용되는 탄약의 종류, 능력, 목적, 그리고 종말 탄도 효과에 대한 정보를 제공한다. (부록 A의 탄약, 그리고 부록 B의 탄도에 대한 정보 참조)

1-40. 병사들은 훈련용이건 실전용이건 탄약의 능력에 대해 이해해야 한다. 이런 이해를 통해 화기및 탄약을 존중하고 안전한 병기 취급을 위한 인식이 확보되며 치명적 사격을 가하는데 필요한 능력을 이해하는데 도움이 된다.

1-41. 병사들은 자신의 병기체계와 조준장비, 탄약, 그리고 조작 순서나 작동 순서가 '어떻게'그리고 '왜' 그렇게 되는지 이해하면 보다 포괄적으로 이해할 수 있다. 적절한 훈련과 조화되면 이런 이해는 보다 유능한 병사를 양성할 수 있다. 훈련에서 보여지는 효율과 능력은 중요한 소부대 전투에서 보다 현명하고 빠르고 치명적이며 정확한 병사를 낳게 된다. 이 교범은 병사들에게 소총을 효과적으로 사용해 총격전에서 위협을 배제하기 위해 제작되었다. 이를 위해 각개 병사는 병기, 그 작동, 그 능력, 병기 부착물 및 탄약의 능력, 그리고 그 능력들을 어떻게 효과적으로 사용하느냐를 이해해야 한다.

이 챕터에서는 적절한 병기 취급 및 전술적 적용, 그리고 개인화기가 가진 적을 압도할 능력에 대한 개요를 살펴볼까 한다.

Chapter 2

소총 및 카빈 조작 기본

이 챕터에서는 M4및 M16 계열 병기들의 일반적인 특성과 해설, 입수 가능한 부속, 그리고 기본 작동 원리에 대해 서술한다. 이 챕터는 병기의 작동 원리 및 구조, 기능에 연관된 주요 용어 및 정의, 그리고 병사와 병기, 병기에 부착된 광학장비 및 기타 부가 장비간의 물리적 관계에 대해 서술한다.

육군 제식 소총

2-1. 미 육군의 표준 제식소총은 M16계열 소총이거나 M4계열 카빈이다. 이들 병기는 견착 사격식의 경량, 탄창 급탄식, 가스 작동식, 공랭식 5.56mm 화기로 분류된다. 이들 소총은 총기에 따라 반자동(단발), 3점사, 혹은 완전자동(연발)로 조정간 작동을 통해 사격할 수 있다(역자 주: 미군의 경우 우리나라의 K시리즈처럼 총에 자동과 3점사 기능이 모두 설치된 것이 아니라 총기마다 다르다. 대부분은 반자동 외에는 3점사, 혹은 자동 둘 중 하나만 있다). 이들 총기에는 다양한 광학장비와 표적지시기, 조명장비 및 각종 부가장비 및 그 조절 도구를 공통된 방법으로 장착하는데 필요한 표준화된 장착 표면이 설치되어 있다.

2-2. 각각의 소총 체계는 구성요소, 뭉치, 소(小)뭉치, 그리고 각개 부속으로 나눠진다. 병사들은 작동중 이들이 어떻게 상호작용하는지 익숙해져야 한다.

- 구성요소는 부속및 조립체, 혹은 소 조립체가 모여 병기에서 특정한 작동을 수행하는 뚜렷이 식별될 수 있는 부위를 뜻한다. 구성요소는 보통 하나의 결합체로서 제거할 수있고 특정 용도를 수행하려면 분해할 수 없다고 간주된다.
- 뭉치(조립체)는 작동중에 특정한 기능들을 수행하기 위해 조립된 소 뭉치들의 결합이며 다른 목적을 위해 독립적으로 사용할 수 없다.
- 소 뭉치(소 조립체)는 작동중에 특정한 기능을 수행할 수 있도록 조립된 부품들의 결합을 뜻한다. 소 조립체는 특정한 임무 하나만을 수행하기 위해 일체화되어있다. 이들은 다른 조립체나 소 조립체들과 결합되어 구성요소를 완성하게 된다.
- 부속은 소 뭉치나 뭉치, 구성요소에 장착되어 특정한 목적을 수행할 수 있는 각개 부품을 뜻한다.

2-3. M4및 M16계열 병기는 크게 두 가지 주요 구성요소로 나뉜다. 바로 상부 몸통과 하부 몸통이다. 이들 구성요소는 아래에 관련 조립체및 소 조립체, 부속들과 함께 서술된다.

상부 몸통

2-4. 알미늄 합금제 몸통은 총기의 무게를 줄일 뿐 아니라 각종 장비의 장착을 가능하게 한다. 상부 몸통은 아래와 같이 구성된다(그림 2-1):

- 총열뭉치
  - 총열. 총강(총열 내부)와 약실은 크롬 도금이 되어있어 마모와 오염을 최소화할 수 있게 되어있다.
  - 소염기 혹은 제퇴기: 총열 끝에 달려있으며 사격시 총구화염을 줄일 뿐 아니라 총구

앙등도 줄인다.

- 멜빵고리. 병기를 올바르게 휴대하기 위한 멜빵을 장착하는 부분이다.
- 가늠쇠 뭉치. 영점조절을 위한 조절식의 가늠쇠 기둥으로, 전통적인 금속 조준기 체계 혹은 예비용 금속 조준기 체계의 전방을 구성한다. 거리 판단에도 사용된다.
- 확장용 레일 체계(Adapter Rail System: ARS). 총기 종류에 따라 다양한 길이가 있다. 조준 장비 혹은 부가장비 고정을 위해 사용된다.
- 댕기. 총열덮개를 고정하기 위해 용수철의 탄력을 이용한 고정 수단으로 활용된다.
- 탄피배출구. 상부 몸통에 탄약, 혹은 탄피의 배출구를 제공한다.
- 먼지덮개. 탄피배출구에 먼지가 들어가지 않게 하고 상부 몸통 내부 및 노리쇠뭉치를 이물질로부터 보호한다.
- 노리쇠 전진기 뭉치. 각개 병사가 작전중 노리쇠 뭉치를 전진시킬 기계적 수단을 제공한다.

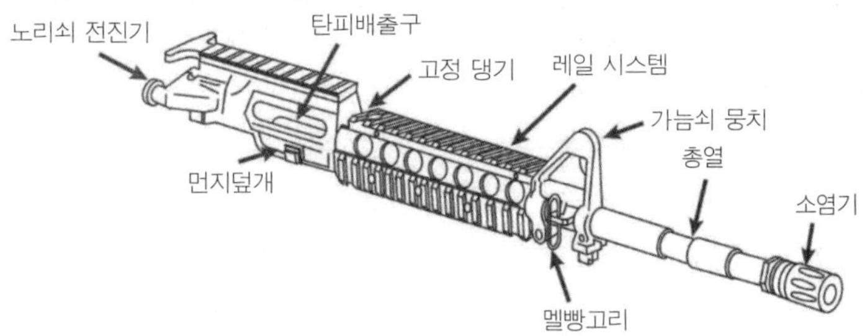

그림 2-1. 상부 몸통

하부 몸통

2-5. 하부 몸통은 표 2-2에 표시되며 다음의 구성요소와 뭉치, 그리고 부속들로 구성된다.

- 방아틀 뭉치. 방아쇠, 각종 핀, 용수철, 기타 격발을 위한 기계적 구성요소들로 이뤄진다.
- 노리쇠 멈치. 각개 병사에 의해 노리쇠를 후퇴고정시키거나, 혹은 탄창이 비었을 때 노리쇠를 자동으로 후퇴고정하는데 사용된다.
- 권총손잡이. 좌우 대칭형의 권총형 손잡이로 사격시 반동 통제에 사용된다.
- 탄창멈치 뭉치. 단순한 용수철 내장형 고정장치로 탄창을 탄창 삽입구에 고정시키는데 사용된다. 사용자가 쉽게 누를 수 있는 단추로 만들어져 작전중 탄창을 제거하는데 사용한다.
- 개머리판 뭉치. 어떤 사격자세에서도 적절히 견착할 수 있는 구성요소를 제공하며 노리쇠뭉치를 원래 위치로 되돌리고 사격중의 반동을 제어하는 역할도 한다.

- M4/M4A1계열 카빈은 4단계로 길이 조절이 가능한 신축식이다. 최소, 1/2연장, 3/4연장, 완전 연장이 그것이다.
- M16계열 총기에는 고정식 개머리판이 있어 내부에 손질도구를 넣을 수 있지만 일부는 신축식 개머리판으로 개조되어있다.

● 복좌용수철. 노리쇠뭉치가 후퇴할 때 그 에너지를 축적해 다시 노리쇠뭉치를 격발위치로 되돌린다.

● 하부 몸통 연장부. 복좌용수철과 완충기 뭉치가 들어갈 공간을 제공한다.

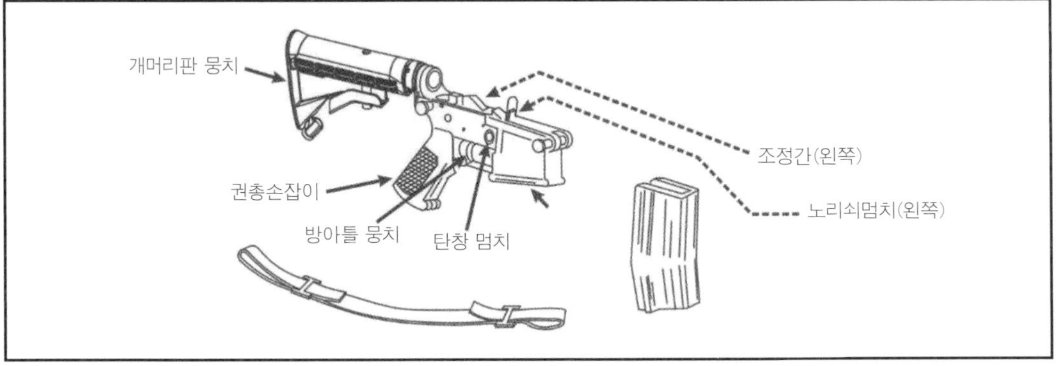

그림 2-2. 하부 몸통

2-6. M4/M4A1/M16계열 총기의 특징과 추가정보는 기술교범 9-1005-319-10을 참조한다. 병사들은 일반적 상황에서의 운용 및 예방 유지 점검 및 용역(PMCS)에 기술교범을 활용할 뿐 아니라 작동 원리에 대한 보다 자세한 정보를 얻을 수 있다.

2-7. 소총 및 카빈 각 계열에는 확실한 차이가 있다. 주요 차이점은 표 2-1에 있으며 각 병기의 사격모드, 개머리판, 총열길이등이 나열되어 있다.

병기	조정간 위치			개머리판	총열 길이
M16A2	안전	반자동	3점사	고정	20인치(약 51cm)
M16A3	안전	반자동	자동	고정	20인치
M16A4	안전	반자동	3점사	고정	20인치
M4	안전	반자동	3점사	신축	14.5인치(약 37cm)
M4A1	안전	반자동	자동	신축	14.5인치

용어해설
반자동: 반자동(단발), 즉 방아쇠를 한 번 당길때 한 발만 나감
자동: 방아쇠를 당기는 동안 계속 연발 사격이 되는 완전자동 기능
점사: 3점사, 즉 기계적으로 3발씩의 자동사격만 가능하게 하는 기능

표 2-1.

작동 주기

2-8. 작동 주기는 병기가 운용중에 따르는 기계적 과정이다. 이 정보는 M4및 M16계열을 위한 구체적이고 특정한 작동 주기를 나열한다.

2-9. 작동 주기는 노리쇠가 후퇴고정되어 있고 약실은 비었으며 탄창에는 최소한 한 발의 실탄이 장전되면서 시작된다. 이 단계부터 작동 주기가 실행되면서 1발을 사격하고 다음발 사격을 위한 준비가 이뤄진다. 작동 주기의 단계는 아래 순서대로 진행된다.

- 송탄
- 약실장전
- 폐쇄
- 격발
- 개방
- 추출
- 배출
- 공이치기 후퇴

2-10. 병기가 정상적으로 작동하려면 반자동 및 자동화기들에는 작동구조가 있어야 한다. M4및 M16계열 총기들은 가스 직동식이라는 방식이 적용되어 있다. 이 방식에서는 탄약이 발사되면서 생기는 고압의 폭발가스 일부가 직접 총기 내부로 유입되어 작동 주기를 마치게끔 되어있다.

송탄

2-11. 송탄은 탄약을 약실로 들어가게끔 하는 기계적 과정이다(그림 2-3).

노리쇠뭉치 및 복좌용수철은 편의상 보여주지 않음

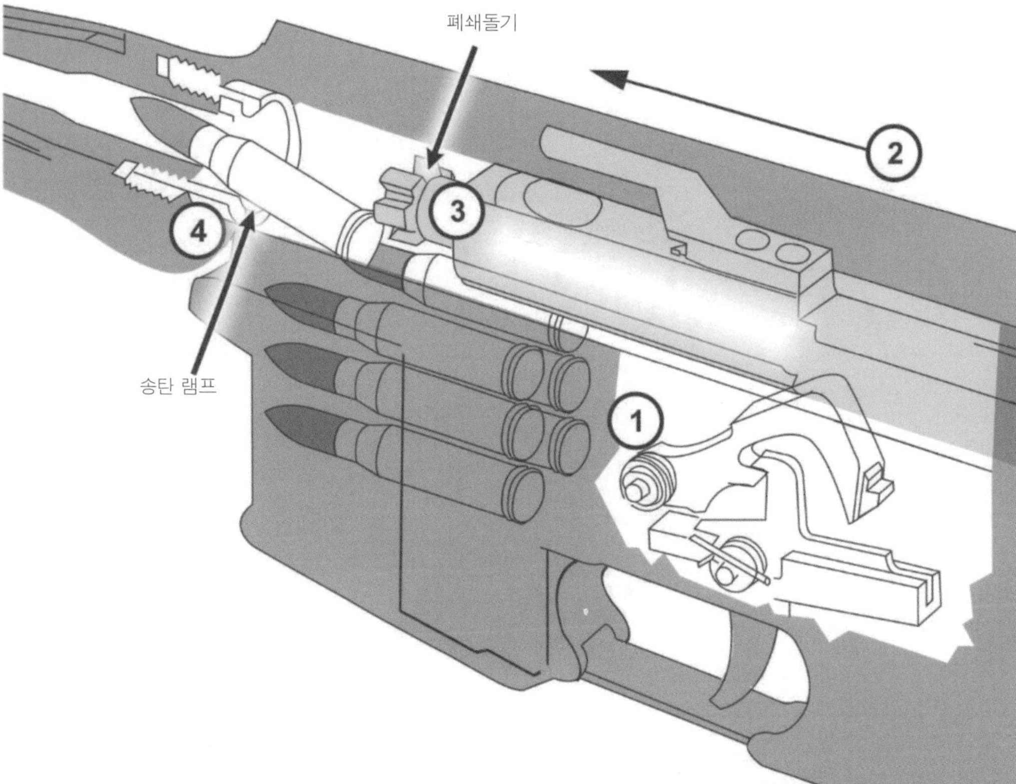

송탄
1. 노리쇠 멈치가 사수 본인에 의해, 혹은 작동중 우발적으로 해제된다.
2. 복좌 용수철의 힘에 의해 노리쇠 멈치가 앞으로 전진한다.
3. 노리쇠에 달린 2개의 아래쪽 폐쇄돌기가 탄창 맨 위의 실탄 바닥을 앞으로 밀어 탄창으로부터 벗겨낸다.
4.. 탄자의 아래쪽 끝부분이 송탄 램프에 의해 약실 쪽으로 밀려들어가게 된다.

그림 2-3. 송탄

약실 장전

2-12. 약실 장전은 송탄되는 탄약이 약실로 들어가는 과정이다(그림 2-4).

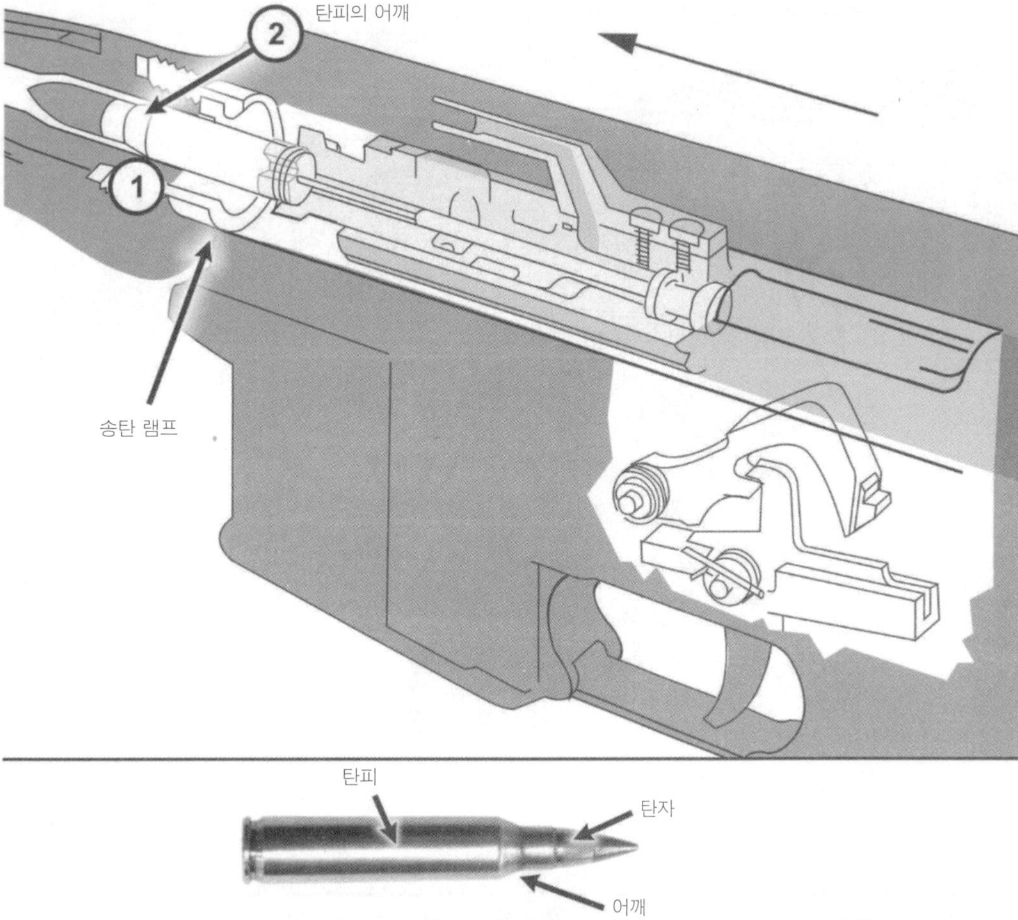

약실 장전
1. 실탄은 송탄 램프를 따라 약실로 흘러들어간다.
2. 약실 장전은 탄피의 어깨(탄피가 한 단계 불룩해지는 곳)가 약실의 어깨 부분에 밀착하면 완료된다.

그림 2-4. 약실 장전

폐쇄

2-13. 폐쇄는 노리쇠 뭉치와 약실 사이에 적절한 양의 두격(간격)을 주면서 단단하게 고정시킴으로써 안전한 격발이 가능하게 하는 행위다(그림 2-5). M4및 M16계열 총기에서는 약실 장전이 끝남과 동시에 폐쇄가 이뤄진다.

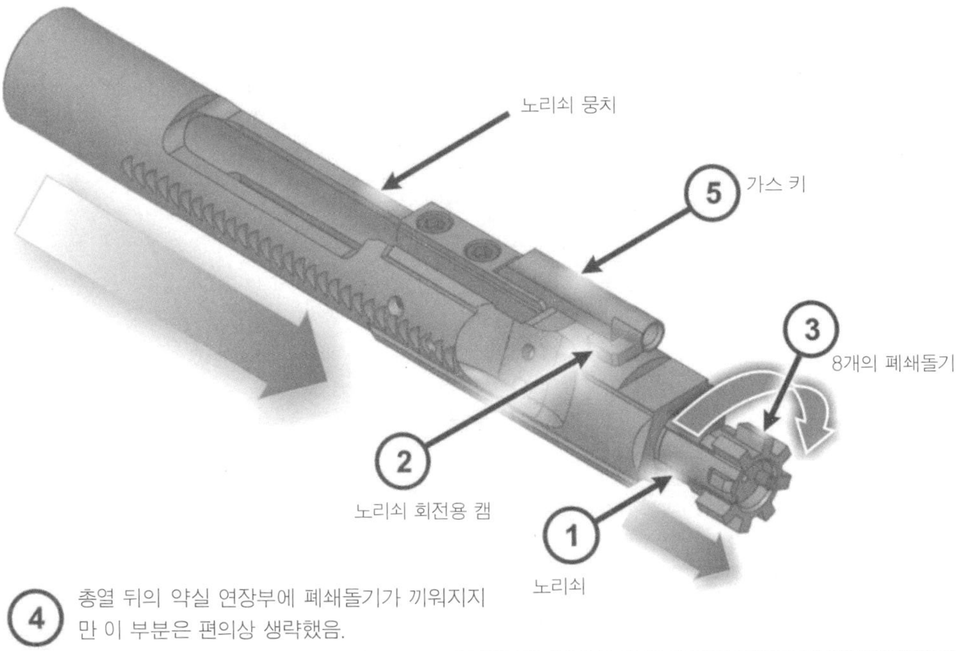

폐쇄

1. 약실 장전의 마무리 과정에서 노리쇠는 약실 맨 끝까지 도달하면 전진을 멈춘다.
2. 노리쇠의 전진과정은 끝났어도, 노리쇠뭉치는 계속 전진하면서 노리쇠 회전용 캠이 노리쇠뭉치에 파인 홈을 따라 움직이게 된다.
3. 노리쇠 회전용 캠은 노리쇠뭉치의 홈을 따라 움직이며, 이로 인해 노리쇠와 여기에 달린 폐쇄돌기가 반시계 방향으로 회전하게 된다.
4. 노리쇠 회전용 캠이 회전하면 노리쇠의 폐쇄용 돌기는 약실 연장부의 폐쇄용 돌기 안쪽에서 회전한다.
5. 노리쇠 뭉치가 전진 작용을 멈추면 가스 키가 가스 튜브와 결합되어 밀착된다.

그림 2-5. 폐쇄

격발

2-14. 격발은 뇌관에 충격을 주는 것부터 시작해 탄자가 총구 밖으로 나갈 때까지 이뤄지는 일련의 과정이다(그림 2-6).

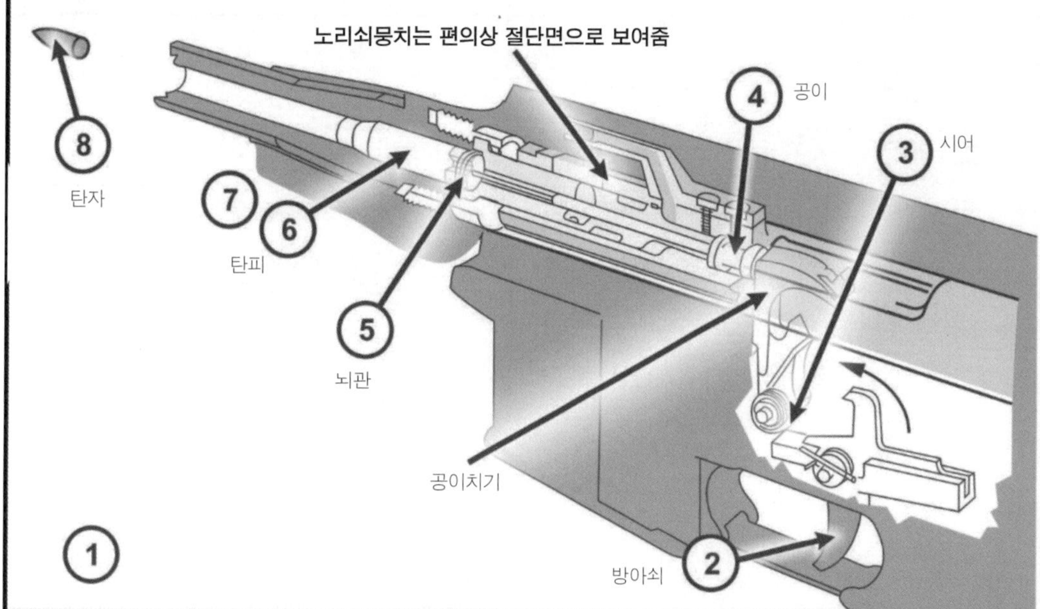

격발

1. 격발이 되려면 조정간이 반자동 혹은 점사/자동 위치에 있어야 하며, 약실에도 실탄이 장전되어 있어야 하며 그런 상태에서 방아쇠를 당겨야 한다.
2. 방아쇠를 당기면 시어(역구)로부터 공이치기가 풀려나간다.
3. 풀려나간 공이치기(해머)는 공이치기 용수철의 힘에 의해 전방으로 전진하면서 노리쇠 뭉치 아래에 뚫린 홈을 따라 노리쇠 뭉치 안쪽으로 들어간다.
4. 전진하는 공이치기는 공이 뒤쪽을 때리고, 공이는 약실에 있는 실탄의 뇌관을 찌르게 된다.
5. 공이에 찔린 뇌관이 발화한다.
6. 발화된 뇌관으로부터의 고온 가스가 탄피 내의 추진장약을 점화시킨다.
7. 추진장약이 연소되면 탄피가 팽창해 약실 벽에 들러붙으면서 밀착한다. 이로 인해 연소 가스가 후방으로 새지 않고 총구 방향으로만 집중된다.
8. 팽창하는 가스는 탄자를 총구 방향으로 밀어내게 되다.

그림 2-6. 격발

개방

2-15. 개방은 노리쇠의 폐쇄돌기가 약실을 둘러싼 총열 연장부의 홈을 따라 나가면서 폐쇄가 해제되는 과정을 뜻한다(그림 2-7).

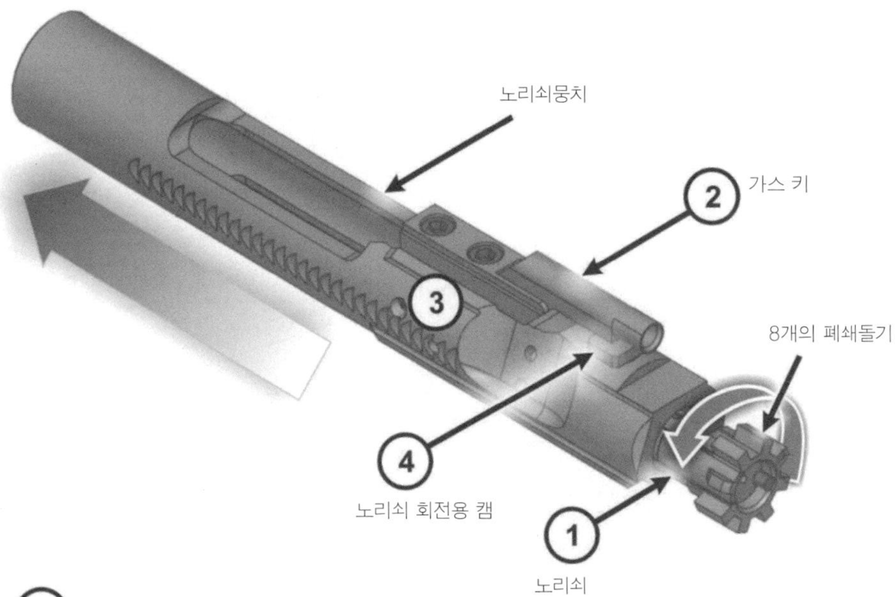

1 가스 튜브는 편의상 생략.

개방
1. 실탄이 발사되고 탄자가 총열 안쪽의 가스 포트를 지나면 연소 가스의 일부가 가장 저항이 낮은 방향을 찾아 가스 포트쪽으로 흘러들며, 이 가스들은 다시 가스 튜브를 통해 후방으로 이동하게 된다. 2. 후방으로 가스 튜브를 따라 이동하는 가스는 가스 키를 따라 노리쇠 뭉치 안쪽, 노리쇠의 가스 밀폐용 링 뒤쪽으로 모여든다. 3. 노리쇠 뭉치 안쪽에서 팽창하는 가스는 노리쇠 뭉치를 후방으로 밀어내지만, 노리쇠의 가스 밀폐용 링으로 인해 노리쇠쪽으로는 가스가 새어나가지 않으며 노리쇠도 전방에 머무르게 된다. 4. 노리쇠 뭉치가 후방으로 이동하기 시작하면서 노리쇠 회전용 캠이 노리쇠 뭉치의 홈을 따라 움직이기 시작하고, 이로 인해 노리쇠가 시계방향으로 돌면서 개방 작용이 벌어진다.

그림 2-7. 개방

추출

2-16. 추출은 약실로부터 빈 탄피를 갈퀴를 이용해 끄집어 내는 것을 뜻한다(그림 2-8).

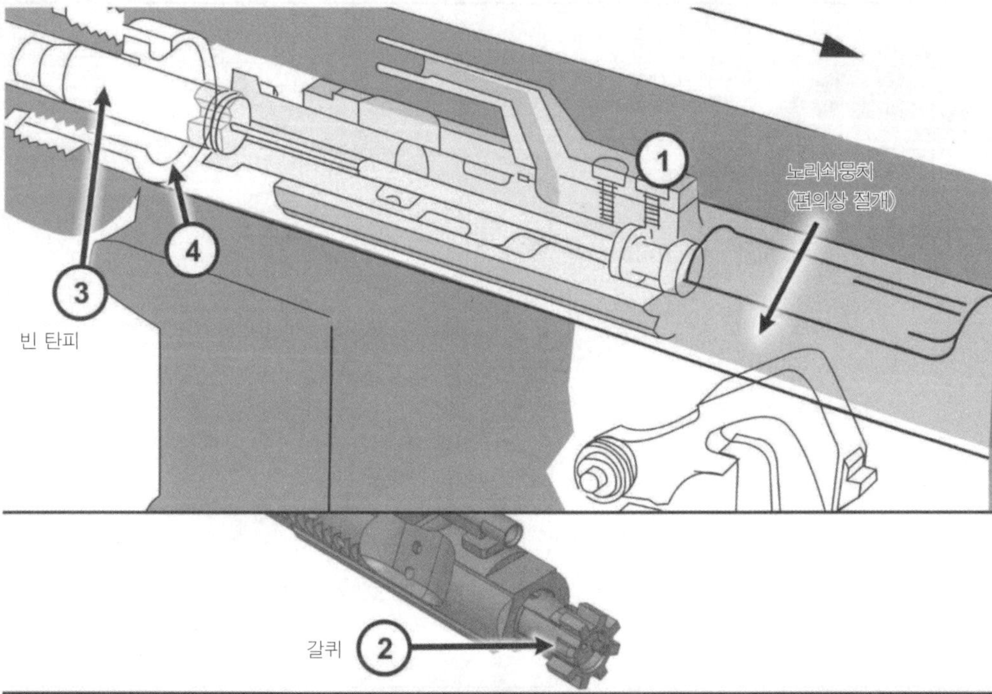

추출
1. 노리쇠뭉치와 노리쇠는 계속 후퇴한다. 2. 노리쇠 우측의 갈퀴가 빈 탄피의 림(아래쪽 테두리)을 붙잡고 약실로부터 끄집어낸다. 3. 먼저 갈퀴에 의해 추출 작용이 일어나면서 탄피와 약실간의 밀착이 풀린다. 갈퀴는 스프링의 힘에 의해 림을 계속 붙잡게 되고, 림이 갈퀴에 붙들린 탄피는 노리쇠 뭉치를 따라 계속 약실 밖으로 끌려나가게 된다. 4. 추출 단계는 탄피가 약실로부터 완전히 빠져나갔지만 아직 병기 바깥쪽으로 배출되지는 않은 상태까지 계속된다.

그림 2-8. 추출

배출

2-17. 배출은 사용된 탄피를 총기로부터 배출하는 행위다(그림 2-9).

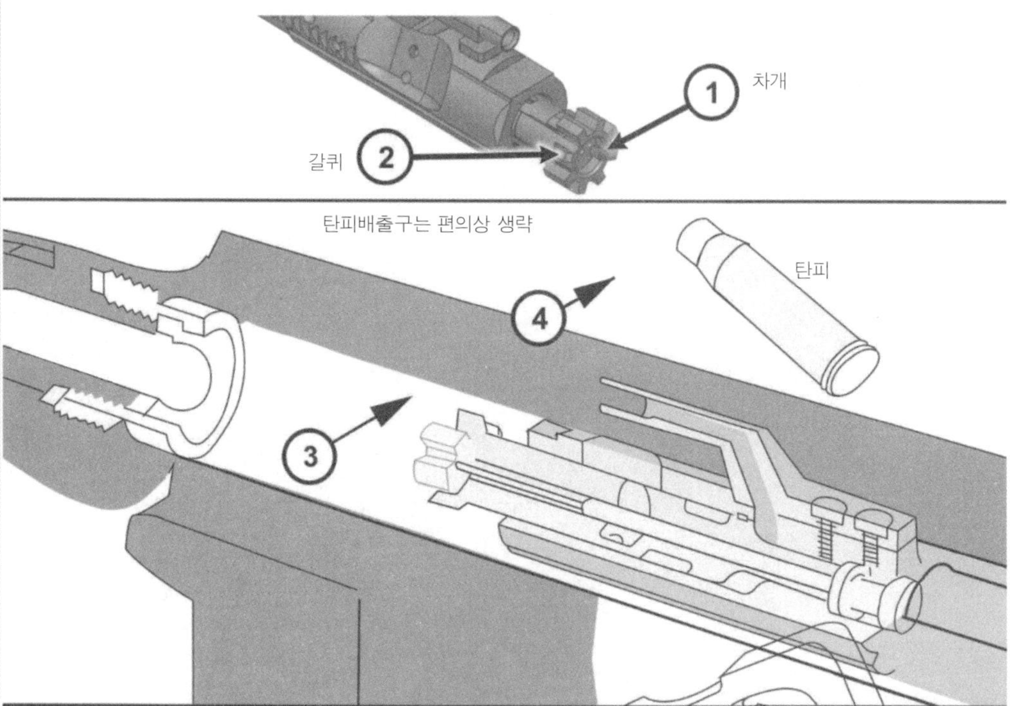

배출

1. 스프링이 내장된 막대형의 차개가 노리쇠에 있으며, 이 차개가 탄피의 왼쪽 후방에 힘을 가한다.
2. 갈퀴는 탄피 아래의 림 부분 오른쪽을 지속적으로 붙잡으며 압박한다.
3. 탄피의 끝부분이 탄피 배출구에 도달하면 차개가 탄피 왼쪽을 밀어내며, 이로 인해 탄피가 오른쪽을 향해 바깥쪽으로 배출된다.
4. 갈퀴가 배출 직전까지 탄피 림 부분을 계속 붙잡으면서 탄피가 오른쪽으로 튀어나가기 위해 필요한 일종의 회전축 역할을 제공하게 된다.

그림 2-9. 배출

공이치기 후퇴

2-18. 공이치기 후퇴는 방아틀 뭉치의 부속들이 기계적으로 격발위치로 되돌아가는 것을 뜻한다. 이것이 작동 주기의 마무리가 된다.

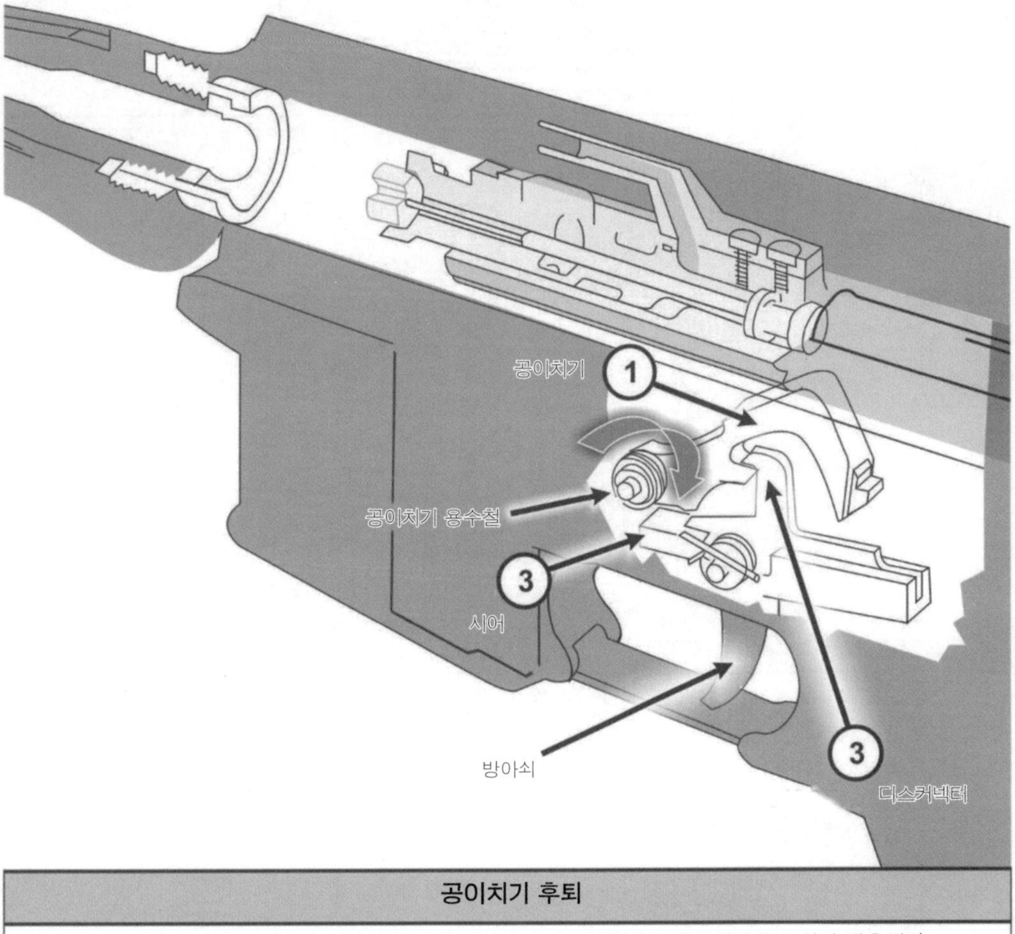

공이치기 후퇴

1. 노리쇠뭉치가 끝까지 후퇴하면 여기에 밀려 공이치기가 뒤로 젖혀지고 공이치기 용수철이 압축된다.
2. 공이치기가 뒤로 젖혀지만 디스커넥터가 공이치기 안쪽의 갈고리를 붙잡는다.
3. 방아쇠에서 손을 놓으면 시어(역구)가 공이치기와 맞물려 공이치기를 움직이지 못하게 걸어준다.

그림 2-10. 공이치기 후퇴

냉각

2-19. 냉각은 발사중 병기에서 발생하는 열을 분산시키는 것이다. 비록 작동 주기에 포함되지는 않으나 사격중 병기 냉각은 병기의 효율적 작동을 지속하는데 매우 중요하다. 단 한 발을 발사해도 약실과 총강 내에 열과 압력이 생기며 이는 총열의 금속재질을 통해 외부로 전달된다.

2-20. 추진장약의 연소로 발생하는 온도는 화씨 1,000도(섭씨 약 538도)를 넘는다. 이 열의 일부는 발사중 약실과 총강, 총열에 남게 되며 사수에게 상당한 위험으로 다가올 수 있다.

2-21. 어떻게 이 열이 병기로부터 분산되거나 제거되는지는 기본 설계와 가공에 의해 좌우된다. M4나 M16같은 경량 총기들은 효과적으로 고열에 견딜만한 충분한 질량을 갖고 있지 못하다. 이런 총기들에는 총열로부터 열을 외부로 방출해 효과적으로 사격을 지속할 수단이 필요하다.

2-22. 병기에 가해지는 열 부담을 줄이는데는 세 가지 방법이 있다. M4및 M16계열 총기들은 약실, 총강, 총열등의 열을 다각도로 줄이고 지속적인 사격을 가능하게 하기 위해 세 가지 방법 모두를 활용한다. 이들 냉각 수단은 아래와 같다.

- 복사냉각-열을 더 낮은 온도의 주변 공기로 분산시킨다. 이는 가장 비효율적인 냉각수단이지만 소총과 카빈을 포함한 대부분의 소화기에 가장 일반적이다.
- 전도냉각-가열된 물체를 더 차가운 물체에 직접 접촉시켜 이뤄진다. 병기에서의 전도냉각은 일반적으로 약실에서 발생한 고온을 총열이나 몸통등 주변의 표면으로 이전시킴으로써 이뤄진다. 약실로부터 더 차가운 금속으로의 열 전도는 결과적으로 약실 냉각으로 이어진다. 열 에너지는 이렇게 새로 가열된 표면으로부터 복사냉각등의 다른 방법으로 분산된다.
- 대류냉각-움직이는 공기가 요구된다. 움직이는 공기는 열을 빼앗는데 훨씬 효과적이다. ARS(레일)과 총열덮개는 공기의 흐름을 가능하게끔 설계됐다. 이들 내부의 방열판은 열 에너지를 총열덮개 자체로부터 반사시켜 총열쪽으로 되돌린다. 이렇게 되면 차가운 외부 공기가 아래쪽으로부터 내부로 흘러들게 된다. 이 과정을 통해 뜨거운 공기가 지속적으로 차가운 공기로 대체되는 대류가 형성된다.

2-23. 병사들은 이런 병기의 냉각수단이 조준장치를 통해 목표를 조준할 때 조준선에 어떤 영향을 끼치는지 잘 알아야 한다. 총열을 따라 분산되는 열은 조준선상에 일종의 신기루를 유발함으로써 배율 있는 조준경을 사용할 때 실제 조준점의 위치를 오인할 가능성을 무시할 수 없다.

Chapter 3 조준장비

각각의 병기에는 조준 수단이 있다. 이들은 효과적인 작동을 위해 총기에 고정되어 있거나 나중에 별도 부착된다. 병사들은 다양한 조준장비 및 작동 원리, 사용 방법등을 숙지해 효과적으로 활용해야 한다. 이 챕터에서는 가장 일반적으로 사용되는 조준 장비들의 작동원리를 제공하고 이들의 일반적인 능력 및 사용법에 대해 다뤄본다.

3-1. 조준장비는 병사와 병기, 표적을 정렬시켜 정확한 사격을 가능하게 한다. 각각의 조준장비는 다르게 작동한다. 병기 체계를 가장 효율적으로 활용하려면 각개 병사는 자신의 조준장비가 어떻게 기능하는지 숙지해야 한다.

3-2. 아래의 조준장비들이 이 챕터에서 다뤄질 것이다.

- 금속. 금속 조준장비는 병기에 장착되는 다양한 형태의 기계적 조준장비를 뜻한다. 여기에는 크게 두 가지가 있다.
  - 금속 조준기(가늠자와 가늠쇠).
  - 예비용 금속 조준기(BUIS: Back Up Iron Sight)
- 광학(옵틱). 보통 광학장비라 함은 주간 사격용을 뜻하는 것이 보통으로, 제한적인 야간전 능력도 제공한다. 본 교범에서 다루는 광학 조준장비는 크게 두 가지이다.
  - 근접 광학 조준경(CCO: Close Combat Optic)
  - 소총 전투 조준경(RCO: Rifle Combat Optic). 예전에는 발달형 전투 광학 조준경(ACOG:Advanced Combat Optic Gunsight)로 불리웠다.
- 열상. 이들은 온도차에 따라 형성되는 시야를 제공하는 전자적 조준장비이다. 열상 장비에는 다양한 종류가 있으나 하나의 유형으로 분류될 수 있다. 바로 TWS(Thermal Weapons Sight), 즉 열상 조준경이다.
- 표적지시/조명/레이저. 이들 조준장비는 레이저 광선이나 가시광선, 혹은 기타 표적 조준을 위한 빛을 사용한다. 현재 크게 세 종류의 표적지시/조명/레이저 장비가 소총에 사용된다.
  - 개량형 표적 지시/조명/조준 라이트(ATPIAL)
  - 2중 광선 조준 레이저-개량형(DBAL-A2)
  - 소화기용 통합 조명(STORM)

각도 측정 단위

3-3. 육군에서 사용하는 각도 단위로는 크게 두 가지가 있다. 바로 밀(mil)과 MOA이다. 이 두 단위는 병기나 병기체계, 혹은 탄약을 사격할 때 정밀도를 표현하는데 주로 사용된다. 이 정밀도에는 특정 화기의 정확도, 탄약의 성능, 그리고 병기를 사격하는 사수의 능력이 포함된다.

MOA(Minute of Angle)

3-4. MOA란 각도의 한 단위로, 1MOA는 1도의 1/60에 해당한다(그림 3-1). MOA가 가장 흔히 사용되는 경우는 병기의 영점을 잡을 때 필요한 거리의 변화를 묘사할 때이다.

3-5. 1MOA는 100야드(약 90m) 에서 1.047인치(약 26.6mm)의 범위에 해당한다. 대부분의 경우, 각개 병사는 이를 100야드에서 1인치(약 25.4mm) 혹은 100m에서 1.1인치(약 27.9mm)로 계산하면 이해하기 쉽다.

MOA	거리	거리별 수치	
1	100야드	1인치	2.5cm
1	200야드	2인치	5cm
1	300야드	3인치	7.5cm
1	400야드	4인치	10cm

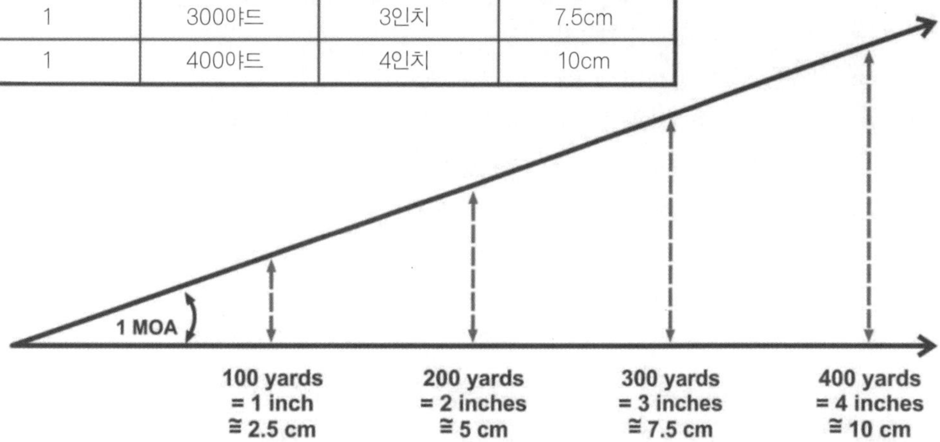

시각적 편의성을 위해 각도는 실제보다 과장되었슴. 본 사례는 정확한 축척이 아님.
미터법으로의 변환도 개략적으로 이뤄졌음.

MOA(Minute Of Angle) 측정 기준	
1개 원은 360도로 나눔.	1도는 60MOA로 나눔.
1개 원은 21600MOA로 나눔.	100야드에서 1MOA는 대략 1인치.
MOA보다 작은 단위는 MOA를 나눠 표기하지, '초'로 표기하지는 않음(예: 1/2MOA)	

그림 3-1. MOA

밀

3-6. 밀 단위는 직사 및 간접사에 주로 사용되는 각도 측정 단위다(그림 3-2).

3-7. 밀과 일반 각도의 관계는 군용 조준망선이나 탄도, 조준장비, 독도법 및 간접사 유도등에 주로 사용된다.

Mil(밀)	거리	거리별 수치	
1	100m	10cm	4인치
1	200m	20cm	8인치
1	300m	30cm	12인치
1	400m	40cm	16인치

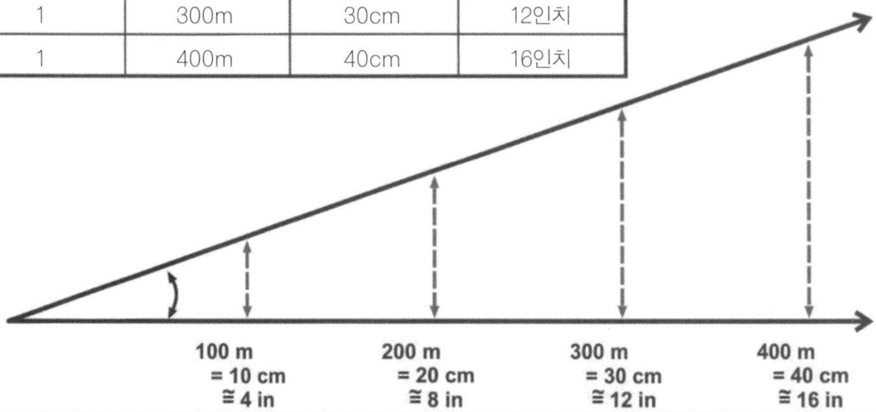

밀 측정 기준	
1개의 원은 360도로 나뉨	1도는 17.78밀로 나뉨
1개의 원은 6400밀로 나뉨	100m에서 1밀은 10cm에 해당.

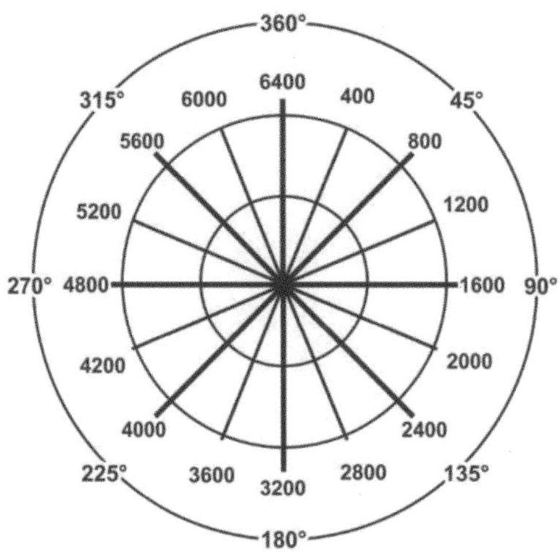

그림 3-2. 밀

조준망선

3-8. 조준망선(레티클)은 CCO나 TWS, RCO등에 그려진 조준용의 점이나 선을 뜻한다(그림 3-3). 이것은 조준할 때의 기준으로 사용된다. 조준망선은 밀이나 MOA를 주 단위로 사용한다.

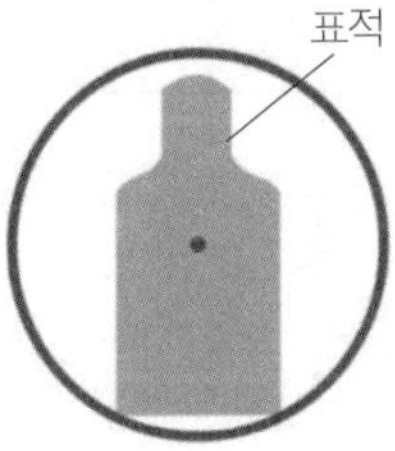

M68 CCO용 조준점

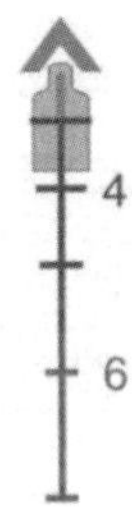

M150 RCO용 조준 망선

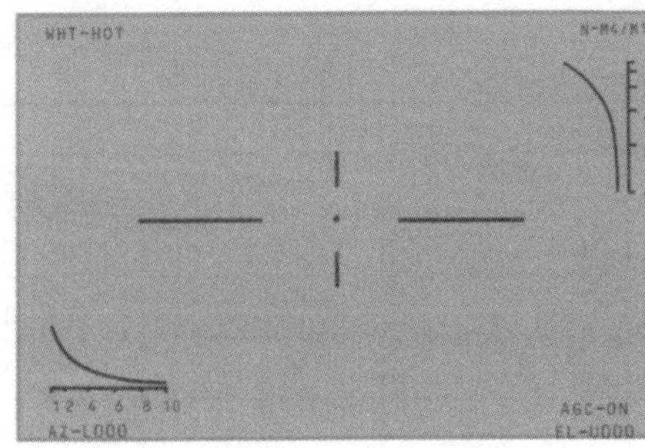

AN/PAS-13용 조준 망선

그림 3-3. 각종 조준 망선

스테디아 망선

3-9. 주로 열상 조준경에 쓰이는 스테디아 망선은 표적의 크기를 기준으로 표적과의 거리를 신속하게 짐작할 수 있게 한다. 스테디아 망선은 표준적인 하차 보병의 폭이나 키를 기준으로 표적과의 거리를 짐작할 수 있다. (그림 3-4)

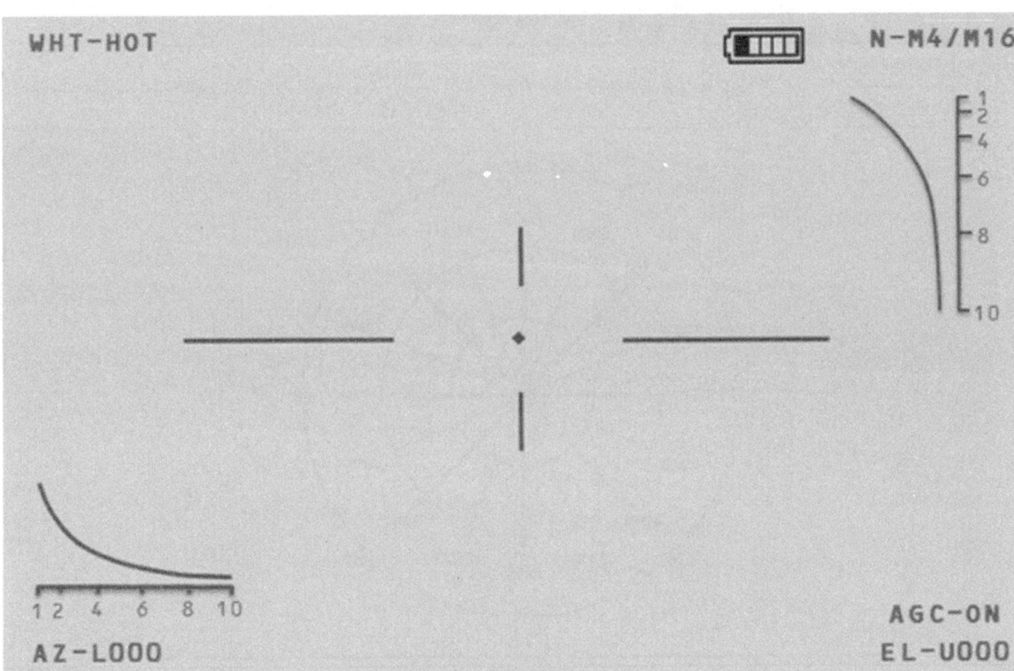

그림 3-4. 스테디아 망선

3-10. 열상 조준경의 소총/카빈 조준망선에는 크게 두 종류의 스테디아 망선이 있다. 바로 수직과 수평이다.

- 수직 스테디아. 조준상의 우측 상단에 있어 지면에 서 있는 하차 인원의 신장을 기준으로 거리를 짐작할 수 있다.
- 수평 스테디아. 조준상의 좌측 하단에 있어 노출된 하차 인원의 폭을 기준으로 거리를 짐작할 수 있다.

전자기적 스펙트럼

3-11. 열상 및 다른 전자광학 장비를 탐색 보조수단으로 사용할 때 감안해야 할 것은 이들이 어떻게 작동하는지, 보다 정확히는 어떻게 목표를 '볼'수 있는지이다. 각각의 장비는 전자기적 스펙트럼 내의 다른 주파수나 파장을 이용해 디지털화된 영상을 제공한다. (주: 열상 장비는 온도차를 영상화한다)

- 열상장비. 이 장비는 가시광선으로부터 가장 먼 적외선 파장인 중적외선 및 원적외선 파장을 활용한다. 열상 장비는 가시광선을 '볼'수 없다. 열상장비는 또한 적외선 점멸 조명(스트로브)이나 적외선 화학 조명, 적외선 조명, 레이저등을 볼 수 없다. 이들은 오로지 열의 형태로 분출되는 적외선만을 볼 수 있다(그림 3-5).
- 광증폭 장비(I2). 야시장비로 주로 사용되는 이 장비는 가시광선에서 가장 가까운 적외선 파장 및 가시광선을 이용해 목표 및 경치의 디지털 화상을 제공한다. 이 장비들은 열이나 열원을 시각화할 수 없다.

3-12. 이 조준장비들은 주로 복사, 전도, 대류의 원칙에 따라 작용한다(챕터 2 참조). 이들은 표적 및 그 주변에서 앞서 언급한 세 가지 원인에 의해 방출되는 적외선(IR)파장(혹은 가시광선)중 하나를 활용해 영상화한다.

3-13. 작전 입안 단계에서 이들 장비를 활용할 때 주의해야 할 것은 이들이 아래의 조건하에서는 능력에 제약이 있다는 점이다.

- 비-표적에서 나오는 적외선을 흡수해 보기 어렵게 한다.
- 물-거울처럼 작용해 적외선을 반사함으로써 잘못된 열화상을 제공한다.
- 유리-물처럼 작용해 그 뒤에서 방출된 열원을 탐지할 센서의 능력을 방해한다.

3-14. 반면 아래처럼 적외선 탐지가 더 나아지는 경우도 있다.

- 연기-화학적 방해요인이 아주 뜨겁고 농밀하거나 연기 발생원의 바로 위에 표적이 있지 않는 한 표적을 가리지 못한다.
- 먼지-센서와 표적 사이의 먼지 및 불순물 농도에 따라서는 정확한 열원 탐지가 어려워질 수도 있다.. 그러나 먼지는 그 온도가 표적과 비슷하지 않는 한 대체로 적외선 을 방해하지 않는다.

3-15. 그림 3-5는 전자기적 스펙트럼의 영역을 묘사한다. 이것은 조준 장비 및 야시장비, 기타 장비가 작용하는 스펙트럼 내의 파장을 보여준다. 이것을 통해 각 장비들이 작동거리 내에서 어떤것을 볼 수 있고 볼 수 없는지 알 수 있다.

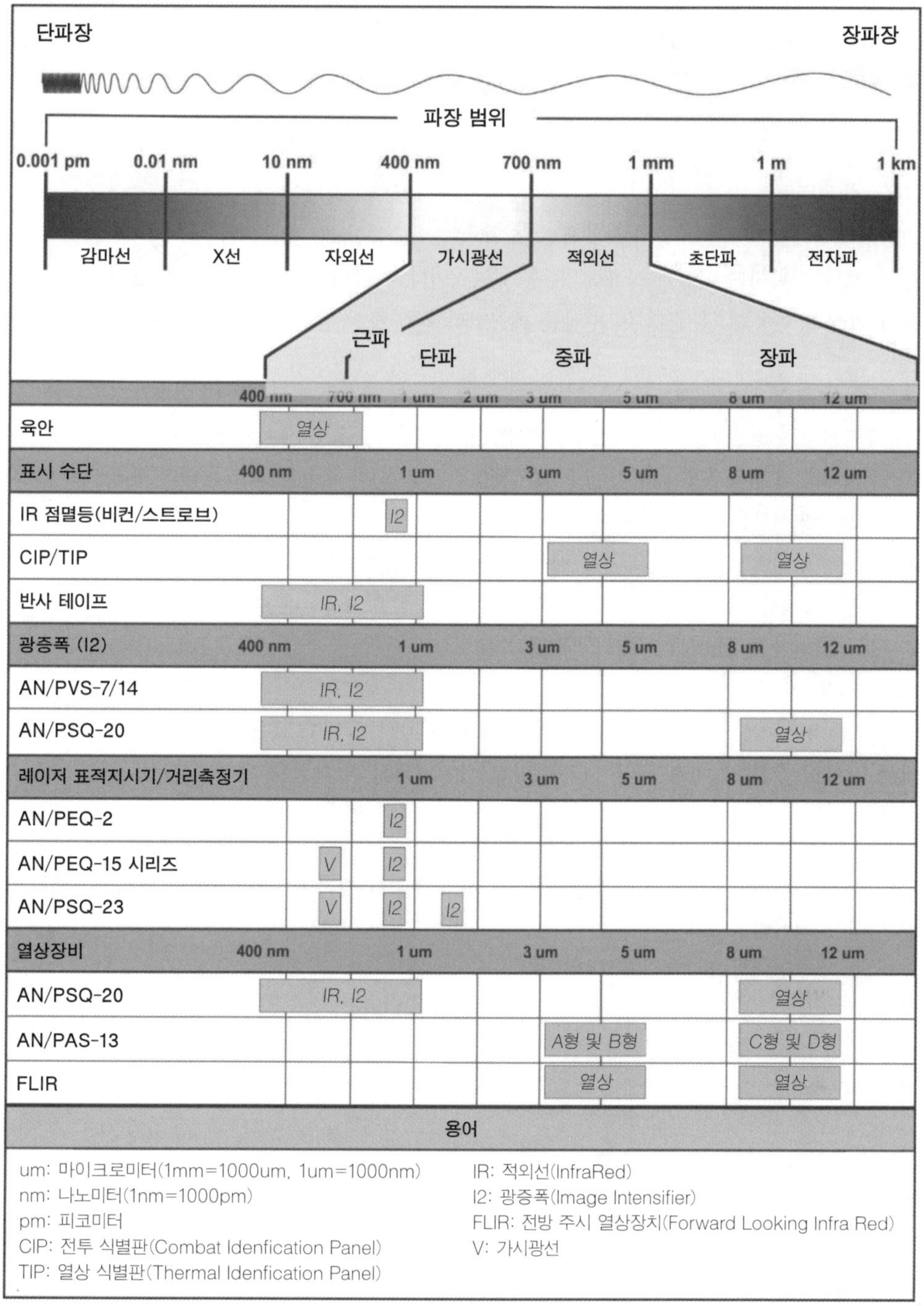

그림 3-5. 전자기적 스펙트럼

광학 장비

3-16. 광학 장비는 보다 향상된 조준 망선을 제공하고 때로는 배율, 즉 확대된 시야를 제공한다. 광학 장비는 주간 작전에 사용되는 것이지만 야간 작전에서도 제한적이나마 시야를 제공할 수 있다. 그러나 이들은 저광량 상황을 근본적으로 개선할 수단은 갖지 못한다.

3-17. 광학 장비는 병사가 보다 먼 거리에서, 보다 정확히 표적과 교전할 능력을 제공한다(다음페이지 그림 3-6). M4및 M16계열의 모듈화 총기에 사용 가능한 광학 장비는 아래와 같다.

- 금속 조준기
- 예비 금속 조준기(BUIS)
- M68 CCO
- M150 RCO

금속 조준기

(역자 주: 금속 조준기는 광학 장비로 분류되지 않는 경우가 일반적이다)

3-18. M4와 M16의 일부 버전에는 가늠자가 내장된 운반손잡이가 있다. 운반손잡이는 총기에 따라 탈착식일수도, 고정식일수도 있다.

3-19. 내장된 가늠자는 상하 및 좌우로 움직여 영점조절이 가능하다. 이들을 이용해 영점을 잡는 방법은 각각의 병기 기술교범에 기재되어 있다.

3-20. 운반손잡이의 가늠자로는 상황에 따라 두 가지의 조준공을 선택할 수 있다.

- 소형 조준공. 중거리 및 원거리 교전, 그리고 영점 조절에 사용
- 대형 조준공. 제한된 시계 조건, 실내전, 근접 및 중거리 전투에서의 이동표적 사격등에 사용된다.

3-21. 금속 조준기는 가늠쇠를 이용해 적절한 조준을 한다. 병사들은 가늠쇠 끝을 가늠자 조준공의 가운데에 위치시킨다. 다음 정보는 해당 병기의 기술교범에서 발췌된 것이다.

운반손잡이		
칫수		
길이	7.3인치	18.5cm
폭	3.5인치	9.0cm
높이	1.9인치	4.8cm
무게	20.8온스	590g

기능	사용 총기	조절
좌우 방향 원점	M16A2	가늠자를 가운데에 위치시켜 기계적 영점 상태로 만듬
	M16A4	
	M4	
	M4A1	
상하 방향 원점	M16A2	300m 표시로부터 1클릭을 더한 뒤 25m거리의 영점을 잡음. 일단 영점이 잡히면 가늠자의 상하 조절 다이얼을 한 클릭 내려 300m로 조준
	M16A4	
	M4	
	M4A1	
좌우 조절	M16A2	1/2 MOA
	M16A4	1/2 MOA
	M4	1 MOA
	M4A1	1 MOA
상하 조절(거리) 가늠쇠 이용	M16A2	1 1/2 MOA
	M16A4	1 1/2 MOA
	M4	1 7/8 MOA
	M4A1	1 7/8 MOA

그림 3-6. 금속 조준기

예비 금속 조준기(BUIS)

3-22. BUIS는 반영구적인 접절식 가늠자로 레일에 장착된다. BUIS는 600m까지 사용 가능한 예비용 조준기구로, M16A4소총 및 M4계열 카빈들에 장착된다(그림 3-7).

3-23. BUIS는 레일의 첫 번째 홈, 즉 장전손잡이에 가장 가까운 위치에 장착된다. BUIS는 운반손잡이가 장착되지 않는 한 모듈화 병기 체계(MWS)에 장착된 채 남는다. 아래 정보는 해당 병기 기술교범에서 발췌한 것이다.

예비 금속 조준기(BUIS)		
칫수		
길이	2.1인치	5.3cm
폭	1.3인치	3.3cm
높이	1.5인치	3.8cm
무게	4.3온스	122g

기능	사용 총기	조절
좌우 방향 원점	M16A4	흰 선
	M4	흰 선
	M4A1	흰 선
상하 방향 원점	M16A4	흰 선
	M4	300m 위치
	M4A1	300m 위치
좌우 조절	M16A4	1/2MOA
	M4	3/4MOA
	M4A1	3/4MOA
상하 조절(거리) 가늠쇠 이용	M16A4	1 1/2MOA
	M4	2MOA
	M4A1	2MOA

그림 3-7. 예비 금속 조준기

M68 CCO

3-24. 근접전 조준경(Close Combat Optic: CCO) M68은 배율이 없는 반사식 조준경으로 양눈을 뜬 채 조준할 수 있게 해 준다(그림 3-8). CCO는 두 눈을 뜬 채 조준할 수 있어 사격시의 적절한 교전 수순을 가능하게 한다.

3-25. CCO는 버전에 따라 2혹은 4MOA지름의 광점을 조준용으로 사용한다. 조준용의 붉은 광점은 사수의 상하좌우 운동에 따라가기 때문에 사수가 시선을 표적에 고정할 수 있게 도와준다. 금속 조준기처럼 가늠쇠를 가운데로 두거나 초점을 맞출 필요가 없다. 미군용 CCO에는 크게 세가지 버전이 있다.

주) M68을 완전히 고정하려면 처음 3~5발을 쏜 뒤 토크 제한 나사를 다시 조여준다.

3-26. CCO는 병기에 따라 영점을 잡는다. CCO는 한번 영점을 잡은 총에 계속 장착해야 하며, 떼었다 재장착할 경우 원래 장착되었던 레일의 홈에 그대로 장착해야 한다. 아니면 다시 영점을 잡아야 한다. 만약 CCO를 떼어내야만 한다면 일련번호 및 원래 달려있던 총기의 레일 홈 위치를 기록해 영점이 유지되게끔 해야 한다.

주) CCO가 원래 달려있던 레일 홈에 돌아오지 않는다면 반드시 다시 영점을 잡아야 한다.

장점

3-27. CCO는 금속 조준기에 대해 대부분의 경우 훨씬 빠른 조준을 가능하게 한다. 또한 밝기를 조절할 수 있어 주간부터 야간에 이르기까지 원하는 밝기를 선택할 수 있다.

3-28. CCO는 실내전 상황에서 선호되는 조준장비이다.

단점

3-29. CCO는 200m를 넘어서 정확한 사격을 하는데 요구되는 탄도 보정 수단(낙하 보정 눈금 등)이 없다.

3-30. 이하 정보는 해당 장비의 기술교범에서 발췌된 것이다.

	교범: TM 9-1240-413-13&P		
	칫수		
	길이	4.0인치	10cm
	폭	2.3인치	5.8cm
	높이	2.7인치	6.8cm
	무게	15온스	425g

기능	1 클릭
좌우 원점	0.5MOA
상하 원점	0.5MOA
좌우 조절	0.5MOA
상하 조절(거리)	0.5MOA

조준점

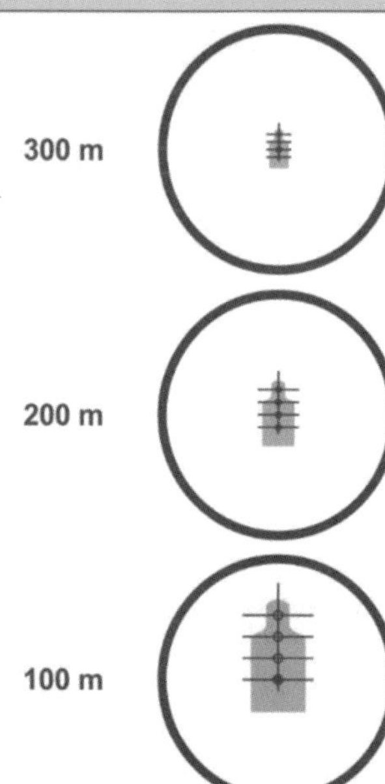

그림 3-8. 예비 금속 조준기

RCO(Rifle Combat Optic)

3-31. RCO(그림 3-9)는 M4/M4A1및 M16계열 총기의 표적 식별 및 명중률을 향상시키기 위해 개발되었다.

3-32. 미군용 RCO에는 몇 가지 버전이 존재한다. 각개 병사들은 각자에게 부여된 RCO의 버전별 특징을 숙지해야 하며 조준 및 조작 요령에 대해서도 숙지해야 한다(RCO 상하 및 수평 조절에 대해서는 그림 3-9참조).

3-33. RCO의 조준망선은 근거리부터 800m까지 낙하 보정 눈금(BDC)을 이용해 조준할 수 있게 한다(그림 3-9 참조). RCO는 2중 조명 기술을 활용, 주간에는 광섬유로 직사광을 받아들여 조준망선을 밝게 하며 야간 및 저광도 상황에서는 삼중수소(트리튬)을 이용한 야광기능으로 조준망선을 밝힌다.

3-34. RCO는 경량에 견고하고 신속하고 정확한 조준을 가능케 하는 4배율 광학 망원조준경(스코프)로 교전중 두 눈을 뜨고 조준할 수 있어 최선의 상황 인식능력을 유지한 채 교전할 수 있다.

장점

3-35. BDC(Bullet Drop Compensator)는 M855로도, M855A1탄으로도 원거리 교전시 높은 정확도를 발휘할 수 있다. 400m이내에서는 양 탄간의 차이는 미미하므로 별도의 오차를 적용할 필요가 없다.

3-36. RCO는 견고하며 장기간 사용이 가능하고 저광도 상황에서도 사용 가능한, 광범위하게 보급된 조준경이다. 별도 전력 없이 자체 발광이 가능한 조준망선은 저녁 끝무렵의 여명기(EENT)에도 작전을 가능하게끔 한다.

단점

3-37. RCO의 시야는 실내전에서 쓰기에는 제한적이다. 이를 위해 RCO로 실내전에서 적을 압도하려면 이를 위한 추가적인 훈련을 해야 한다.

3-38. RCO의 조준망선에는 스테디아 선이 포함되지 않는다. 상하 오차는 미리 정해진 추측을 통해 사수가 적용해야 한다. RCO는 눈과 70mm 정도의 간격을 떼어야 하며 이 간격이 지켜지지 않으면 조준상이 줄어들게 된다.

3-39. 상황에 따라서는 광섬유를 이용한 조명기능이 지나치게 많은 빛을 끌어들여 눈부시게 만들 수 있다. RCO에는 이런 상황을 줄이기 위한 기계적, 혹은 내재적 수단이 없다. 과도한 광량은 사수의 조준 및 거리 파악 능력을 방해한다. 병사들은 작전 조건에 따라서는 직사일광에 노출되는 광섬유의 면적을 줄여 이 문제를 줄여야 할 수도 있다.

3-40. 이하 정보는 해당 장비의 기술교범에서 발췌한 것이다.

교범: TM 9-1240-416-13&P		
칫수		
길이	4.0인치	10cm
폭	2.3인치	5.8cm
높이	2.7인치	6.8cm
무게	15온스	425g

기능	1 클릭	
	나사(동전등으로 돌림)	다이얼
좌우 원점	1/3MOA	1/2MOA
상하 원점	1/3MOA	1/2MOA
좌우 조절	1/3MOA	1/2MOA
상하 조절(거리)	1/3MOA	1/2MOA

조준망선

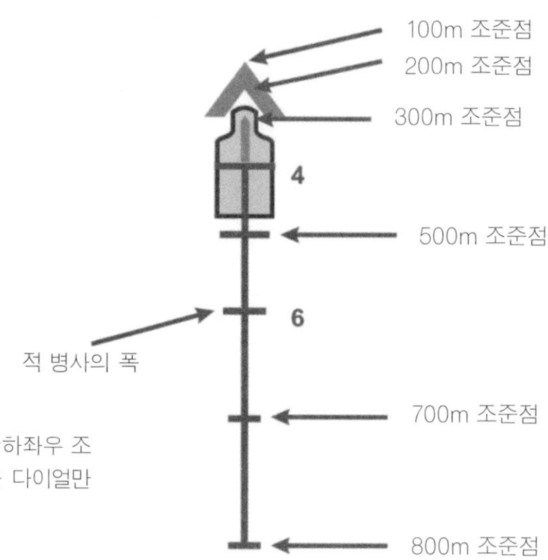

주: 같은 CCO라도 종류에 따라 상하좌우 조절 방식이 나사-다이얼 겸용이거나 다이얼만을 사용하는 것도 있을 수 있다.

그림 3-9. RCO

열상 조준경

3-41. 열상 조준경은 표적 획득 및 조준장비로 온도 측정을 통해 시야를 디지털적으로 재현한다. 이들은 진보된 전방 관측 적외선 기술을 이용, 시야에 있는 열원을 식별한 뒤 온도의 차이를 회색 혹은 다른 색상으로 재해석한 영상으로 바꾼다. TWS는 제한된 시계 조건, 즉 암흑, 연막, 안개, 신기루등에서 표적을 획득하는 능력이 있으며 낮-밤 모두에 효과적으로 적용할 수 있다.

3-42. TWS는 5가지 기능 묶음으로 구성된다(그림 3-10).

- 대물렌즈-목표 및 그 주변에서 방출되는 적외선광을 받아들인다. 대물렌즈는 적외선을 받아들이고 확대시킨다.
- 탐지기 뭉치-적외선광을 탐지해 이를 영상 신호로 바꾼다.
- 센서 뭉치-센서가 영상 신호를 LCD에 비춰질 영상으로 변환한다.
- LCD묶음/아이피스-LCD묶음은 영상을 조준망선과 함께 보여준다. LCD에서 나오는 빛은 아이피스를 통해 볼 수 있다.
- 조작부-조작부는 콘트라스트, 열량 증가, 감도, 조준망선 시현, 배율등을 조절할 수 있게 한다.

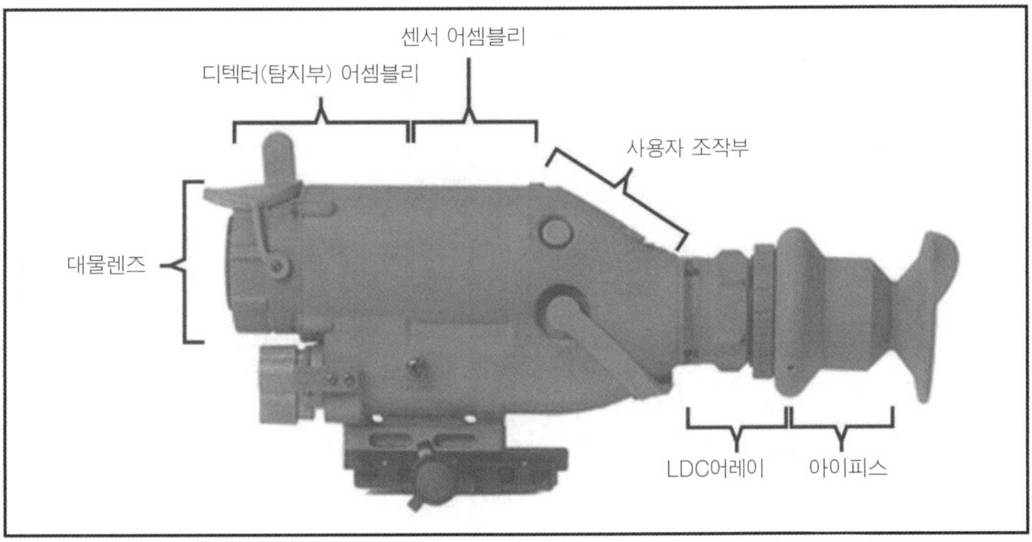

그림 3-10. 열상 조준경

3-43. 열상 센서에 사용되는 작은 탐지기는 3~30마이크로미터 사이의 파장을 가진 적외선 신호를 식별할 수 있다. 열상 장비는 식별된 온도상을 비디오 영상신호로 처리해 보여준다. 이들 장비는 섭씨 1도 정도의 온도차를 육안 식별 가능한 영상으로 만들 수 있다. 이런 온도차는 그에 맞는 밝기의 오차를 만들어 LCD스크린에 영상으로서 식별할 수 있게 보여진다.

AN/PAS-13 계열 열상 조준경

3-44. 미군용 WTS(열상조준경)에는 몇 종류의 변형이 있다. 병사들은 배정된 열상 조준경의 모델과 버전을 숙지해야 하며 조작법 및 조준과정도 숙지해야 한다. 다양한 모델과 버전은 제식명칭을 통해 구분된다.

- 버전1(v1)-경량 열상조준경(LWTS)
- 버전2(v2)-중(中) 열상조준경(MWTS)
- 버전3(v3)-중(重) 열상조준경(HWTS)

3-45. 열상 조준경은 조용하고 경량이며 소형이고, 견고하며 전력 소모량이 낮은 배터리식의 적외선 화상 센서를 사용한다(다음페이지 그림 3-11).

장점

3-46. 군용 열상 조준경은 이하 장점을 가지도록 설계됐다.

- 소형 경량
- 실시간 영상 제공. 이 장비들은 전원을 켜는 즉시 실시간 열영상을 제공한다.
- 배터리(전지) 수명이 김. 시간당 전원 소모량이 낮음.
- 신뢰성이 높음. 고장 간격이 매우 김.
- 조용함. 냉각수단이 따로 없어 작동 소음이 아주 낮음.
- 한 종류의 장비가 다양한 병기에 장착됨. ARS레일 장착부의 적용으로 같은 열상 조준경을 다른 병기에도 장착할 수 있게 됨.
- F와 G모델은 다른 조준장비 앞에 장착할 수 있어 해당 장비들의 능력을 향상시킬 뿐 아니라 열상장비 자체의 영점 조절 필요성이 없다.

단점

3-47. 병사들은 열상 조준경의 약점을 인지해야 하며 특히 전투시에 이를 알아야 한다. 주요 단점은 아래와 같다.

- 다중 스펙트럼 적외선을 볼 수 없다. 이 장비들은 특정 파장의 방출열을 볼 수 있으며 야간에 다른 조준 혹은 표시 장비를 볼 수 없게 한다.
- 재충전 배터리 및 충전기에 의존한다. 비록 배터리는 흔한 편이고 상대적으로 긴 수명을 가지나 이를 충전하는데 추가 장비가 필요하다. 만약 일반적인 비충전식(알칼라인) 건전지가 사용된다면 별도의 배터리 어댑터가 보통 사용된다.
- 유리나 물 너머의 열 신호는 효과적으로 포착하기 힘들다.
- 하차 보병이 사용하는 아군의 표식 장비를 늘 포착할 수 있는 것은 아니다.

디텍터(탐지부) 어셈블리		
경화기 열상 조준경 (LWTS)	**중급 화기 열상 조준경 (MWTS)**	**중화기 열상 조준경 (HWTS)**
AN/PAS-13C (v1)	AN/PAS-13C (v2)	AN/PAS-13C (v3)
AN/PAS-13D (v1)	AN/PAS-13D (v2)	AN/PAS-13D (v3)
AN/PAS-13E (v1)	AN/PAS-13E (v2)	AN/PAS-13E (v3)

주: MWTS에는 M4나 M16시리즈의 탄도에 맞춘 조준망선이 그려져 있지 않음.

그림 3-11. 각종 열상 조준경

3-48. 열상 조준경은 넓은(광각) 시야와 좁은(협각) 시야를 가진다(그림 3-12와 3-13).

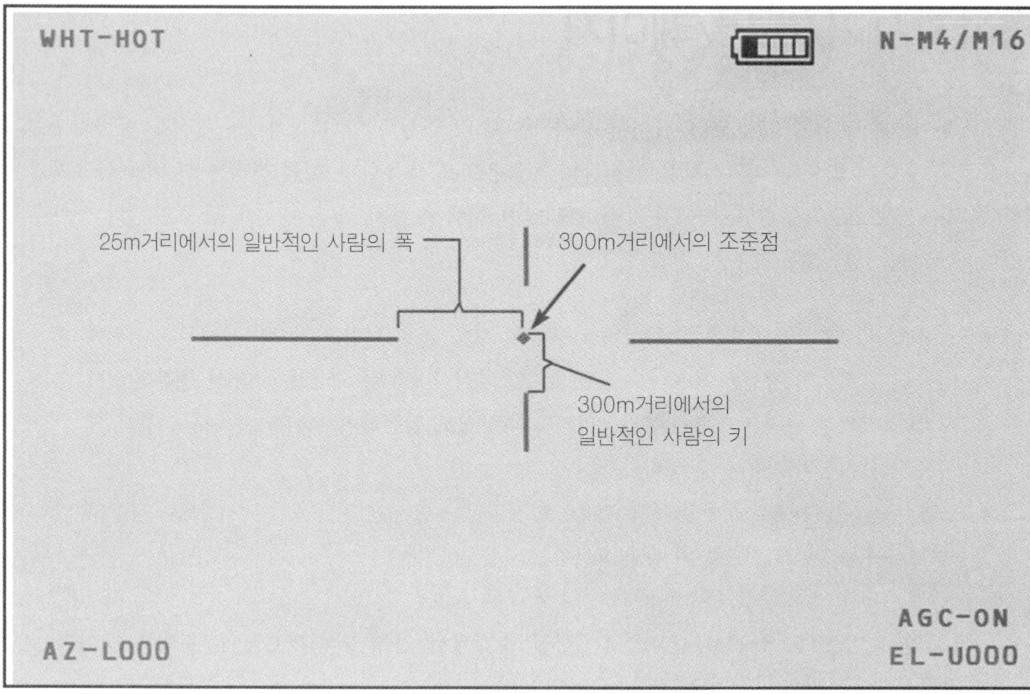

그림 3-12. 열상 조준경, 협각 시야

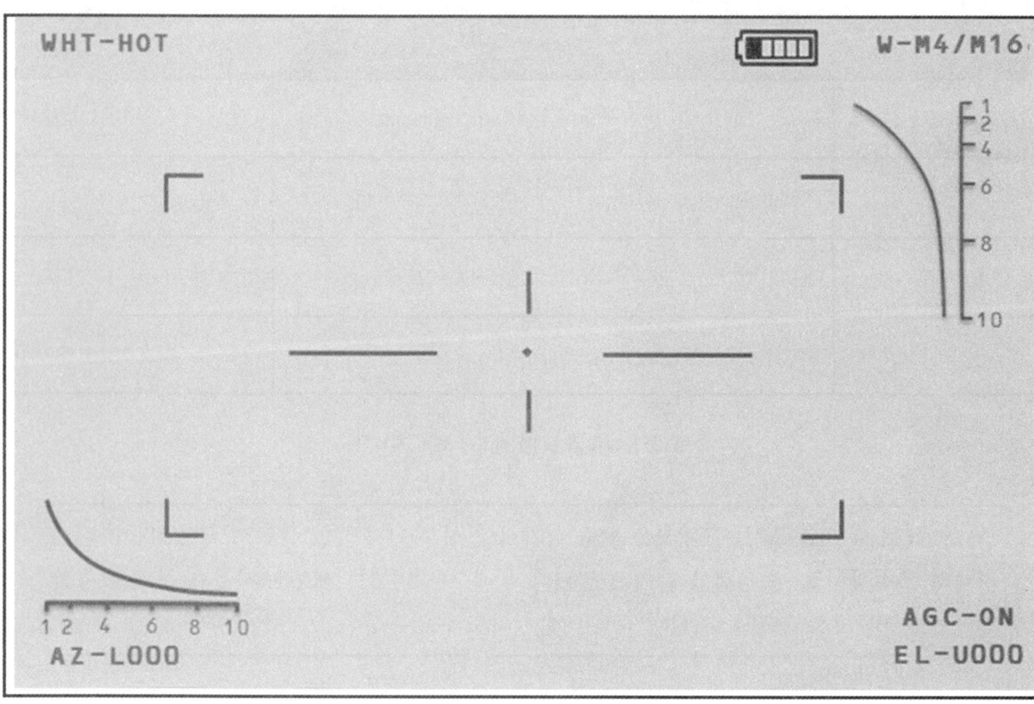

그림 3-13. 열상 조준경, 광각 시야

표적지시기/조명/레이저

3-49. 소화기용의 표적지시기, 조명, 레이저 장비들은 총의 영점과 합치된 적외선 광선을 방출해 표적지시용으로 사용하며 별도의 적외선광을 야시장비 조명용으로 사용한다. 이들 장비는 한 번에 사용자가 선택한 한 가지 모드로 작동한다. 레이저는 장비에 달린 선택 스위치, 혹은 병기에 장착된 원격 장치로 작동한다. 두 가지 기본 작동 모드는 아래와 같다.

- 표적지시기. 표적지시(혹은 조준)장비로 사용될 경우, 작은 지점을 정확히 표시하는 광선이 방출된다. 적외선 광선은 목표나 표적에 닿으면 야시장비로 볼 수 있는 적외선 광점을 반사시킨다. 적외선 광선은 400~800나노미터의 파장으로 작동하며 AV/PVS-7이나 14등의 광증폭식 야시장비로만 볼 수 있다.
- 조명. 보통 실내전에서 적외선 투광 조명으로 사용된다. 조명은 광증폭식 야시장비를 사용하는 병사에게 일반 라이트를 켠 것과 흡사한 효과를 제공한다.

3-50. 아래의 장비들(표 3-1)은 M4및 M16계열 총기에서 가장 일반적으로 사용되는 레이저 표적지시 장비들이다

레이저 조준장비	장비명	해당 교범
AN/PEQ-2	TPIAL(Target Pointer/Illuminator Aiming Light)	TM 9-5855-1915-13&P
AN/PEQ-15	ATPIAL(Advanced Target Pointer/Illuminator Aiming Light)	TM 9-5855-1914-13&P
AN/PEQ-15A	DBAL-A2(Dual Beam Aiming Laser-Advanced 2)	TM 9-5855-1912-13&P
AN/PSQ-23	STORM(Illuminator, Integrated, Small Arms)	TM 9-5855-1913-13&P

표 3-1. M4 와 M16 레이저 표적 지시기

주) ATPIAL, DBAL-A2, STORM은 모두 비가시/가시 레이저가 한 세트로 되어있다. 따라서 하나의 조절장치로 두 광선이 같이 조절된다. 비록 이렇다고는 해도 병사들은 주로 사용할 레이저를 기준으로 영점을 조절해 작전중에 정확도와 일관성을 유지해야 한다.

AN/PEQ-2 표적지시/조명 조준등(TPIAL)

3-51. AN/PEQ-2 표적지시기는 IIIB등급 레이저 장비로서 정확한 조준을 위한 비가시(적외선) 레이저 및 표적 혹은 일정 지역의 조명을 위한 별도의 적외선 광선을 장착한 조준장비이다(다음페이지 그림 3-14). 두 광선은 독립적으로 총기의 영점에 맞게 조절이 되며 서로에 맞춰 조절하는 것도 가능하다. 각각의 광선은 따로따로, 혹은 동시에 쓸 수 있으며 저출력-고출력 설정도 가능하다.

주) 적외선 조명은 표적의 크기와 거리에 따라 필요한 광선의 크기를 조절할 수 있다.

3-52. 이 조준장비는 야시장비와 함께 사용되며 손으로 들고 사용할수도, 총에 장착해 사용할 수도 있다. 총에 장착한 상태에서 이 장비는 특정 표적을 조명하거나 사격을 유도하는데 사용할 수 있다.

3-53. 조준용 등은 ON/OFF스위치나 별도의 전선으로 연결된 원격 스위치로 작동시킬 수 있다. 전원은 두개의 AA건전지이다. 내장 렌즈는 적외선 조명을 좁은 광선으로 집중시킨다. 광선의 방향은 클릭이 내장된 기계적 조절장치로 바꿀 수 있다. 이 조절장치는 병기에 맞춰 영점을 잡는데도 쓰인다.

3-54. 일단 병기에 맞춰 영점이 잡히면 조준 광선은 병기의 사선에 맞춰 광선을 뿜는다. 이 장비에는 광학적 격벽이 마련되어 조준용 레이저를 적이 측면등 빛의 축선에서 벗어난 상황에서 보기 힘들게 만든다.

경고

훈련을 위해 사용자가 고출력을 선택하지 못하게 막는 차단기가 지급된다.

3-55. 다음의 정보는 해당 장비의 기술 교범에서 발췌한 것이다.

<table>
<tr><td rowspan="6"></td><th colspan="3">TM 9-5855-1915-13&P</th></tr>
<tr><th colspan="3">칫수</th></tr>
<tr><th>길이</th><td>6.4인치</td><td>16.3cm</td></tr>
<tr><th>폭</th><td>2.8인치</td><td>7.1cm</td></tr>
<tr><th>높이</th><td>1.2인치</td><td>3cm</td></tr>
<tr><th>무게</th><td>9.5온스</td><td>269g</td></tr>
<tr><th colspan="4">전력</th></tr>
<tr><th rowspan="2">배터리 수명</th><td colspan="3">100시간>32°</td></tr>
<tr><td colspan="3">36시간<32°</td></tr>
<tr><th>전원</th><td colspan="3">AA배터리 2개</td></tr>
</table>

작동 모드			
모드	**표시**	**표적지시용 레이저**	**조명용 레이저**
0	OFF	OFF	OFF
1	AIM LO	저출력	OFF
2	DUAL LO	저출력	저출력
3	AIM HI	고출력	OFF
4	DUAL LO/HI	고출력	저출력
5	DUAL HI	고출력	고출력

레이저	분산 범위	파장
IR 빔	0.3mRad	820~850nm
IR 조명	3.0mRad	820~850nm

용어
IR: 적외선 mRad: 밀리래디언 nm: 나노미터

그림 3-14. AN/PEQ-2

AN/PEQ-15 발전형 표적지시/조명 조준등(ATPIAL)

3-56. AN/PEQ-15 ATPIAL은 다기능 레이저로, 정확한 조준 및 표적 혹은 일정 지역 조명을 위한 장비이다. 이 체계는 휴대용 조명/표적지시기로도 쓸 수 있고 미군 표준규격(MIL-STD) 1913형 ARS(M4혹은 M5 ARS)를 통해 병기에도 장착할 수 있다.

- 가시(맨눈으로 보이는) 레이저-야시장비 없이 해당 장비로 총기의 비사격 영점조절을 할 수 있게 해 준다.
- 비가시(적외선) 레이저-정밀 조절이 가능한 조준용의 적외선광을 방출한다. 분리된 적외선 레이저는 미세 광점을 찍을 수 있게끔 조정할 수 있다.

3-57. 레이저는 휴대용 조명-표적지시기로도, 총기 장착용으로도 사용할 수 있다. 동시에 정렬된 가시 및 비가시 레이저는 몸통 전방의 방출구를 통해 방출된다. 이 고성능 조준 레이저는 정확한 야간 조준 및 해당 체계의 영점 조절에 사용된다.

3-58. AN/PEQ-15는 몸통에 성형된 레일 장착부가 있어 무게가 가볍고 다른 장착 장비를 달 필요가 없다. (TM 9-5855-1914-13&P로 추가 정보를 참조)

> **경고**
>
> **AN/PEQ-15는 아군과의 모의교전시에는 저출력 모드로만 사용한다. 고출력 모드는 실사격시 220m를 넘는 거리에서만 사용한다.**

3-59. AN/PEQ-15 ATPIAL(다음페이지 그림 3-15)의 가시 조준 레이저는 저광도 상황 및 실내전에서 능동적으로 표적을 획득할 수 있게 하며 야시장비 없이도 영점을 잡을 수 있게 한다. 야시장비와 함께 사용될 경우, 적외선 비가시/조명 레이저는 저광량, 혹은 암흑 상황에서 능동적이고 은밀한 표적 획득을 가능하게 한다.

3-60. ATPIAL의 가시/비가서 레이저는 연계되어 있다. 하나의 조절장비가 두 개의 조준 레이저를 동시에 조절하며, 둘 중 하나로 영점을 잡아도 다른 레이저 역시 동시에 영점이 잡힌다. 다음 정보는 해당 장비의 기술교범에서 발췌했다.

TM 9-5855-1914-13&P		
칫수		
길이	4.6인치	11.7cm
폭	2.8인치	7.1cm
높이	1.9인치	4.8cm
무게	7.5온스	213g

전력	
배터리 수명	DH(양측 고출력)상태에서 6시간 이하
전원	DL-123A 배터리(3v) 하나

작동 모드

위치	모드	비고
VIS AL	가시 조준 레이저	가시 조준 레이저 ON
0	OFF	의도치 않은 레이저 점등 방지
P	프로그램	원하는 IR 점멸 간격 설정
AL	조준 레이저 저출력	조준용 레이저를 저출력으로 사용
DL	양측 저출력	조준용 레이저와 조명 모두 저출력
AH	조준 레이저 고출력	조준용 레이저를 고출력으로 사용
IL	조명 고출력	IR조명을 고출력으로 사용
DH	양측 고출력	IR 조준용 레이저와 IR조명을 고출력으로 사용

위치	분산 범위	파장
IR 조준 레이저	0.5mRad	820~850nm
IR 조명	1.0~105mRad	820~850nm
가시 조준 레이저	0.5mRad	605~665nm

용어

IR: 적외선
mRad: 밀리래디언
nm: 나노미터

그림 3-15. AN/PEQ-15, ATPIAL

AN/PEQ-15A, 2중 광선 조준 레이저-개량형 2(DBAL-A2)

3-61. AN/PEQ-15A DBAL-A2는 적외선 조준 레이저와 적외선 조명 및 가시 레이저를 방출해 병기 조준에 도움을 주거나 및 표적 혹은 일정 지역을 조명해준다. 가시 및 비가시 조준 레이저는 연계되어 있어 가시 레이저를 보고 영점을 조절해도 비가시 레이저까지 동시에 영점이 잡히며(AN/PEQ-15도 마찬가지) 이로 인해 야시장비의 도움 없이 영점을 잡을 수 있다. 이 견고한 체계는 휴대용으로도, 총기 장착용으로도(M4및 M5레일 시스템 사용) 사용할 수 있다.

- 가시 레이저-야시장비 없이 해당 장비로 총기의 비사격 영점조절을 할 수 있게 해 준다. 또한 눈에 보이는 선명한 붉은 광점을 제공하므로 주간 혹은 야간 모두에서 육안으로 신속하고 정확한 조준을 할 수 있게 한다.
- 적외선 레이저-집중된 적외선 광점을 제공해 정확한 조준을 가능하게 한다. 또 별도의 적외선 조명이 설치되어 있어 표적 혹은 표적 지역에 대한 야간 조명이 가능하다. 적외선 조명등에는 베젤(방출구)를 다양한 사이즈로 바꿔 표적의 크기와 거리에 따라 적외선의 방출 형태를 바꿀 수 있다(빛을 집중시킬수도, 분산시킬수도 있음).

3-62. 레이저는 앞서 언급했듯 휴대용으로도 총기 장착용으로도 쓸 수 있고 야간의 정밀 조준 뿐 아니라 총기의 영점을 시각적으로 확인할 수 있게도 해 준다.

3-63. AN/PEQ-15A는 DBAL-A2로도 불리며(다음페이지 그림 3-16) 이곳의 가시 레이저는 저광도 상황 및 근접전 상황에서의 조준을 가능하게 하며 야시장비 없이 영점을 잡을 수 있게 한다. 야시장비와 함께 사용할 경우 적외선 레이저 및 조명은 능동적이고 은밀한 표적 획득을 저광도 상황이나 암흑상황에서 가능하게 한다.

3-64. DBAL-A2 가시/비가시 레이저는 연동되어 있다. 하나의 조절장치가 두 레이저를 동시에 조절할 수 있으며 어느 레이저를 보고 영점을 잡아도 둘 다 영점을 잡게 된다. 다음 정보는 해당 장비의 기술교범에서 발췌한 것이다.

TM 9-5855-1912-13&P		
칫수		
길이	3.5인치	8.7cm
폭	2.9인치	7.4cm
높이	1.9인치	4.8cm
무게	8온스	224g

전력	
배터리 수명	IR 양측 고출력 모드에서 5.5시간 이하
전원	DL-123A 배터리(3v) 하나

작동 모드		
위치	**모드**	**비고**
AL	저출력	조준 레이저 저출력
AH	고출력	조준 레이저 고출력
VIS A	적색 가시 조준 레이저	주간용 조준 및 표적지시 레이저
VIS A	녹색 가시 조준 레이저	주간용 조준 및 표적지시 레이저

위치	**분산 범위**	**파장**
IR 조준 레이저	0.5mRad	840nm
IR 조명	0.5~75mRad	840nm
적색 가시 조준 레이저	0.3Rad	635nm
녹색 가시 조준 레이저	0.5Rad	532nm

용어
IR: 적외선 mRad: 밀리래디언 nm: 나노미터

그림 3-16. AN/PEQ-15A, DBAL-A2

AN/PSQ-23 소화기용 통합 표적지시기

3-65. AN/PSQ-23은 배터리로 구동되는 레이저 거리측정기(LRF:Laser Range Finder)겸 디지털 자기 나침반(DMC:Digital Magnetic Compass), 그리고 다기능 내장 레이저로 구성된다. 해당 장비는 STORM(Small Tactical Optical Rifle-Mounted: 소총 장착 소형 전술 광학장비)레이저로도 보통 불린다. 가시 및 적외선 조준 레이저는 연동되어 있어 야시장비의 도움 없이 가시 레이저를 보고 두 레이저를 동시에 영점 조절할 수 있다. 이 견고한 체계는 휴대용으로도, M4/M5 레일시스템(ARS)을 이용한 총기 장착용으로도 쓸 수 있다.

- 레이저 거리측정기(LRF)-오차 1.5m수준으로 20~1,000m 사이의 거리를 측정할 수 있다.
- 디지털 자기 나침반(DMC)-방위각 및 제한적인 고도 정보를 제공한다. 방위각 오차는 0.5~1.5도 사이이며 고도 오차는 0.2도이다. DMC는 최대 45도의 경사면을 0.2도 오차로 확인할 수 있다.
- 가시 레이저-저광도 및 근접전 상황에서 야시장비 없이 표적을 획득할 수 있게 한다. 또한 야시장비 없이 해당 장비로 총기의 비사격 영점조절을 할 수 있게 해 준다. 붉은 광점을 찍는 가시 레이저는 주간이나 야간에 정확한 총기 조준의 보조기구로도 활용할 수 있다.
- 적외선 레이저-집중된 적외선 광점을 제공해 정확한 조준을 가능하게 한다. 또 별도의 적외선 조명이 설치되어 있어 표적 혹은 표적 지역에 대한 야간 조명이 가능하다. 적외선 조명등에는 베젤(방출구)를 다양한 사이즈로 바꿔 표적의 크기와 거리에 따라 적외선의 방출 형태를 바꿀 수 있다(빛을 집중시킬수도, 분산시킬수도 있음).
- 적외선 조명등-앞서 언급한대로 STORM에는 분리된 적외선 조명이 달려있다. 몸통에 고정되어 있으며 레일 장착대와 평행으로 설치되어있다.

주) STORM의 LRF와 DMC는 함께 사용해 표적 조준 및 다른 전술 용도에 필요한 정확한 위치정보를 얻을 수 있다.

3-66. 통합된 가시 조준 레이저(VAL:Visible Aiming Laser)와 비가시 레이저는 야시장비와 함께 사용하면 능동적이고 은밀한 표적 획득을 저광도, 혹은 암흑 상황에서 가능하게 한다. STORM은 또한 전술 교전 모의체계(TES)에 쓰이는 레이저도 갖추고 있어(역자 주: 마일즈용 레이저) 훈련시에도 활용할 수 있다.

3-67. AN/PSQ-23에 대한 내용은 그림 3-17에 있으며 해당 장비의 기술교범에서 발췌한 것이다.

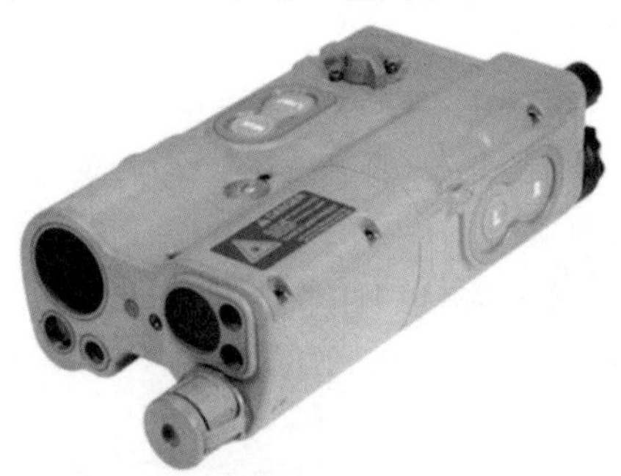

TM 9-5855-1913-13&P		
칫수		
길이	7.3인치	18.5cm
폭	3.5인치	9.0cm
높이	1.9인치	4.8cm
무게	20.8온스	590g

전력	
배터리 수명	IR 양측 고출력 모드에서 5.5시간 이하
전원	DL-123A 배터리(3v) 2개

작동 모드		
위치	모드	비고
VH	가시 레이저 고출력	주간/실내에서의 조준 및 표적지시
AH	IR레이저 고출력	IR레이저의 고출력 모드
IH	IR조명 고출력	IR조명의 고출력 모드
DH	IR 양측 고출력	IR조명/레이저 동시에 고출력 모드
버튼	모드	비고
L	레이저 작동	조준용 레이저 작동
R	거리측정/나침반	3초간 누르면 메뉴가 나옴

위치	분산 범위	파장
IR 조준 레이저	0.5mRad	820~850nm
IR 조명	1.0~100mRad	820~850nm
적색 가시 조준 레이저	0.5Rad	605~665nm
레이저 거리측정기	1.0Rad	1570nm

용어

IR: 적외선
mRad: 밀리래디언
nm: 나노미터

그림 3-17. AN/PSQ-23, STORM

Chapter 4

총기 장착용 부가장비

M4및 M16계열 총기들은 다양한 부가장비를 장착해 병사의 살상력과 상황 판단능력, 적 제압능력을 높인다. 이 장비들은 병기의 다양한 부분에 장착 가능하다. 병사들은 어떤 부가장비가 있는지, 어디가 올바른 위치인지, 해당 병기에 어떻게 해야 올바르게 장착되는지, 해당 병기의 능력을 어떻게 해야 극대화시킬 수 있을지 숙지해야 한다.

이 챕터에서는 ARS(레일)이 어떻게 다양한 장비를 부착하는데 사용되는지 설명한다. 여기서는 병기, 조준장비, 장착을 위한 부가장비, 그리고 이들의 적절한 장착 위치 및 기본 능력에 대한 일반 정보를 나열한다.

레일 시스템(Adaptive Rail System: ARS)

4-1. ARS(편집자 주: 과거에는 MWS레일이라고도 부름)와 레일 결합부는 M16및 M4/M4A1계열 병기들에 아래의 것들을 장착할 수 있도록 고안되었다.

- 다른 병기
- 조준 장비
- 기타 부가장비

4-2. ARS는 병기의 상하좌우에 단단한 부착지점을 제공한다. 각각의 레일 홈에는 병기 후방으로부터 시작되는, 홈 위치를 지정하는 번호가 있다.

4-3. 병사들은 부가장비의 일련번호(있다면), 장착된 지점(예를 들어 홈 사이의 번호), 그 위치에 장착된 장비 특유의 영점 설정등을 기록해야 한다.

4-4. 일단 위 조치가 완료되면 병사는 고정쇠 부분에 이곳이 조여진 상태에서 지워지지 않는 펜으로 표시를 해둬야 한다. 이렇게 하면 사격중에 해당 장비의 고정이 느슨해졌을 때 신속하게 파악할 수 있다. 병사들은 정기적으로 운용중에 장비 고정이 느슨해지지 않았는지 확인해야 한다. 영점을 잡거나 영점을 재확인할 때, 병사들은 첫 다섯발을 쏜 뒤 반드시 장착된 장비의 고정을 다시 조여야 한다.

4-5. 병사들은 장비들이 ARS에 단단히 고정되었는지 확인해야 한다. 만약 고정이 느슨하다면 정확도와 효율 모두가 저하된다.

장착 가능 병기

4-6. M16/M4계열 총기에 직접 장착 가능한 병기에는 크게 두 종류가 있다. 유탄발사기와 산탄총이다. 이 병기들은 각 부대의 작전 특성에 따라 배속되는 표준 장비이며 전투중에 특정한 임무를 맡는다.

4-7. 이 병기들은 총열 아래의 특정 지점에 부착되며 전문 병기계 요원만이 제거해야 한다.

유탄발사기

4-8. M320/M320A1 유탄발사기는 총기에 장착해서도, 탈거된 상태에서도 사용 가능한 경량 유탄발사기이다. M320/M320A1 유탄발사기에는 더블액션만 가능한 격발기구가 내장되어있다. M320계열은 M203의 대체 화기이다(다음페이지 그림 4-1).

그림 4-1. M320

4-9. M203은 후장식의 장착형 유탄발사기로 M16/M4계열 총기의 총열 아래에 고정한다. M203은 탈거된 상태에서는 사용하지 않는다(그림 4-2).

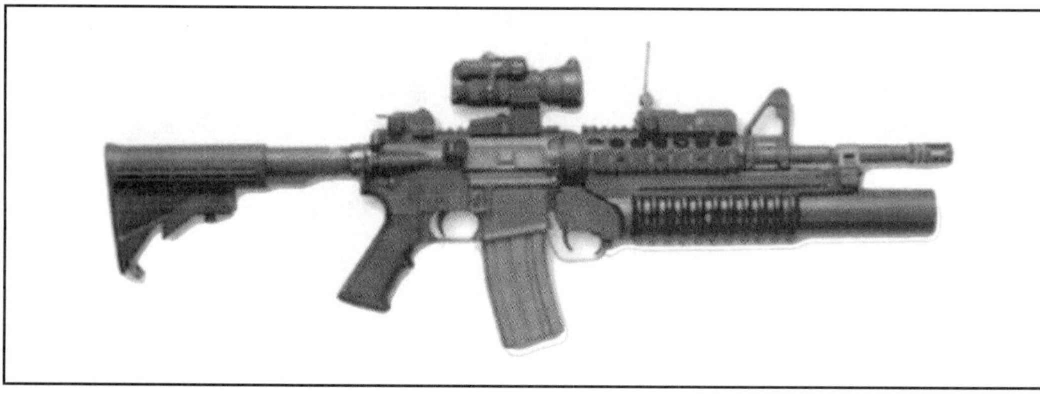

그림 4-2. M203

4-10. 미군의 현용 40mm 유탄발사기들은 소부대에 아래와 같은 탄약을 사용할 수 있게 한다(인가된 적절한 사용법은 해당 기술교범 참조).

- 신호 및 관측용 탄약
  - 백색 섬광조명탄
  - 백색 낙하산 조명탄
  - 녹색 낙하산 조명탄
  - 적색 낙하산 조명탄
  - 황색 연막탄

- 녹색 연탁탄
- 적색 연막탄
- 적외선 연막탄

- 고폭탄(HE)
- 2중목적 고폭탄(HEDP)
- 비살상 탄약
- 훈련(TP)

산탄총

4-11. M26 모듈화 부착형 산탄총 체계(MASS: Modular Accessory Shotgun System)은 M4/M4A1/M16 계열 총기의 총열 아래에 부착하는 산탄총이다. M26은 3연발, 혹은 5연발 탈착형 탄창을 사용하며 병사들에게 추가적인 전술능력을 부여한다(TC 3-22.12에서 추가 정보를 얻을 것). (그림 4-3)

그림 4-3. M26 산탄총

4-12. M26은 아래의 탄약을 사용하는 전술적 능력을 병사들에게 부여한다.

- 문 돌파용 슬러그 탄약
- 단거리용 OO(더블 오) 벅샷
- 비살상 고무 슬러그, 고무 벅샷, 기타 폭동 진압탄

장착용 조준 장비

		M4/M4A1, M16A4	M4/M4A1	M16A2/A3
BUIS		UR	UR	
CCO, M68	TM 9-1240-413-13&P	UR*	UR*	MT
RCO, M150	TM 9-1240-416-13&P	UR	UR	MT
AN/PVS-14	TM 11-5855-306-10	UR***		
AN/PEQ-15A	TM 9-5855-1912-13&P	RG**	BA	BA
AN/PEQ-15	TM 9-5855-1914-13&P	RG**	BA	BA
AN/PAS-13B(V1), LWTS	TM 11-5855-312-10	UR	UR	MT
AN/PAS-13B(V3), HWTS	TM 11-5855-312-10	UR	UR	MT
AN/PAS-13C(V1), LWTS	TM 11-5855-316-10	UR	UR	MT
AN/PAS-13C(V3), HWTS	TM 11-5855-316-10	UR	UR	MT
AN/PAS-13D(V)1 LWTS	TM 11-5855-324-10	UR	UR	MT
AN/PAS-13D(V2), MWTS	TM 11-5855-317-10	UR	UR	MT
AN/PAS-13D(V3), HWTS	TM 11-5855-317-10	UR	UR	MT
AN/PSQ-23	TM 9-5855-1913-13&P	RG**	BA	BA

용어:
BA(Bracket Assembly): 총열덮개 고정장치(레일 없는 총에 사용)
BUIS(Back Up Iron Sight): 예비 금속 조준기
CCO(Close Combat Optic): 근접전용 광학조준기
HWTS(Heavy Weapons Thermal Sight): 중화기용 열상 조준경
LWTS(Light Weapons Thermal Sight): 경화기용 열상 조준경
MWTS(Medium Weapons Thermal Sight): 중급 화기용 열상 조준경
MT(Mount): M16소총용 마운트
RCO(Rifle Combat Optic): 소총용 조준경
RG(Rail Grabber): 레일 결합부
UR(Upper Receiver): 상부 리시버
*반달형 스페이서 설치 **피카티니 혹은 인사이트 레일 결합부 사용
***CCO와 함께 사용할 경우, CCO는 핸드가드의 위쪽 레일에 탑재한다.

표 4-1. 각 조준장비별 해당 교범 및 장착 위치

4-13. 총기 장착용 조준장비들은 최대의 능력을 발휘하기 위해 특정 위치에 장착해야 한다. 표 4-1은 가장 일반적인 장비들의 가장 선호되는 장착위치를 보여준다.

장착용 부가장비

4-14. 장착형 부가장비들은 병기에 장착할 수는 있으나 병기의 기본 작동이나 조준 그 자체에 필요한 것은 아니다. 이들은 병기를 안정시키거나 특정한 전술상황에서 가시광선 조명등을 제공한다.

4-15. 이들 장비들은 소부대 단위로 인가될 수 있다. 몇몇 부가장비는 민수용품일수도 있고 ARS에 반영구적으로 장착될 수도 있다.

양각대

4-16. 양각대(바이포드:Bipod)는 전장에서의 총기 안정성을 높이는, 조절성이 높은 장비다. 양각대는 전방 멜빵고리나 레일에 장착한다. 이들은 개머리판쪽을 고정하는 지지대와 함께 사용하면 매우 안정적인 사격 플랫폼을 제공한다(그림 4-4).

4-17. 양각대는 다양한 자세에서 병기를 안정시킨다. 주로 엎드려 쏴 자세에서 사용되지만, 양각대는 장애물을 사용하는 다른 사격자세에서도 병기를 안정시킬 수 있다. 양각대는 근육을 휴식시키고 자연스러운 조준점을 얻을 수 있게 한다. 장애물 환경에서의 양각대 사용은 병사의 전투효율을 높이고 교전시 초탄 명중률을 높인다.

그림 4-4. 양각대

전방 수직손잡이

4-18. 전방 수직손잡이(Vertical Foregrip: VFG)은 근접전 상황에서 여러 표적을 차례대로 조준해야 할 때 도움이 된다(다음페이지 그림 4-5).

4-19. VFG를 앞으로 장착하면 할 수록 병사가 여러 표적을 부드럽고 빠르게 순차적으로 조준할 수 있다. 다만 사용이 불편할 정도로 앞에 장착해서는 안된다.

그림 4-5. 전방 수직손잡이

양각대 내장형 수직손잡이

4-20. 양각대를 내장한 VFG의 사용도 가능하다. 이들은 VFG내부에 작고 한정적인 조절이 가능한 양각대가 조합된 것이다. 이들은 본격적 양각대만큼의 조절능력은 없으나 사수에게 작고 안정적인 거치대를 제공한다.

장착형 조명

4-21. 병기 장착형 조명(웨픈라이트)는 미 육군에서 흔히 사용된다. 그 목적은 제한 시계 상황에서 조명을 제공, 표적 획득과 식별에 도움을 주기 위함이다.

4-22. 많은 웨픈라이트는 가시광선과 적외선을 선택할 수 있다. 웨픈라이트의 사용은 작전, 적, 환경, 기후, 아군 및 지원 여건, 시간, 주변 민간인에 대한 고려, 부대 SOP등에 좌우된다. 웨픈라이트는 각개 병사가 효율적으로 작동시킬 수 있고 다른 부가장비의 사용에 방해되지 않는 곳에 장착해야 한다. 이들은 또한 이동중에 뜻하지 않게 켜지지 않게끔 장착되어야 한다.

Chapter 5 전 개

소총수의 주 목적은 잘 조준된 사격으로 적과 교전하는 것이다(추가 정보는 ATP 3-21.8 참조) 이 점을 감안하면 소총의 발사속도는 각개 병사가 얼마나 방아쇠를 빨리 당기느냐만으로 결정되지 않는다. 그보다는 병사가 지속적으로 적을 포착하고 정확한 사격을 가하는 속도가 얼마나 빠른지에 좌우된다.

표적을 지속적으로 정확히 명중시키는 것은 탄이 발사되기 직전, 발사되는 동안, 발사된 직후의 요소들이 복합적으로 작용해 이뤄진다. 이런 상호작용에는 안정된 자세의 유지, 표적에 대한 적절한 조준 및 조준의 유지, 방아쇠를 당기는 동안의 병기 안정, 주변 및 전장 환경에의 적응등이 포함된다.

5-1. 모든 병사들은 사격 상황에 적응해야 하며 총기 안전규칙을 준수하고 총기를 적절히 조작해야 하며 언제, 어떻게, 어디를 쏴야 할지 직관적으로 알아야 한다. 이는 극도의 압박 상황에서 표적을 명중시킬 수 있는 병사의 능력에 직접적으로 연결된다.

- 표적과 연결된 감각적 실마리, 가늠자와 가늠쇠, 소총의 움직임, 내 몸의 움직임등을 정확히 해석하고 그에 맞춰 행동할 것.
- 손, 팔꿈치, 발, 다리, 뺨을 미세하게 움직일 것.
- 몸 전체의 움직임과 방아쇠를 당기는 미세한 움직임을 잘 조화시킬 것.

5-2. 어떤 병기를 사용하건, 사격의 목표는 늘 일정하다. 바로 잘 조준된 사격이다. 이를 달성하기 위해서는 두 가지 진실을 염두에 둬야 한다. 병사들은 반드시 아래를 잊어서는 안된다.

- 병기를 적절히 조준할 것. (조준선 정렬과 올바른 조준상 획득)
- 조준에 방해받지 말고 병기를 사격할 것.

5-3. 이를 달성하기 위해서는 조준선 정렬, 조준상 획득, 방아쇠 통제를 터득해야 한다.

- 조준선 정렬–조준선 정렬은 사수의 눈과 조준장비를 정렬하는 것이다. 적절하고 효과적인 조준을 하려면 사수의 눈은 가늠쇠, 혹은 조준망선(혹은 점)에 초점을 맞춰야 한다. 각개 병사는 조준 과정동안 조준선 정렬을 유지해야만 한다.
- 조준상–조준상은 정렬된 조준장비가 표적에 놓인 것을 말한다.
- 방아쇠 통제–방아쇠를 능숙하게 다뤄야 조준이 방해받지 않고 사격을 가할 수 있다.

사격 과정

5-4. 사격 과정은 어떤 병기를 쓰건 모든 사수가 교전중에 고려해야 할 개별적 교전 순서의 개요이다. 사격 과정은 사격에 이르는 모든 결정과 계산, 행동을 형성한다. 사격 과정은 상황 변화에 따라서는 실제 격발이 이뤄지기 직전까지 모든 시점에서 중단될 수 있다.

5-5. 사격 과정에는 크게 세 가지 단계가 있다.

- 사격 전
- 사격
- 사격 후

5-6. 지속적이고 정확하며 잘 조준된 사격을 달성하려면 병사들은 사격 과정을 숙지하고 정확히 적용해야 한다. 하지만 교전 조건에 따라 과정상에 존재하는 각 요소의 적용법은 바뀔지 몰라도 사격 과정의 순서 그 자체는 변하지 않는다.

5-7. 병사가 실시하는 모든 사격은 완전한 사격 과정을 거쳐 이뤄진다. 예를 들어 탄착군도 사격 과정을 여러 차례, 빠르게 반복하면 단순히 위치가 변할 뿐이다.

5-8. 사격 과정은 병사들에게 한번에 임무 하나씩에 집중할 수 있게 한다. 병사는 사격 과정의 목표와 행동을 머릿속에서 조직하고 이를 마음 속에서 잘 정리된 목록으로 만들어 체크할 수 있어야 하며 이를 통해 원하는 결과, 즉 잘 조준된 사격을 얻는데 행동의 초점을 맞출 수 있어야 한다.

5-9. 사격 과정의 각 요소에 필요한 집중의 수준은 매 발의 조건에 따라 비례한다. 표 5-1은 사격 과정의 사례를 보여준다.

격발 전	자세
	자연적 조준점
	조준선/조준상 정렬
	조준 보정
격발	조준 가가듬기
	호흡 제어
	방아쇠 제어
격발 후	격발 후속조치
	반동 제어
	명중지점 예측
	평가

표 5-1. 사격 과정

사격 과정의 기능적 요소들

5-10. 사격 과정의 기능적 요소들은 병사와 병기체계, 주변환경, 그리고 표적을 이어주는 연결고리로, 사격 과정뿐 아니라 사격의 지속성, 정확성에까지 직접적 영향을 끼치는 요소이다. 적절히 사용되면 이 요소들은 모든 교전을 이해하는데 큰 도움이 된다.

5-11. 기능적 요소들은 상호의존적이다. 정확한 사격은 병기 체계에 관계없이 병사들에게 아래의 요소들을 마련하고 유지해야 가능하다.

- 안정성-병사는 병기의 반동이 멈출 때까지 병기를 안정시켜 안정적인 사격 기반을 마련하고 사격 과정을 지속해야 한다. 이 과정은 병사가 어떻게 병기를 파지하는지, 구조물이나 장애물을 어떻게 병기 안정에 활용하는지, 교전중 병사는 지면에서 어떤 자세를 잡아야 하는지등이 포함된다.
- 조준-병기를 적절히 지향시키고, 표적과 조준기를 적절히 정렬시키며 표적과 교전중에 상하좌우 편차를 어떻게 적절히 적용하는지에 관한 것이다.
- 통제-병사가 사격 과정 이전, 도중, 그리고 사후에 구체적으로 행하는 의식적인 행동들은 통제하에 이뤄지는 것이다. 가장 먼저 이뤄지는 통제는 방아쇠 통제다. 여기에는 교전을 벌일지, 벌인다면 언제, 어떻게 벌일지의 여부도 포함된다. 여기에는 안전장치로서의 병사의 역할 및 병기를 발사하는데 따르는 궁극적인 책임이 포함된다.
- 이동-교전 과정에서 병사가 이동하는 것이다. 여기에는 병기 안정과 적절한 조준, 통제를 유지하면서 전후좌우로 움직이는 능력이 포함된다.

5-12. 이들 요소들은 적절한 행동을 취하기 위해 병사가 상황에 맞춰 적응할 필요가 있는 전술적 교전이 무엇인지 정의하며 사격 과정에 가해지는 외부 요소의 영향을 최소한으로 줄인다. 모든 요소들이 최선의 상태로 적용된다면 병사들은 최상의 정확도로 여러 표적과 신속하게 교전할 수 있다.
5-13. 시간, 표적 크기, 표적까지의 거리, 병사의 능력 및 기능은 사격의 실수를 최소화하는데 필요한 각 기능적 요소를 수행하는데 얼마나 노력이 필요한지를 결정한다.

5-14. 각각의 병기, 전술적 상황, 조준기의 종류에 따라 사격 과정의 매 단계에 가장 적합한 기술이 다르며 적절한 시간에 충분한 정확도를 얻어내기 위한 기능적 요인들에도 포함된다. 이 과정을 사수가 얼마나 빨리, 혹은 느리게 이수하느냐는 표적 크기, 표적까지의 거리, 병사의 능력에 따라 바뀐다.

5-15. 실전에서 가장 복잡한 사격 형태는 사수 자신도 이동중이고 적도 이동중이며 시계가 제한된 상황이다. 병사와 지휘관들은 반드시 기술을 연마해야 하며 가장 단순한 사격부터 가장 복잡한 사격으로 훈련을 옮겨가야 한다. 사격 과정에서 기능적 요소들을 적용하는 것은 복잡한 교전하에서도 지속성과 정확성을 유지할 수 있게 한다.

5-16. 각각의 기능적 요소와 사격 과정에서 병사가 취해야 할 행동은 본 교범 후반에 서술된다.

표적 획득

5-17. 표적 획득은 병사가 아군에게 가해지는 위협을 신속하게 인지하는 능력이다. 이는 어떤 사격 과정에서건 시작되기 전에 병사가 수행해야 할 매우 중요한 부분이다. 여기에는 해당 병사가 사용 가능한 모든 광학장비, 탐지수단, 정보를 활용해 위협을 최대한 빨리 발견하는 능력도 포함된다.

5-18. 표적 획득을 위해서는 병사가 전술 상황에 맞춰 세부에까지 꼼꼼히, 지속적으로 신경을 써야 한다. 표적 획득 과정은 각개 병사가 신속하게 수행하는 아래 행동들을 모두 포함한다.

- 탐지: 잠재적 위협(표적 탐지).
- 식별: 잠재적 위협이 실은 아군인지, 민간인인지, 진짜 적인지 구분(표적 식별)/
- 우선순위: 위협이 얼마나 위험한지에 따라 등급을 매김(표적 우선순위 결정)

표적 탐지

5-19. 효과적인 표적 탐지에는 병사들이 반드시 연마해야 할 일련의 기능이 요구된다. 탐지는 전투중에 적의 뚜렷한 위협이 있건 없건 실시되는 능동적인 과정이다. 모든 교전은 각개 병사의 탐지능력에 의해 시작되며, 세 가지 기능 묶음들로 구성된다.

- 탐사와 수색–잠재적 위협을 식별하기 위한 다양한 기술이 신속하게 진행되는 것을 뜻한다. 병사의 탐사 능력은 위협 발생확률이 가장 높은 지역을 파악할 수 있게 한다.
- 획득–초기 탐사와 수색을 주변 환경에 발생한 불규칙적인 현상을 기반으로 더 다듬는 것을 뜻한다.
- 위치확정–정확한 교전을 위해 위협의 대력적인 위치를 결정하거나 소부대 지휘관에게 잠재적 위협과의 접촉 가능성을 알릴 수 있는 능력.

탐사와 수색

5-20. 탐사와 수색은 지정된 구역을 관측하는 기술이다. 그 목적은 주변 환경의 불규칙성을 토대로 잠재적인 위협을 알아채는 것이다. 여기에는 불규칙적인 색상, 형태, 열원, 움직임, 기타 병사가 보기에 주변 환경과 비교해 "이상하다"고 느낄만한 활동들이다.

5-21. 병사들은 5가지 기본적인 탐사와 수색 기법을 이용해 전시에 잠재적인 위협을 찾아낸다.

- 고속 탐사: 분명한 위협 활동을 신속하게 탐지할 때 사용한다. 보통 이것이 방어중이건, 공격중이건 가장 먼저 활용되는 수단이다.
- 저속 탐사: 만약 고속 탐사로 위협을 발견하지 못했다면 광학장비나 조준장치, 기타 감시장비를 이용해 보다 세밀한 탐사를 한다. 저속 탐사는 방어중, 혹은 느린 이동중이나 전술적으로 필요해 정지한 상황에 가장 적합하다.
- 수평 탐사: 제한된 범위, 혹은 시가지등에서 사용된다. 잠재적 위협이 아군의 움직임이나 위치를 감시할 수 있는 핵심 지역에 초점을 맞춘 수평 방향으로의 탐사이다.
- 수직 탐사: 제한된 범위, 혹은 시가지등에서 사용하는 상하 방향의 탐사이며 고지대에서 아군을 감시할지도 모를 잠재적 위협을 식별하기 위해 사용된다.

- 미세 수색: 다른 탐사 수단으로 위협을 찾아내지 못했을 때 사용한다. 미세 수색은 조준 장비, 열상 조준경, 망원 광학장비, 기타 감시장비를 사용해 천천히, 그리고 질서정연하게 수색하는 방법으로 보통 해당 병사가 "내가 적이라면 저 곳에 있겠다"싶은 장소를 중심으로 진행된다.

획득

5-22. 표적 획득은 인원이나 차량, 장비, 기타 군사적으로 중요한 것들을 작전 환경에서 발견하는 것이다. 표적 획득은 표적 탐사및 수색 과정에서 관측과 탐지 과정의 직접적인 결과물로서 이뤄진다.

5-23. 탐사와 수색 과정에서 병사들은 "표적 징후", 즉 위협의 증거나 징후를 찾게 된다. 전술적으로 병사들은 위협적인 인물, 장애물, 지뢰(잠재적인 사제폭발물(IED)포함), 차량, 대전차 미사일등을 찾게 된다. 이런 표적들을 알려주는 징후는 형상이나 음향, 냄새등으로 식별할 수 있다.

최선의 표적 탐지법

5-24. 위협 탐지는 감시장비와 광학장비, 기타 병사가 운용하는 장비들을 주의깊게 사용해야 하는 매우 중요한 능력이다. 잠재적 위협을 최대한 빠르고 효율적으로 찾아내면 위협을 제압할 시간을 극대화할 수 있다. 병사들은 표적 탐지 확률을 높이기 위해 아래에 나열한 최선의 방법들에 익숙해져야 한다.

- 먼저 맨눈으로 탐사한 뒤 망원경을 꺼낸다.
- 시야가 제한적인 상황에서는 광증폭식과 열상식 야시장비를 병행해 사용한다.
- 광증폭식과 열상식의 차이를 이해하며 이것들이 무엇을 볼 수 있는지, 무엇을 볼 수 없는지 이해해야 한다(챕터 4 참조).
- 밤낮을 불문하고 표적 획득과 교전에 가장 애용되는 장비는 열상 장비이다.
- 소부대 작전시에는 다른 동료들이 수색하는 곳에서 수색하지 않는다. 어느 정도의 중첩은 해야 하지만 같은 구역에 초점을 맞춰서는 안된다.
- 적처럼 생각한다. 적의 입장에서 가장 유리해 보이는 곳부터 찾는다.
- 위협을 찾아내는 것은 화생방전(CBRN) 상황에서 가장 어렵다. 화생방 방호장비와 복장을 갖춘 상황에서 위협 탐지 연습을 해 낮과 밤에 이런 장비의 제약을 받는 상황이 어떤지를 이해해야 한다.

위치확정

5-25. 표적 위치의 확정은 사수나 소부대, 기타 작전 단위를 기준으로 해당 병사가 처한 환경에서 표적이 어디에 있는지를 결정하는 것이다. 표적, 혹은 여러 표적들의 위치를 확정하는 것은 소부대에 속한 각개 병사들의 수색 및 획득 능력의 결과이다.
5-26. 일단 표적의 위치가 확정되면 위협의 위치정보는 신속하고 효율적으로 부대 내 다른 인원들에게 전

파될 수 있다. 확정된 표적의 정보를 알리는 방법은 발견한 개인의 위치, 작전의 시각적 통제 수단, 부대별 SOP, 사용 가능한 시간등에 따라 바뀐다.

표적 식별

5-27. 발견한 표적이 적인지, 아군인지, 비전투원(중립)인지를 식별하는 것이 표적 획득 과정의 두 번째 단계이다. 병사는 잠재적 위협을 아래의 세 가지 분류 중 하나로 식별해야 한다.

- 아군. 작전구역 내에서 함께 작전중인 미군 혹은 동맹군 부대를 뜻함.
- 적(적 전투요원). 미군 혹은 동맹군에게 무장하고 적대행위를 하며 전쟁법규를 위반한 인원.
- 비전투원. 인원, 조직, 단체로서 적대행위에 직접 가담하지 않는 개체. 여기에는 의료요원, 군목, UN감시요원, 기자, 부상으로 인해 교전에서 이탈한 인원들이 포함된다. 적십자와 적신월 조직도 비전투원으로 간주된다.

5-28. 도시 혹은 협소한 장소에서 적/아군을 식별하는 과정은 더욱 어려워진다. 아군 오인사격에 의한 피해를 줄이려면 병사들은 상황 인식에 필요한 모든 장비와 수단을 활용하는 한편으로 표적 확인을 위한 알맞는 전술과 기술, 절차를 발전시켜야 한다.

오인사격 예방

5-29. 부대에 따라서는 아군 차량과 적 차량을 구분하는 다른 수단들이 있다. 일반적으로 이럴 경우에 사용하는 표시는 부대의 전술적 표준 작전 절차(TACSOP)나 다른 표준에 따라 개인, 소부대, 차량들에 필요에 맞게 실시된다.

- 표시(마킹). 부대 표시는 부대 SOP에 따라 결정된다. 이들은 표준화된 방법에 따라 분명히 아군 차량임을 나타낸다.
- 표지판. VS-17 표지판은 주간에 시야가 원활한 상황에서 아군 차량임을 확실히 보여준다. 이 표지판은 열상으로 식별되지 않는다.
- 조명. 화학조명(역자 주: 낚시등에도 사용하는 케미라이트), 혹은 LED조명은 야간에 차량에 표시를 제공한다. 하지만 화학조명은 열상장비로 식별되지 않는다. 화학조명의 적외선 버전이 야시장비를 위해 사용될 수 있다. 낮이나 시야가 제한된 상황에서 열상 장비에 의해 조명을 식별할 수는 없다.
- 점멸등. 각종 점멸등 및 스트로브는 부대 차원에서 조달한, 소형의 배터리 작동식 점멸기구로 거의 적외선에 가까운 파장으로 작동한다. 이들은 야시장비로 선명하게 볼 수 있으나 열상장비로는 볼 수 없다.

주) 점멸등및 스트로브는 보통 광증폭식 야시장비로만 볼 수 있는 신호를 내보낸다. 이들은 열상장비로는 볼 수 없다. 지휘관과 병사들은 이들을 작전이나 훈련에 사용할 때 어떤 장비로 볼 수 있는지 잘 아는 상태에서 SOP를 작성해야 한다. 또한 이들은 야시장비를 갖춘 적에게도 발견될 수 있다는 사실을 염두에 두어야 한다.

- 상징. 부대 상징은 아군 차량을 표시하는데 쓸 수 있다. 예를 들어 거꾸로 된 V자를 차량 측면이나 후방, 전방에 그리면 아군 차량임을 식별하기 쉽다. 이들은 일반적으로 훈련중이 아니라 작전구역에서 그려진다. 상징에 의한 표시체계는 열상장비에 의한 식별을 제공하지는 못한다.

표적 우선순위 결정

5-30. 복수의 표적에 직면한다면 병사는 성공적인 교전을 위해 각각의 표적에 우선순위를 정하고 세심하게 사격을 계획해야 한다. 심리적 준비상태와 찰라에 결정을 내리는 능력은 복수의 표적과 교전하는데에 있어 성공의 열쇠이다. 적절한 정신상태는 병사들이 적의 위협에 수동적으로 대처하기 보다는 본능적으로 반응하며 교전의 주도권을 잡을 수 있게 해 준다.

5-31. 표적 우선순위는 아래의 3개 수준으로 결정된다.

- 가장 위험. 아군을 배제할 능력과 준비를 동시에 갖춘 위협. 이런 표적은 즉각 제거해야 한다.
- 위험. 아군을 배제할 능력은 있으나 아직 그럴 준비를 완비하지 못한 위협. 이 표적들은 가장 위험한 표적을 제거한 뒤 제거해야 한다.
- 최소 위험. 아군을 배제할 능력은 없으나 더 능력이 갖춰진 다른 위협과 연합해 작전할 능력을 가진 위협. 이 표적들은 보다 위험한 표적들을 제거한 뒤 배제해야 한다.

5-32. 당면한 복수의 표적이 모두 같은 수준의 위험을 가졌다면 이번에는 이들이 어떤 위협을 제공하는지에 따라 우선순위를 정해야 한다. 표적 우선순위의 표준 절차는 교전 서열에 따라 결정된다. 비슷한 위협들에 직면했다면 사수들은 아래의 지침에 따라 교전한다.

- 멀리 있는 적보다 가까운 적.
- 측면보다 정면.
- 이동 표적보다 고정 표적.

5-33. 표적 우선순위 결정은 사수를 통제할 체계를 마련하며 눈 앞의 위협에 대한 제압을 유지하게 한다. 사수들은 상황 및 사격 지휘체계, 혹은 표적의 활동에 따라서는 표적 우선순위 지침에서 벗어나 행동할 수도 있음을 명심해야 한다.

Chapter 6 안정성

안정성은 병사가 교전을 위한 안정된 사격 기반을 만드는 것을 뜻한다. 병사는 병기를 안정시켜 반동이 그칠 때까지 사격 과정을 시작하고 유지하며 종료할 지속적인 기반을 마련한다. 이 과정에는 병사가 어떻게 병기를 파지하는지, 어떻게 주변 건축물이나 사물을 이용해 안정성을 높이는지, 교전중 지면에 어떤 자세로 있어야 하는지등이 포함된다. 안정된 사격 기반은 사격 과정에서 매우 중요하며 이는 병사가 이동중이거나 정지중 모두에 해당한다.

이 챕터에서는 안정적인 사격 기반을 마련하는 원칙을 제공하고 병사와 병기, 주변환경간의 상호작용을 논하며 다양한 자세에서 최적의 안정성을 확보하는 방법들도 논한다. 여기서는 안정성이 기능적인 요소로서 어떻게 사격 과정을 지탱하고 다른 세 가지 요소들과도 어떻게 상호작용하고 통합되는지 살펴본다. 안정성은 최적의 사격을 위한 조준 및 조준선 정렬을 위한 기회를 제공한다.

의탁

6-1. 안정성은 네 가지 기능을 통해 제공된다. 의탁, 근육 이완, 자연적인 조준점, 반동 제어이다. 이 기능들은 병사들에게 교전중 병기를 가장 효과적으로 제어할 수단을 제공한다.

6-2. 모래 주머니나 장비, 기타 구조물을 잘 배치해 병기의 상부 몸통을 의탁하는 것은 안정성을 증가시킨다. 여기에는 양각대나 전방 수직 손잡이, 혹은 사수 자신의 뼈와 근육을 이용한 의탁도 포함된다.

6-3. 의탁은 자연적 혹은 인공적 수단, 혹은 양자를 함께 사용해 이뤄질 수 있다. 자연적 의탁은 사수의 뼈와 근육의 조합을 이용하는 것이다. 인공적 의탁은 사수의 신체 이외의 것을 사용하는 것이다. 각각의 사격 자세에서 더 많은 의탁이 제공될수록 병기는 더욱 안정적이 된다.

- 다리 위치. 다리의 위치는 사수의 사격자세에 크게 좌우된다. 다리의 위치는 병사의 체중과 사격하는 팔의 팔꿈치를 지탱하거나 사격 자세에 따라 요구되는 다른 요구를 충족해야 한다. 의탁 없이 서서 서 있을 경우 다리는 앞뒤로 적당히 벌리고 무릎은 약간 구부리며 상반신은 꼿꼿이 세워야 한다. 엎드린 자세에서 사수는 다리를 지면에 평평하게 벌리거나 무릎을 구부려야 한다. 앉은 자세에서 다리는 사격 자세에서 주요한 부분을 차지하게 된다.
- 사격 자세/무게 중심. 사격 전과 사격중, 사격 후의 몸의 위치는 사수의 균형과 자세에 따라 좌우된다. 사수의 위치/무게중심은 특히 사수가 사격중에 안정적인 사격 기반을 유지하고 반동을 흡수하며 사격 과정중에 공격적으로 몸을 앞으로 숙일 수 있는 능력과 관련이 있다.
- 사격하는 팔의 팔꿈치. 사격하는 쪽 팔꿈치의 위치도 중요하다. 팔꿈치를 적절하게 위치시키면 서서 쏴, 앉아 쏴, 무릎 쏴등의 상황에서 지속적인 파지가 가능하며 엎드려 쏴 자세에서는 실제 안정성을 증진시킨다.
- 사격하지 않는 쪽 팔꿈치. 사격하지 않는 쪽 팔꿈치(오른손잡이는 왼팔)의 위치는 사격 과정에서 어떤 자세에서든 소총을 지탱한다.
- 사격하는 손. 사격하는 손의 적절한 파지는 방아쇠 제어에 도움을 준다. 권총손잡이는 엄지와 검지 사이의 V자홈에 위치시킨다. 손에 가해야 하는 힘은 굳건한 악수와 비슷하다. 총을 파지하려면 병사는 병기의 권총손잡이를 최대한 엄지와 검지 사이에 높이 잡는다. 병사의 집게손가락은 하부 몸통 위, 방아쇠울 밖에 놓지만 탄창 멈치로부터는 떨어트려 실수로 탄창이 빠지는 일을 막는다. 사격하는 손의 엄지(왼손 사수의 경우 집게손가락)는 조정간에 놓는다(역자주: 개량형 M4A1카빈은 조정간이 좌우 모두에 있어 왼손잡이도 엄지손가락을 조정간에 놓을 수 있다). 병사는 나머지 세 손가락으로 권총손잡이를 잡으며 가운데 손가락과 방아쇠울 사이에 빈 틈이 없게 한다.
- 사격하지 않는 손. 사격하지 않는 손의 적절한 위치는 사격하지 않는 쪽 팔꿈치가 병기 안정을 위해 어떻게 위치하는지에 달려있다. 그리고 의탁과 무의탁 사격을 막론하고 사격중에 안정성을 극대화하기 위해 위치는 바꿀 수 있다.

- 사격하지 않는 손은 덮개를 잡아 총기의 무게를 지탱한다. 이 때 군건히 잡되 긴장해서 잡으면 안된다. 어떤 자세에서도 자연스러운 범위 안에서 최대한 총열덮개 끝에 가깝게 위치시켜 반동 제어에 도움을 줘야 한다.
- 가능하다면 사수는 사격하지 않는 손의 엄지손가락을 아래로 강하게 눌러 총열덮개에 아래로 향하는 힘을 가해야 한다. 이 압력은 반동에 의한 총구 앙등을 제어하는데 도움이 될 것이다.
- 어떤 자세에서도 사격하지 않는 손의 위치는 자연스러운 범위 내에서 최대한 총열덮개의 끝에 가깝게 위치해야 반동 억제에 도움을 줘야 한다.
- 현용 MWS레일의 공간 제약으로 인해 위에 기재한 사항들이 가능하지 않을 수도 있으나 레이저등의 장비를 장착할 때에는 위의 사항을 고려해 파지를 최대한 안정적으로 할 수 있도록 위치를 잡아야 한다.

● 개머리판. 개머리판과 사격하는 쪽 어깨와의 위치관계는 단단한 견착에 도움을 준다. 그리고 이는 사격시에 사수가 착용한 장비에 따라 바뀐다. 개머리판은 머리를 가급적 똑바로 들 수 있게 하기 위해 최대한 어깨에 높이 위치해야 한다.

- 개머리판의 상하 위치는 사격 자세에 따라 다양하게 바뀐다. 일반적인 지침은 아래와 같다. 지면에서 멀어지는 자세일수록 개머리판도 어깨에서 높이 위치해야 한다.
- 개머리판"이라는 용어는 M16시리즈의 고정식 개머리판과 M4시리즈의 신축식 개머리판 모두에 해당한다.

● 접응. 접응이란 사수의 머리를 병기의 개머리판에 밀착시키는 것을 뜻한다. 적절한 접응은 조준선 정렬에 중요하다. 사수는 개머리판에 머리의 무게를 전부 가해야 한다. 머리의 위치는 조준장비로 최선의 조준상을 얻기 위해 가급적 똑바로 세워져야 한다. 또한 이렇게 하면 조준 장비로는 관측하지 못한 다른 표적을 발견하기도 쉽다.

- 접응을 하기 위해서는 소총을 머리쪽으로 움직여야지, 머리를 소총쪽으로 움직이면 안된다. 사수의 머리는 사격중에는 같은 위치를 유지해야 하나 사격자세가 바뀌면 머리의 위치도 바뀔 수 있다. 빰의 광대뼈 부분을 개머리판에 밀착시키는 것이 기본적인 시작점이다. 병사들은 얼굴에서 어디가 가장 적절한 접응점인지 찾아 적절한 조준선 정렬을 가능하게 할 뿐 아니라 해당 지점에 반복적으로 접응해야 한다.
- 그림 6-1은 조준선 정렬에 머리의 위치가 어떤 변화를 주는지 보여준다. 오른쪽의 사수는 머리의 무게 전부를 개머리판에 싣지 못했다. 좌측의 사수는 사수의 얼굴 피부가 머리의 무게 전체로 인해 쏠려있는 것을 알 수 있다. 이는 사격 교관에 의해 신속하게 관측되고 교정될 수 있다.

주) 사수의 몸에 따라 얼굴의 살과 뼈의 구조도 다르다. 사수는 그림 6-1의 올바른 자세, 즉 왼쪽 그림을 위해 그저 아래로 힘을 주기만 해서는 긴장을 풀지 못하고 올바른 접응점에 반복적으로 접응하지도 못한다. 중요한 것은 조준선 정렬을 지속적으로 가능하게 하는 것이다.

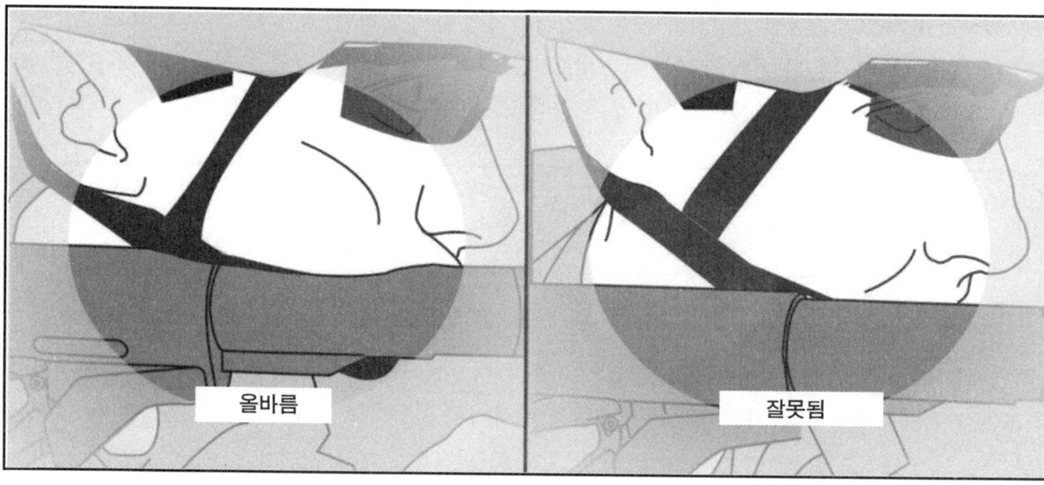

그림 6-1.

근육 이완

6-4. 근육 이완은 사격 과정중 병기를 적절히 유지하면서 이를 위해 주요 근육들이 긴장하는 것을 막아주는 능력이다. 이완된 근육은 의탁에 의한 안정성을 높이는데 도움이 된다.

- 긴장된, 혹은 피곤한 근육은 안정성을 떨어트린다.
- 일반적으로 사수의 뼈에 의한 의탁이 많을수록 근육 의존도는 줄어든다.
- 뼈에 의한 의탁이 늘면 자세의 안정성은 높아진다. 뼈는 피로하거나 긴장하지 않기 때문이다.
- 일반적으로 근육에 의한 의탁이 줄수록 사수는 같은 자세를 오래 유지할 수 있다.

자연적 조준점

6-5. 자연적 조준점은 사수의 근육이 이완되고 총기가 지탱되었을 때 자연스럽게 총구가 가리키는 지점을 뜻한다. 자연적 조준점은 아래의 원칙에 따라 결정된다.

- 자연적 조준점이 표적에 가까울수록 근육의 힘은 덜 필요하다.
- 자세가 자연스러울수록 반동 억제도 더 잘 된다.
- 사수의 몸이 지면에 밀착되면 될수록 안정성도 높아진다.
- 사수의 몸이 지면에 밀착될수록 사수의 기동성은 떨어진다.

6-6. 병사가 표적을 조준하면 안정성 부족은 불안정한 부분을 유발하며 조준기는 이로 인해 조준점으로부터 미세하게 벗어난다. 만약 이런 부분이 표적보다 크다면 병사는 더 안정된 자세로 바꾸거나 같은 자세에서 방아쇠를 당기기 전에 불안정한 부분이 줄어들도록 몸을 조정해야 한다.

주) 자세가 안정될수록 불안정한 부분도 줄어든다. 불안정한 부분이 적을수록 명중률도 높아진다.

6-7. 사수의 자연적 조준점을 확인하려면 병사는 안정된 자세를 취한 뒤 자연스럽게 멈춘다. 눈을 닫고 사격자세를 취한 뒤 자연스럽게 멈춘 시점에서 눈을 뜬다. 이 때 조준기가 향한 곳이 바로 그 자세에서의 자연적 조준점이다. 만약 자연적 조준점이 표적을 향하지 않았다면 자세에 약간의 교정을 해 조준점이나 가늠쇠가 표적으로 돌아오게 해야 한다. 병사는 이 과정을 반복해 자연적 조준점이 표적과 일치하게 해야 한다.

반동 제어

6-8. 반동 제어는 병사가 안정적인 사격 자세를 취하고 유지하면서 얻어지는 것으로, 이로 인해 사격중에 생기는 조준의 방해를 최소화한다.

6-9. 병사의 사격 자세는 사격 과정 중 병기 의탁과 병사의 체중, 병기의 위치를 통해 반동을 제어한다. 적절한 반동 제어가 되면 조준선이 신속하게 표적으로 재정렬되어 빠른 차탄 사격을 가능하게 한다.

사수-총기간 각도

6-10. 사수-총기간 각도는 사수의 상반신과 병기의 방향간에 이뤄진다. 이 각도는 사격 자세마다 다르며 반동을 제어하는 사수의 능력과 직결된다. 사수-총기간 각도가 급변하면 눈과 조준기의 간격, 그리고 접응점의 변화가 생긴다.

주) 왼손잡이와 오른손잡이가 섞여있는 부대는 각 병사간의 자연적인 휴대 위치의 차이를 활용할 수 있다. 왼손잡이 병사는 우측면에, 오른손잡이 병사는 좌측면에 배치하여 총구를 부대 중심으로부터 멀리하는 한편으로 자연스럽게 위협을 향하게 하고 횡방향으로 이동할 때 사격하면서 생기는 문제도 최소화할 수 있다.

시계(視界)

6-11. 시계는 인간의 눈이 한 순간에 볼 수 있는 범위를 말한다. 시계는 병사가 광학장비나 망원경, 열상 장비등을 쓰지 않은 맨눈을 기준으로 한다. 시계는 병사가 보는 것이며 병사가 잠재적 위협을 탐지할 수 있는 구역을 포함한다.

휴대 자세

6-12. 총기 휴대 자세에는 주로 6가지가 있다. 이 자세들은 지휘관이 지정하거나 병사들이 전술적 상황에 따라 바꿀 수 있다. 6가지 주요 자세는 다음과 같다.

- 행(Hang: 전방 걸이)
- 세이프 행(Safe Hang: 안전 전방 걸이)
- 콜랩스드 로우 레디(Collapsed Low Ready:예비 낮은 준비)
- 로우 레디(Low Ready: 낮은 준비)
- 하이 레디(High Ready: 높은 준비)
- 레디(Ready 혹은 Ready Up: 준비)

휴대 자세	행
사용될 경우	위협이 없을 경우. 일반적으로 전술적 상황이 아닐 때 사용됨.
명령	ASSUME HANG
장점	병사가 최대급의 기동성을 발휘할 수 있고 이동 및 손 사용의 자유가 보장됨
단점	총기와 그 조작부에 대한 접근성이 가장 낮음. 안정적인 사격 자세로 전환하는데 가장 긴 시간이 걸림. 가장 불안정한 신체적 안정성이 주어짐.

그림 6-2. 행 휴대의 예

행

6-13. 행 자세는 손을 다른 임무에 써야 하며 적의 위협이 확실히 없거나 가능성이 낮을 때 취한다(그림 6-2). 병기는 멜빵에 의해 몸에 매달리며 안전장치는 걸려있다. 행 자세는 병기의 상태가 적색일 때에는 취하면 안된다. 이 자세에서는 본의 아니게 조정간이 반자동이나 자동/점사로 이동해버릴 수 있다.

세이프 행

6-14. 세이프 행은 즉각적인 위협이 없고 손을 다른 일에 쓸 필요도 없을 때 사용된다(그림 6-3). 세이프 행 운반자세에서는 총기는 멜빵으로 몸에 매달리며 안전장치는 걸려있고 병사는 총기의 권총손잡이를 파지한다. 병사는 레디나 레디 업 자세가 될 때 까지는 방아쇠에서 손가락을 뗀다.

6-15. 이 자세에서 병사는 어느 방향으로 이동해도 되면서 동시에 사격하는 손을 이용해 총구를 지면으로 향하게 할 수 있다. 이 휴대 자세는 병기 통제와 활동의 유연성, 병기의 사격 기능에 대한 능동적 통제를 가능하게 한다.

휴대 자세	세이프 행
사용될 경우	즉각적인 위협이 없을 때. 이동중에 병기와 그 조작부, 그리고 유사시의 병기 지향을 이동중에 가능하게 하기 위한 자세임.
명령	ASSUME SAFE HANG
장점	병기의 조작 및 유사시 총구 지향을 가능하게 하면서 병사들에게 일정한 기동성을 제공한다.
단점	손 사용에 제약이 있음.

그림 6-3. 세이프 행의 예

콜랩스드 로우 레디

6-16. 콜랩스드 로우 레디 자세는 위협에 신속하게 대처하고 총구 방향의 통제를 더 확실히 해야 할 경우, 혹은 군중 통제 등으로 총기를 피탈당하지 않게 확실히 휴대해야 할 때 사용된다. 이 자세에서 사격하는 손은 병기의 권총손잡이를 파지하고, 사격하지 않는 손은 총열덮개나 수직손잡이를 파지한다(그림 6-4).

6-17. 이 휴대법은 병사가 사람이 많거나 좁은 장소를 이동할 수 있게 하는 동시에 총구의 방향을 보다 적극적으로 통제할 수 있게 함으로써 총구가 마구 흔들리는 상황을 최소화하거나 없앨 수 있다.

휴대 자세	콜랩스드 로우 레디
사용될 경우	높은 수준의 총구 통제와 준비태세가 필요할 경우. 좁거나 주변에 사람이 많은 경우, 시가지, 기타 총구 방향에 대한 능동적인 제어가 필요한 상황.
명령	ASSUME COLLAPSED
장점	병사들에게 일정한 기동성을 제공하면서 병기 및 그 지향에 대한 높은 통제력 제공. 준비태세도 향상됨.
단점	손 사용에 제약이 있음.

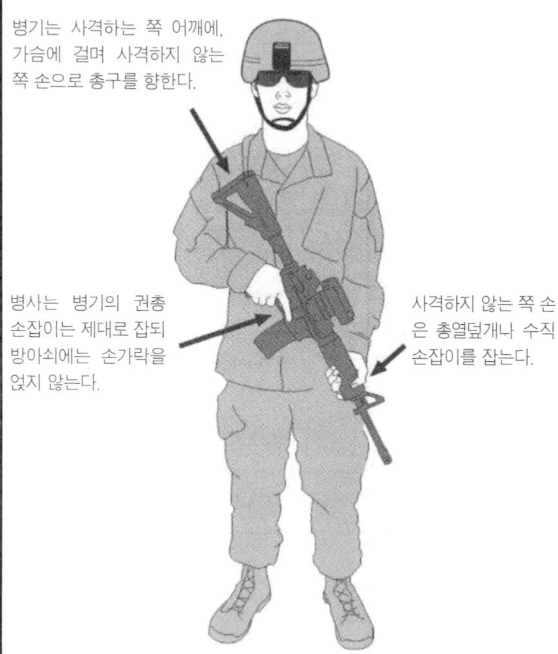

그림 6-4. 콜랩스드 로우 레디

로우 레디

6-18. 로우 레디는 최고 수준의 준비태세와 표적 획득을 위한 가장 넓은 감시 가능 구역을 제공한다.

6-19. 로우 레디 자세에서 병기는 멜빵으로 몸에 맨 상태이며 개머리판은 병사의 어깨에 견착되어 있고 총구는 30~45도 정도 아래로 기울어진 상태로 해당 병사의 담당 사계(射界)를 향해야 한다.

6-20. 사격하는 손은 권총손잡이를 잡아야 하며 집게손가락은 곧게, 방아쇠 울 밖에 있어야 한다. 조정간은 안전인 상태로 엄지손가락을 조정간에 두어야 한다. 이 자세에서 사수는 최소한의 움직임만으로 최대한 신속하게 위협과 교전할 수 있다(그림 6-5).

6-21. 관측은 사계 내에서 유지된다. 병사는 조준경이나 조준기 너머로 주위를 살펴 자신이 담당한 사계에서 최고의 상황 인식능력을 유지한다. 병사의 머리는 곧게 세운 상태를 유지한다.

휴대 자세	로우 레디
사용될 경우	위협과의 교전 가능성이 있고 직사 교전 가능성이 높을 때.
명령	GO LOW READY
장점	병기 통제 상황 조건이 맞을 경우 신속한 교전을 가능케 해 준비태세를 높여준다.
단점	측면과 후방에 대한 경계태세가 감소된다.

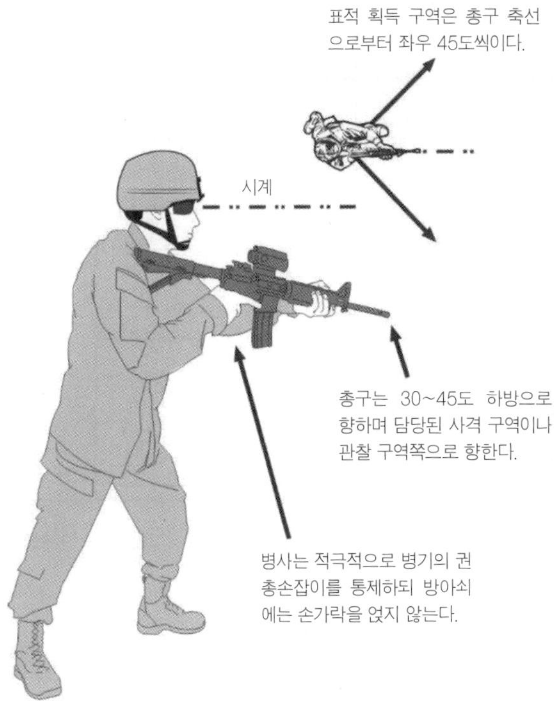

그림 6-5. 로우 레디

하이 레디

6-22. 하이 레디 자세는 병사의 사계가 머리 위쪽을 포함하거나 안전상 총구를 드는 편이 나을 때에 사용된다(그림 6-6). 하이 레디는 접적 가능성이 높을 때 사용된다.

6-23. 하이 레디에서 병기는 멜빵으로 몸에 맨 상태이며 개머리판은 팔꿈치에 거치되고 총구는 최소 45도 위로 향한 상태로 해당 병사의 사계를 향해야 한다- 다른 아군이 총구를 가리지 않게 한다.

6-24. 사격하는 손은 로우 레디와 마찬가지 상태를 유지한다. 병기가 팔꿈치와 사격하는 손으로 지탱되는 만큼 사격하지 않는 손은 자유롭게 움직일 수 있다.

6-25. 이 자세는 로우 레디에 비해 몇 가지 이유 때문에 비효율적이다. 시야를 가리는데다 사계보다 위쪽의 아군 방향으로 총구가 향할 수 있으며 표적을 획득하는 시간도 더 오래 걸리기 때문이다.

휴대 자세	하이 레디
사용될 경우	위협과의 교전 가능성이 있고 상방에 위협이나 위험물이 있거나 총구를 상방으로 향해야 할 필요가 있을 때.
명령	GO HIGH READY
장점	상방의 위협에 대한 준비태세 향상. 같은 높이에 있는 아군 부대에 대한 우발 사격 가능성도 감소시킬 수 있다..
단점	후방과 측면에 대한 경계가 감소된다. 사격구역 상방의 아군에 대한 우발적 사격 위험도 있으며 표적 획득에도 시간이 걸린다.

그림 6-6. 하이 레디

레디

6-26. 레디 자세는 적과의 교전이 임박했을 때 사용된다(그림 6-7). 이 자세는 병사가 위협과의 교전을 준비중이거나 교전 준비를 마쳤을 때 취한다.

6-27. 레디 자세에서 병기는 멜빵으로 몸에 매달리며 개머리판이 병사의 어깨에 견착되며 총구는 위협 방향, 혹은 적과의 교전 가능성이 가장 높은 방향으로 향한다. 병사는 이 때 조준기나 조준경을 이용해 표적을 관찰한다. 사격하지 않는 손은 총열덮개나 전방 수직 손잡이에 머문다.

6-28. 사격하는 손은 권총손잡이에 머물며 표적과의 교전을 결정할 때 까지 집게손가락은 방아쇠에서 벗어난다.

휴대 자세	레디(혹은 레디 업)
사용될 경우	위협과의 교전이 임박했고 총구 방향도 가장 가능성 높은 표적 방향으로 향했으며 병사도 교전 준비가 되었을 때
명령	MAKE READY
장점	위협에 대한 최대 수준의 준비 태세를 갖출 수 있음. 표적 획득부터 실제 교전까지의 이행시간이 매우 짧음.
단점	측면과 후방에 대한 경계태세는 감소함. 따라서 병사들은 적극적으로 표적을 획득하면서 측면에 대해서도 경계에 신경을 써야 함.

그림 6-7. 레디

안정적인 사격

6-29. 병사는 정지중이건, 이동중이건 사격시에는 병기를 안정시켜야 한다. 안정적인 사격 기반을 마련하려면 병사는 병기와 자신의 몸, 지면, 기타 병기나 사수의 몸과 닿는 물체들 사이의 물리적 관계를 이해해야 한다. 사수가 지면과 많이 닿을수록 그 자세는 더욱 안정적이고 효과적이다. 전술과 상황은 실제로 어떤 자세를 사용할지 결정하게 된다.

6-30. 사수가 안정적인 사격 자세를 취하면 근육의 긴장 및 호흡, 기타 신체의 자연적인 활동으로 인한 움직임은 병기에 전달되며 사수는 이를 보정해 사격해야 한다.

6-31. 효과적인 사격 기반을 마련하는데 실패하는 것은 '안정화 실패'로 불린다. 안정화 실패는 병사가 아래 사항들을 실패하여 야기된다.

- 총구를 움직이는 동안의 효과적인 총열 제어
- 병기체계에 대한 적절한 의탁
- 자연적 조준점 달성

6-32. 이들 실패는 사격의 명중률과 직결되는 사격시의 실수를 더욱 복잡하게 만든다. 사격 과정에서 병사의 능력을 극대화하려면 병사들은 정지중에 다양한 사격 자세를 올바로 잡아야 하며 그렇지 않으면 전술적 이동중에 다른 사격 기술들을 이용해 다른 실수들을 커버해야 한다.

6-33. 일반적으로 지면에 가까운 자세일수록 안정성이 높아진다. 무게중심이 높아질수록 안정성이 떨어지는 것은 그림 6-8을 보면 알 수 있다.

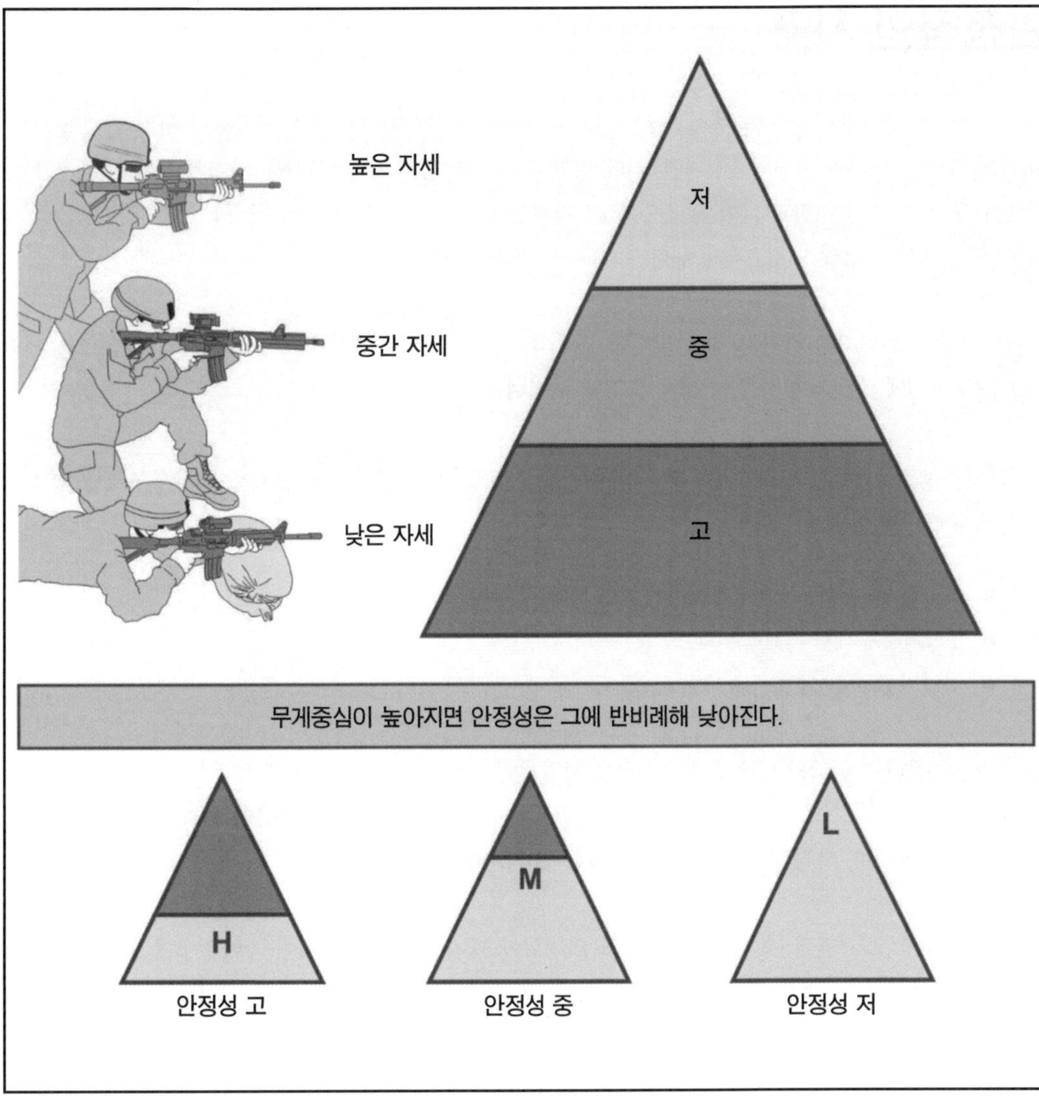

그림 6-8. 사격 자세별 안정성 수준

사격 자세

6-34. 전투시에는 병사들이 사격 자세를 선택할 여유가 없을 수 있다. 병사들은 다양한 사격자세를 연습해야 한다. 변형까지 합치면 12가지 가장 일반적인 사격자세가 존재한다. 여기서는 사격 자세를 무게중심이 높은 것부터 낮은 것까지 나열한다. 주요 자세는 굵은 글씨로, 그 아래에 변형을 나열한다.

- 서서 쏴(스탠딩, Standing)
  - 무의탁 서서쏴
  - 의탁 서서쏴
- 쪼그려 쏴(스쿼팅, Squatting). 이 자세는 장애물이 사수를 가려 일반적인 사격자세를 쓰기 힘들 때 표적과의 신속한 교전을 가능하게 한다. 이 자세는 교전을 위해 쪼그려 앉는 것 만으로도 상당히 안정된 자세를 제공하며 교전이 끝난 뒤 서서 쏴로 돌아가기도 쉽다. 쪼그려 쏴 자세는 보통 무의탁 자세이다.
- 무릎쏴(닐링, Kneeling). 무릎쏴 자세는 매우 일반적이며 대부분의 전투상황에서 유용하다. 무릎쏴 자세는 의탁 혹은 무의탁 자세로 활용할 수 있다.
  - 무의탁 무릎쏴
  - 의탁 무릎쏴
- 앉아쏴(시팅, Sitting). 앉아쏴 자세에는 세 가지가 있다. 발목 교차 앉아쏴, 다리 교차 앉아쏴, 다리 벌려 앉아쏴이다. 모든 자세는 쉽게 취할 수 있고 중간 정도 크기의 윤곽을 만들며 지면과 신체 접촉도 어느 정도 이뤄진다. 또 비교적 안정적인 사격 자세이기도 하다. 이 자세들은 영점 사격을 위해 신속하게 조준기를 볼 수 있게 해 준다.
  - 발목 교차 앉아쏴
  - 다리 교차 앉아쏴
  - 다리 벌려 앉아쏴
- 엎드려쏴(프론, Prone). 엎드려쏴 자세는 사수와 지면의 접촉이 가장 많아 안정성도 가장 높다. 이 자세에서는 사수의 신체 대부분이 소총 뒤에서 반동 억제를 돕는다.
  - 무의탁 엎드려쏴
  - 의탁 엎드려쏴
  - 전복 엎드려쏴
  - 역 전복 엎드려쏴

6-35. 병사들은 실탄 없이 각 자세를 연습해 자연적 조준점을 확인하고 각 자세마다 착용 장비들이 어떤 제약이 되는지를 이해해야 한다. 연습시마다 병사가 자세를 빠르고 정확히 바꾸는 능력이 향상되며 이것이 효율적인 움직임과 지속적으로 안정적인 사격 자세로 발전하게 된다.

6-36. 위의 각 사격자세는 앞서 언급한 용어들을 이용한 표준적인 형태로 서술할 수 있다.

무의탁 서서쏴

6-37. 이 자세는 표적이 가깝거나 보다 안정적인 사격자세를 취할 시간이 없을 때에 사용된다. 상체는 살짝 앞으로 숙여 반동 제어에 도움을 줘야 한다. 무의탁 서서쏴 자세에서 중요한 부분들은 그림 6-9에 서술된다.

① 의탁 수준:	무의탁
② 다리 위치:	단단하게 서서 발은 어깨너비로 벌림
③ 자세/무게중심:	공격적으로 앞으로 표적을 향해 숙임
④ 쏘는 쪽 팔꿈치:	사수 몸통을 향해 오무림.
⑤ 안 쏘는 쪽 팔꿈치:	조금 바깥쪽으로.
⑥ 쏘는 쪽 손:	권총손잡이를 잡고 손가락을 쏴야 할 때 까지는 방아쇠에 얹지 않음.
⑦ 안 쏘는 쪽 손:	최대한 앞으로 뻗어 반동 제어 및 표적 전환에 도움을 줌.
⑧ 어깨받이:	반동 흡수를 위해 어깨홈에서 최대한 높은 곳에 위치시킴.
⑨ 접응상태:	단단하게 접응을 유지함.
⑩ 자세/무게중심:	사수의 몸은 총과 표적을 잇는 축선에서 대략 45도 각도를 유지함.

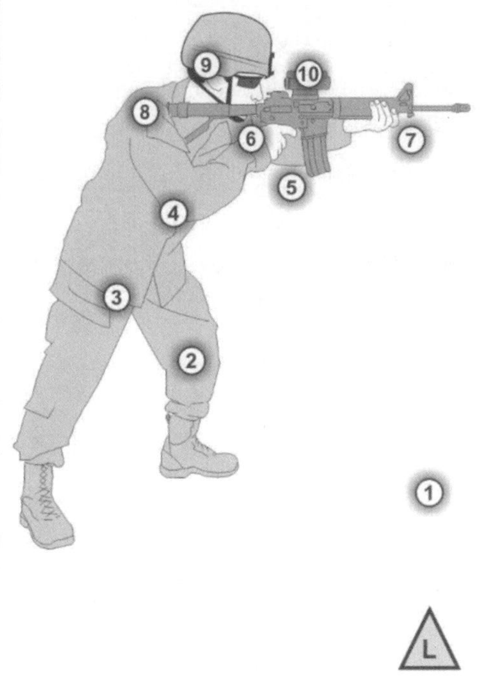

그림 6-9. 무의탁 서서쏴

의탁 서서쏴

6-38. 병사는 인공 엄폐물에 총기를 의탁할 때 총열덮개를 닿게 해야지, 총열 자체를 닿게 해서는 안된다. 총열이 무언가 단단한 물체와 직접 닿으면 불규칙한 사격 결과가 나온다. 의탁 서서쏴 자세는 인공적인 물체를 이용해 자세를 안정시키는 것이다(그림 6-10). 뒷다리와 상체를 이용해 앞쪽으로 힘을 가하는 것으로 반동을 억제해야 한다. 의탁 서서쏴 자세에서 중요한 부분은들은 그림 6-10에 서술되며 다음과 같이 적용된다.

사격하지 않는 손: 사격하지 않는 손은 총열덮개를 단단히 잡고 인공 엄폐물을 강하게 밀고 있어야 한다. 사수의 손 위치는 사용하는 엄폐물에 따라 달라진다.

① 의탁 수준:	병기는 양각대, 구조물, 장비등에 의탁함.
② 다리 위치:	단단하게 서서 발은 어깨너비로 벌림
③ 자세/무게중심:	공격적으로 앞으로 표적을 향해 숙임
④ 쏘는 쪽 팔꿈치:	사수 몸통을 향해 오무림.
⑤ 안 쏘는 쪽 팔꿈치:	쏘지 않는 쪽 손에 힘을 보태기 위해 앞으로 뻗는다.
⑥ 쏘는 쪽 손:	권총손잡이를 잡고 손가락을 쏴야 할 때 까지는 방아쇠에 얹지 않음.
⑦ 안 쏘는 쪽 손:	총열덮개를 단단히 잡고, 의탁물을 밀듯 힘을 줌.
⑧ 어깨받이:	반동 흡수를 위해 어깨홈에서 최대한 높은 곳에 위치시킴.
⑨ 접응상태:	단단하게 접응을 유지함.
⑩ 자세/무게중심:	사수의 몸은 총과 표적을 잇는 축선에서 대략 45도 각도를 유지함.

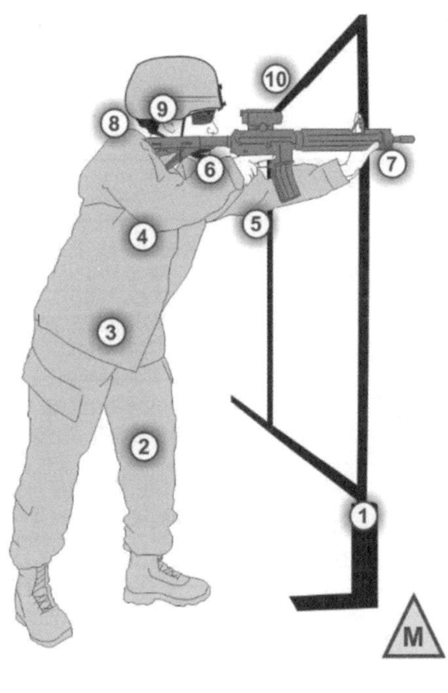

그림 6-10. 의탁 서서쏴

쪼그려 쏴

6-39. 이 자세는 장애물로 인해 사수가 정상적인 자세를 취하기 힘들 때 신속하게 표적과 교전할 수 있게 한다. 이 자세는 사수가 단순히 쪼그려 앉는 것 만으로도 상당히 안정적이며, 교전을 끝낸 뒤 서서 쏴 자세로 돌아갈 수 있다(그림 6-11).

6-40. 아래 지침을 따르면 좋은 쪼그려 쏴 자세를 얻을 수 있다.

- 표적 방향을 향한다.
- 발을 어깨너비로 벌린다.
- 최대한 낮게 쪼그려 앉는다.
- 삼두근 뒤쪽(상완)을 무릎에 얹으며 이 때 뼈와 뼈가 직접 닿지 않게 한다.
- 사격할 손으로 권총손잡이를 파지하고 사격하지 않는 손으로 위쪽 총열덮개를 잡는다.
- 개머리판을 사수의 어깨홈에 높이 견착한다.

주) 사수는 사격하는 손의 힘으로 총을 돌려 탄창을 반대쪽 팔의 하박으로 지탱, 안정성을 높이게 할 수도 있다.

---

① 의탁 수준:	무의탁. 몸을 이용해 제한적이나마 병기를 안정시킨다.
② 다리 위치:	최대한 낮은 자세로 쪼그려 앉아 안정성을 높인다.
③ 자세/무게중심:	쪼그려 앉아 반동 흡수를 위해 표적쪽으로 몸을 숙인다.
④ 쏘는 쪽 팔꿈치:	삼두근의 두터운 쪽을 이용, 쏘는 쪽 무릎 바깥쪽에 의탁해 무릎을 이용하는 사격 안정자세를 취한다.
⑤ 안 쏘는 쪽 팔꿈치:	쏘지 않는 쪽 다리의 허벅지 안쪽에 의탁한다(무릎에 의탁하면 안됨).
⑥ 쏘는 쪽 손:	권총손잡이를 잡고 손가락을 쏴야 할 때 까지는 방아쇠에 얹지 않음.
⑦ 안 쏘는 쪽 손:	총열덮개나 수직손잡이를 단단히 잡아 지탱한다.
⑧ 어깨받이:	반동 흡수를 위해 어깨홈 가운데쯤에 위치시킴.
⑨ 접응상태:	단단하게 접응을 유지함.
⑩ 자세/무게중심:	사수의 몸은 총과 표적을 잇는 축선에서 대략 30도 각도를 유지함.

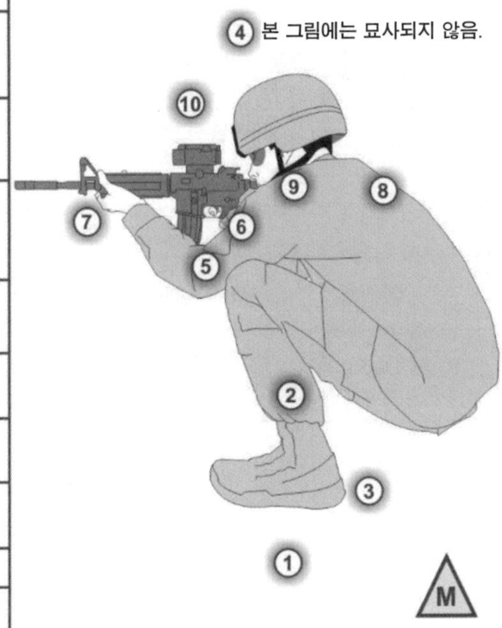

그림 6-11. 쪼그려 쏴

무의탁 무릎쏴

6-41. 무의탁 무릎쏴 자세는 인공적 의탁물을 쓰지 않는 자세다. 그림 6-12가 가장 이상적인 무의탁 무릎쏴 자세를 보여준다. 사수는 반동 억제와 빠른 차탄 사격을 위해 다소 숙인 상태를 유지해야 한다. 이 사격자세의 목표는 불안정한 부분을 최소화하는 것이다. 무의탁 무릎쏴 자세에서 가장 중요한 부분들은 아래와 같다.

- 사격하지 않는 팔의 팔꿈치. 사격하지 않는 쪽 팔꿈치를 최대한 총 바로 아래에 위치시킨다. 팔꿈치는 무릎 앞, 혹은 뒤에 위치시켜야 한다. 무릎에 직접 팔꿈치를 놓으면 미끄러지기 쉽고 불안정한 부분을 늘린다.
- 다리의 위치. 사격하지 않는 팔 쪽의 다리(오른손잡이면 왼쪽다리)는 대략 무릎을 90도 구부리고 소총 바로 아래에 위치시킨다. 반대편 다리는 사격하지 않는 쪽 다리와 수직을 형성한다. 사수는 발뒤꿈치에 체중을 실으면 된다. 일부 사수는 이렇게 될 유연성이 없어 개머리판과 발뒤꿈치 사이에 틈이 생길 수 있다.
- 공격적(스트레치) 무릎쏴. 사격하지 않는 팔 쪽 발, 허벅지부터 정강이까지에 모든 체중을 싣고 상반신을 앞으로 숙이며 사격하지 않는 팔의 상박을 같은 쪽 무릎에 얹으며 사격하는 팔 쪽의 다리는 뻗어 안정성을 높인다. 신속한 사격과 이동에 매우 효과적이다.

① 의탁 수준:	무의탁. 병사는 쓰지 않는 쪽 무릎을 최대한 활용한다.
② 다리 위치:	쏘는 쪽 무릎은 지면에, 발을 엉덩이 아래에 위치시킴. 쓰지 않는 쪽 다리는 약 90도로 꺾어 병기 아래에 위치.
③ 자세/무게중심:	표적쪽으로 살짝 기울임. 모든 체중은 쓰지 않는 쪽 발, 허벅지부터 장딴지까지에 집중시킴.
④ 쏘는 쪽 팔꿈치:	사수 몸통을 향해 오무림.
⑤ 안 쏘는 쪽 팔꿈치:	삼두근을 쏘지 않는 쪽 무릎에 얹어 안정성을 높인다. 팔꿈치는 총 아래에 놓으며, 무릎에 얹으면 안된다.
⑥ 쏘는 쪽 손:	권총손잡이를 잡고 손가락을 쏴야 할 때 까지는 방아쇠에 얹지 않음.
⑦ 안 쏘는 쪽 손:	총덮개를 단단히 잡아 조준시의 흔들림을 제어한다.
⑧ 어깨받이:	반동 흡수를 위해 어깨홈 가운데와 높은 곳 사이에 위치시킴.
⑨ 접응상태:	단단하게 접응을 유지함.
⑩ 자세/무게중심:	사수의 몸은 총과 표적을 잇는 축선에서 대략 30도 각도를 유지함.

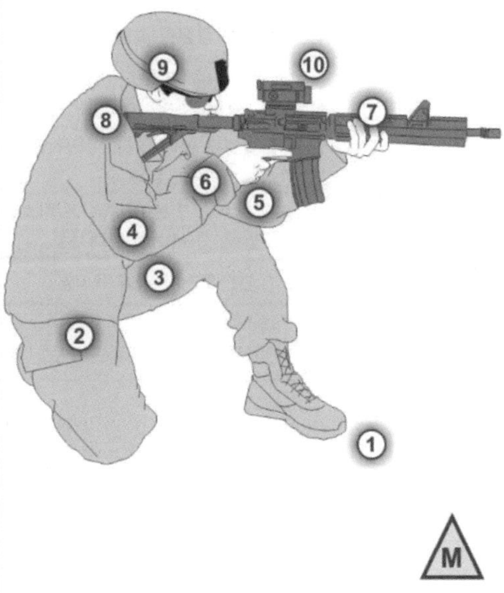

그림 6-12.무의탁 무릎쏴

의탁 무릎쏴

6-42. 의탁 무릎쏴는 인공적 지지물(엄폐물)을 사용해 안정성을 높이는 자세다(그림 6-13). 사격하지 않는 쪽 손과 인공 지지물의 접촉이 무의탁 무릎쏴와 의탁 무릎쏴의 중요한 차이로, 이것으로 병기의 안정성이 변하기 때문이다. 신체접촉은 괜찮지만 소총의 총열은 절대로 인공 지지물에 닿아서는 안된다. 반동 억제를 위해 앞쪽으로 힘을 가해야 한다. 의탁 무릎쏴에서 중요한 부분들은 아래와 같다.

- 사격하지 않는 손. 사격하지 않는 손은 총열덮개를 굳건히 잡고 인공 지지물쪽으로 힘을 줘야 한다. 지지물의 형태에 따라 손의 위치도 변한다.
- 사격하지 않는 쪽의 팔꿈치. 팔꿈치와 하박이 인공 지지물과 어떻게 접촉할지는 어떤 지지물이 사용될지, 표적과의 각도는 어떤지에 따라 좌우된다.

① 의탁 수준:	구조물이나 장비를 이용한 의탁.
② 다리 위치:	쏘지 않는 쪽 무릎은 지면에, 발을 엉덩이 아래에 위치시킴. 쏘는 쪽 다리는 약 90도로 바깥쪽으로 꺾음.
③ 자세/무게중심:	표적쪽으로 살짝 숙인다. 모든 체중은 쏘는 쪽 발에 싣고 의탁물을 밀듯 힘을 준다.
④ 쏘는 쪽 팔꿈치:	사수의 몸통쪽으로 오무리되 쏘는 쪽 허벅지 안쪽에 누르듯 얹는다.
⑤ 안 쏘는 쪽 팔꿈치:	앞으로 뻗는다. 인공 의탁물을 쪽으로 밀어 안정성을 높일수도 있다.
⑥ 쏘는 쪽 손:	권총손잡이를 잡고 손가락을 쏴야 할 때 까지는 방아쇠에 얹지 않음.
⑦ 안 쏘는 쪽 손:	총열덮개를 단단히 잡고, 의탁물을 밀듯 힘을 줌.
⑧ 어깨받이:	반동 흡수를 위해 어깨홈 가운데와 높은 곳 사이에 위치시킴.
⑨ 접응상태:	단단하게 접응을 유지함.
⑩ 자세/무게중심:	사수의 몸은 총과 표적을 잇는 축선에서 대략 30도 각도를 유지함.

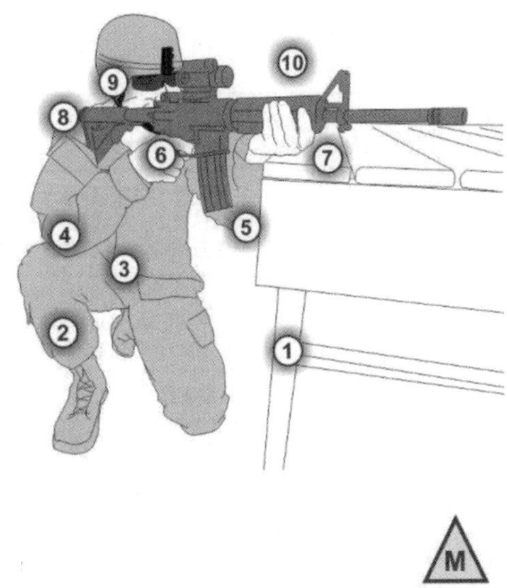

그림 6-13. 의탁 무릎쏴

발목 교차 앉아쏴

6-43. 발목 교차 앉아쏴 자세는 넓은 지지기반을 마련하고 체중의 대부분을 병기 뒤에 실어준다(그림 6-14). 이 자세는 빠른 조준 재정렬과 반동 흡수를 보장한다. 아래 지침을 따르면 좋은 발목 교차 앉아쏴 자세를 얻을 수 있다.

- 표적에 10~30도 각도로 향한다.
- 사격하지 않는 쪽 손을 총열덮개 아래에 위치시킨다.
- 무릎을 꿇고 몸을 구부린 뒤 사격하는 쪽 손으로 몸을 지탱하며 앉는다.
- 다리를 뻗기 위해 발을 밀며 개머리판을 지면에 댄다.
- 사격하는 쪽 발 위로 사격하지 않는 쪽 발을 교차한다.
- 개머리판을 사격하는 쪽 손으로 잡은 뒤 사격할 쪽 어깨홈에 견착한다.
- 권총손잡이를 사격할 손으로 파지한다.
- 뺨을 개머리판에 밀착시킨다.
- 사격하지 않는 손을 총열덮개 아래에 파지해 뼈에 의한 최대한의 지지와 병기 안정성을 얻는다.

① 의탁 수준:	무의탁. 병사는 신체를 최대한 병기 안정에 활용한다.
② 다리 위치:	쏘지 않는 쪽 다리는 쏘는 쪽 다리 위에서 90도 꺾고 양 발목을 교차한다.
③ 자세/무게중심:	최대한 지면쪽으로 무게를 실어 안정성과 사격후 복귀, 반동 흡수등에 도움을 준다.
④ 쏘는 쪽 팔꿈치:	쏘는 쪽 허벅지 안쪽에 얹어 병기 의탁에 도움을 준다.
⑤ 안 쏘는 쪽 팔꿈치:	쏘지 않는 쪽 허벅지 바깥쪽에 얹는다(무플에 얹으면 안된다).
⑥ 쏘는 쪽 손:	권총손잡이를 잡고 손가락을 쏴야 할 때 까지는 방아쇠에 얹지 않음.
⑦ 안 쏘는 쪽 손:	총열덮개나 수직손잡이를 단단히 잡아 병기를 안정시킴.
⑧ 어깨받이:	반동 흡수를 위해 어깨홈 가운데에 위치시킴.
⑨ 접응상태:	단단하게 접응을 유지함.
⑩ 자세/무게중심:	사수의 몸은 총과 표적을 잇는 축선에서 대략 30도 각도를 유지함.

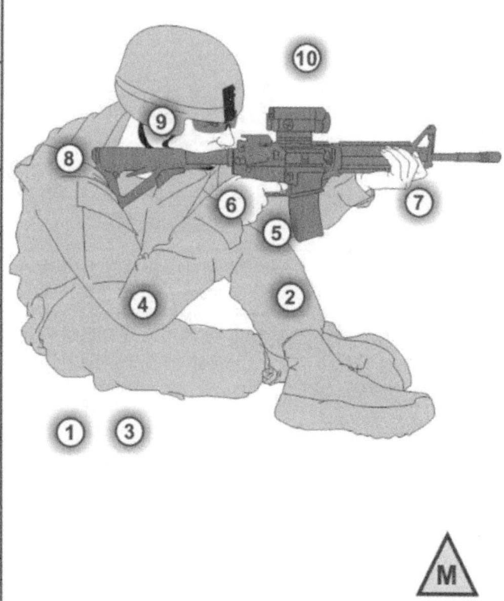

그림 6-14. 발목 교차 앉아쏴

다리 교차 앉아쏴

6-44. 다리 교차 앉아쏴 자세는 지지 기반을 마련하고 체중 대부분을 병기 뒤에 모으기 때문에 조준선 재정렬이 빠르다(그림 6-15). 병사들은 이 자세에서 다리와 복부로의 혈액 흐름이 제한되기 때문에 상당히 강한 맥박을 느끼게 될 것이다. 강한 맥박은 그만큼 불안정 부분을 늘린다.

6-45. 다리 교차 앉아쏴는 아래 지침대로 수행하면 잘 된다.

- 사격하지 않는 손은 총열덮개 아래에 위치시킨다.
- 사격하지 않는 쪽 다리를 사격하는 쪽 다리와 교차시킨다.
- 무릎을 꿇고 몸을 구부린 뒤 사격하는 쪽 손으로 몸을 지탱하며 앉는다.
- 개머리판을 교차한 다리 가까이 지면에 놓는다.
- 허리를 앞으로 숙인다.
- 사격하지 않는 쪽 팔꿈치를 사격하지 않는 쪽 다리의 굽힌 무릎에 얹는다.
- 사격할 쪽 어깨홈에 개머리판을 단단히 견착한다.
- 권총손잡이를 사격할 손으로 파지한다.
- 사격할 쪽 팔꿈치를 같은 쪽 무릎 안쪽에 내린다.
- 뺨을 개머리판에 밀착시킨다.
- 사격하지 않는 손으로 총열덮개 아래를 파지해 지탱한다.

①	의탁 수준:	무의탁. 병사는 신체를 최대한 병기 안정에 활용한다.
②	다리 위치:	쏘지 않는 쪽 다리는 쏘는 쪽 다리 위로 오게 한다.
③	자세/무게중심:	최대한 지면쪽으로 무게를 실어 안정성과 사격후 복귀, 반동 흡수등에 도움을 준다.
④	쏘는 쪽 팔꿈치:	쏘는 쪽 허벅지 안쪽에 얹어 병기 의탁에 도움을 준다.
⑤	안 쏘는 쪽 팔꿈치:	쏘지 않는 쪽 허벅지 바깥쪽에 얹는다 (무플에 얹으면 안된다).
⑥	쏘는 쪽 손:	권총손잡이를 잡고 손가락을 쏴야 할 때 까지는 방아쇠에 얹지 않음.
⑦	안 쏘는 쪽 손:	총열덮개나 수직손잡이를 단단히 잡아 병기를 안정시킬.
⑧	어깨받이:	반동 흡수를 위해 어깨홈 가운데에 위치시킴.
⑨	접응상태:	단단하게 접응을 유지함.
⑩	자세/무게중심:	사수의 몸은 총과 표적을 잇는 축선에서 대략 30도 각도를 유지함.

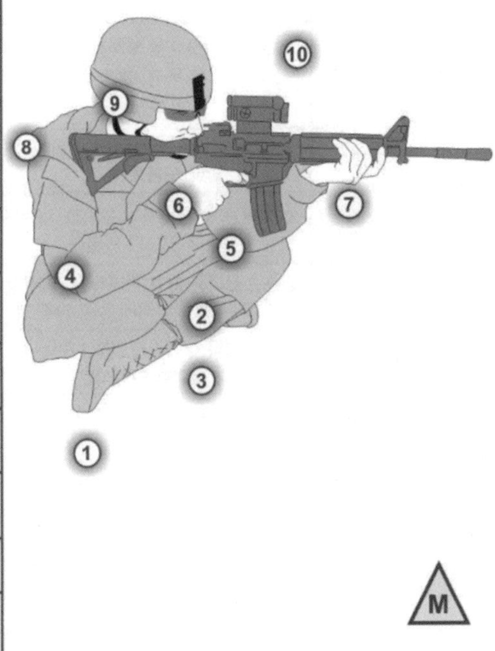

그림 6-15. 다리 교차 앉아쏴

다리벌려 앉아쏴

6-46. 다리벌려 앉아쏴 자세는 전술장비를 착용한 상태에서 선호되는 앉아쏴 자세이다(그림 6-16). 이 자세는 다른 앉아쏴 자세들에 비해 병기 뒤에 무게를 덜 두는 편이다. 아래 지침대로 따르면 좋은 다리벌려 앉아쏴 자세를 얻을 수 있다.

- 표적에 총구가 향하는 방향 기준 10~30도 각도로 향한다.
- 발을 대략 어깨너비로 벌린다.
- 사격하지 않는 손은 총열덮개 아래에 위치시킨다.
- 무릎을 꿇고 몸을 구부린 뒤 사격하는 쪽 손으로 몸을 지탱하며 앉는다. 발을 이용해 뒤로 밀면서 다리를 펴고 개머리판을 지면에 놓는다.
- 사격하는 쪽 팔꿈치와 반대편 팔꿈치를 모두 무릎 안쪽에 둔다.
- 개머리판을 사격하는 손으로 잡고 사격하는 쪽 어깨홈에 견착한다.
- 사격할 손으로 권총손잡이를 파지한다.
- 사격할 쪽 팔꿈치를 사격할 쪽 무릎 안쪽으로 내린다.
- 빰을 개머리판에 밀착시킨다.
- 사격하지 않는 손을 총열덮개 아래에 파지해 뼈에 의한 최대한의 지지와 병기 안정성을 얻는다.

① 의탁 수준:	무의탁. 병사는 신체를 최대한 병기 안정에 활용한다.
② 다리 위치:	다리를 벌리고 엉덩이와 발뒤꿈치로 균형을 유지한다.
③ 자세/무게중심:	최대한 지면쪽으로 무게를 실어 안정성과 사격후 복귀, 반동 흡수등에 도움을 준다.
④ 쏘는 쪽 팔꿈치:	쏘는 쪽 허벅지 안쪽에 얹어 병기 의탁에 도움을 준다.
⑤ 안 쏘는 쪽 팔꿈치:	쏘지 않는 쪽 허벅지 바깥쪽에 얹는다 (무플에 얹으면 안된다).
⑥ 쏘는 쪽 손:	권총손잡이를 잡고 손가락을 쏴야 할 때 까지는 방아쇠에 얹지 않음.
⑦ 안 쏘는 쪽 손:	총열덮개나 수직손잡이를 단단히 잡아 병기를 안정시킴.
⑧ 어깨받이:	반동 흡수를 위해 어깨홈 가운데에 위치시킴.
⑨ 접응상태:	단단하게 접응을 유지함.
⑩ 자세/무게중심:	사수의 몸은 총과 표적을 잇는 축선에서 대략 30도 각도를 유지함.

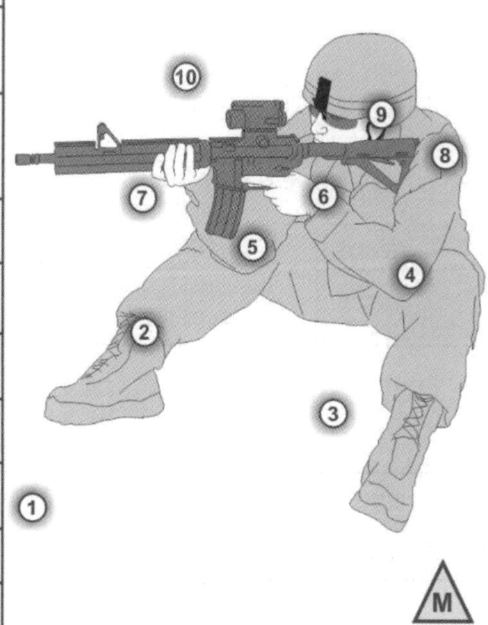

그림 6-16. 다리 벌려 앉아쏴

무의탁 엎드려쏴

6-47. 무의탁 엎드려쏴 자세는 의탁 엎드려쏴 자세만큼 안정적이지는 못하다(그림 6-17). 병사들은 아래 부분들을 주의해 안정적이고 지속적인 자세를 형성해야 한다.

- 사격하는 손. 사수는 권총손잡이를 굳건히 파지하고 손가락을 방아쇠에 자연스럽게 닿는 지점에 두어야 한다.
- 사격하지 않는 손. 사격하지 않는 손은 편안한 곳에 두고 병기를 제어해야 한다.
- 다리 위치. 사수의 양다리는 펼친 뒤 발도 지면에 옆이 닿게 편다. 아니면 쏘는 쪽 다리의 무릎을 굽혀 복부에 가해지는 압박을 줄인다.

① 의탁 수준:	무의탁. 병사는 팔꿈치로 조준시의 흔들림을 억제한다.
② 다리 위치:	발을 벌려 발 측면을 지면에 밀착시키거나 쏘는 쪽 다리를 구부려 압박을 완화한다.
③ 자세/무게중심:	엎드려쏴 자세는 최대한 지면쪽으로 사수의 무게를 실어 안정성을 높인다.
④ 쏘는 쪽 팔꿈치:	병기의 의탁에 도움을 준다.
⑤ 안 쏘는 쪽 팔꿈치:	병기 아래에 두고 몸 가까이에 붙여 편한 위치를 잡는다.
⑥ 쏘는 쪽 손:	권총손잡이를 잡고 손가락을 쏴야 할 때 까지는 방아쇠에 얹지 않음.
⑦ 안 쏘는 쪽 손:	총열덮개나 수직손잡이를 단단히 잡아 병기를 안정시킴.
⑧ 어깨받이:	반동 흡수를 위해 어깨홈 가운데에 위치시킴.
⑨ 접응상태:	단단하게 접응을 유지함.
⑩ 자세/무게중심:	사수의 몸은 총과 표적을 잇는 축선과 거의 일치함.

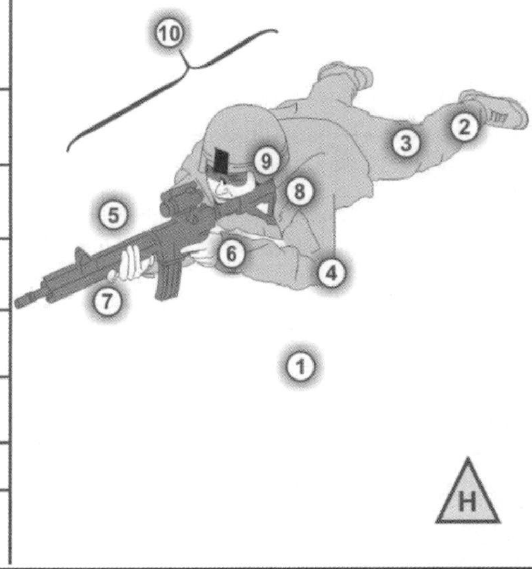

그림 6-17. 무의탁 엎드려쏴

주) 탄창은 이 자세에서 지면에 닿게 할 수 있다. 탄창이 지면에 닿은 상태에서 작동불량이 일어나지는 않는다.

의탁 엎드려쏴

6-48. 의탁 엎드려쏴 자세는 모래주머니등의 물체에 의지한다(그림 6-18). 병사들은 아래 부분들을 주의해 안정적이고 지속적인 자세를 형성해야 한다.

- 사격하는 손. 사수는 권총손잡이를 굳건히 파지하고 손가락을 방아쇠에 자연스럽게 닿는 지점에 두어야 한다.
- 사격하지 않는 손. 사격하지 않는 손은 총기의 통제를 극대화하고 지지물에서 가장 편한 곳에 위치해야 한다.
- 다리 위치. 사수의 양다리는 펼친 뒤 발도 지면에 옆이 닿게 편다. 아니면 쏘는 쪽 다리의 무릎을 굽혀 복부에 가해지는 압박을 줄인다.
- 인공적 지지물. 인공적 지지물은 사격 자세의 다른 요소를 방해하지 않으면서 안정성을 보장하는 높이여야 한다.

① 의탁 수준:	모래주머니, 구조물, 장비등에 의탁.
② 다리 위치:	발을 벌려 발 측면을 지면에 밀착시키거나 쏘는 쪽 다리를 구부려 압박을 완화한다.
③ 자세/무게중심:	엎드려쏴 자세는 최대한 지면쪽으로 사수의 무게를 실어 안정성을 높인다.
④ 쏘는 쪽 팔꿈치:	병기의 의탁에 도움을 준다.
⑤ 안 쏘는 쪽 팔꿈치:	병기의 의탁에 도움을 준다.
⑥ 쏘는 쪽 손:	권총손잡이를 잡고 손가락을 쏴야 할 때 까지는 방아쇠에 얹지 않음.
⑦ 안 쏘는 쪽 손:	총열덮개나 수직손잡이를 단단히 잡아 병기를 안정시킴.
⑧ 어깨받이:	반동 흡수를 위해 어깨홈 가운데에 위치시킴.
⑨ 접응상태:	단단하게 접응을 유지함.
⑩ 자세/무게중심:	사수의 몸은 총과 표적을 잇는 축선과 거의 일치함.

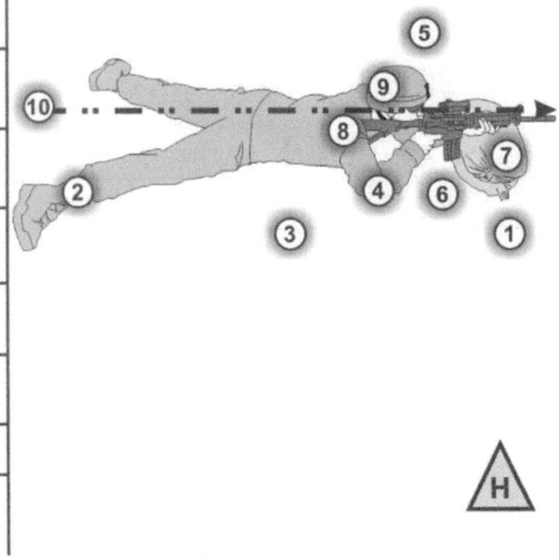

그림 6-18. 의탁 엎드려쏴

전복 엎드려쏴

6-49. 이 자세는 사수가 일반적인 엎드려쏴 자세로는 사격하기 힘든 장애물이나 엄폐물 아래를 통해 사격할 수 있게 한다(그림 6-19). 이 자세에서 실제 탄도는 조준선에서 벗어나며 거리가 멀어질수록 정도가 심해진다.

예를 들어, 아래의 그림에서 조준기는 오른쪽으로 누워있다. 탄도는 조준점보다 낮고 더 오른쪽에 형성된다. 이런 오차는 거리가 멀어질수록 늘어난다.

---

① 의탁 수준:	무의탁. 병사는 쏘지 않는 쪽 손으로 제한적인 의탁을 할 수 있다.
② 다리 위치:	발을 벌려 발 측면을 지면에 밀착시키거나 쏘지 않는 쪽 무릎을 구부려 안정성을 높인다.
③ 자세/무게중심:	엎드려쏴 자세는 최대한 지면쪽으로 사수의 무게를 실어 안정성을 높인다.
④ 쏘는 쪽 팔꿈치:	사수 아래로 오무린다.
⑤ 안 쏘는 쪽 팔꿈치:	병기 위에 두되 조준선은 가리지 않는 위치.
⑥ 쏘는 쪽 손:	권총손잡이를 잡고 손가락을 쏴야 할 때 까지는 방아쇠에 얹지 않음.
⑦ 안 쏘는 쪽 손:	탄피배출구와 지면 사이의 일정한 공간을 유지시켜야 한다.
⑧ 어깨받이:	반동 흡수를 위해 어깨홈 가운데에 위치시킴.
⑨ 접응상태:	단단하게 접응을 유지함.
⑩ 자세/무게중심:	사수의 몸은 총과 표적을 잇는 축선과 거의 직각을 이룸.

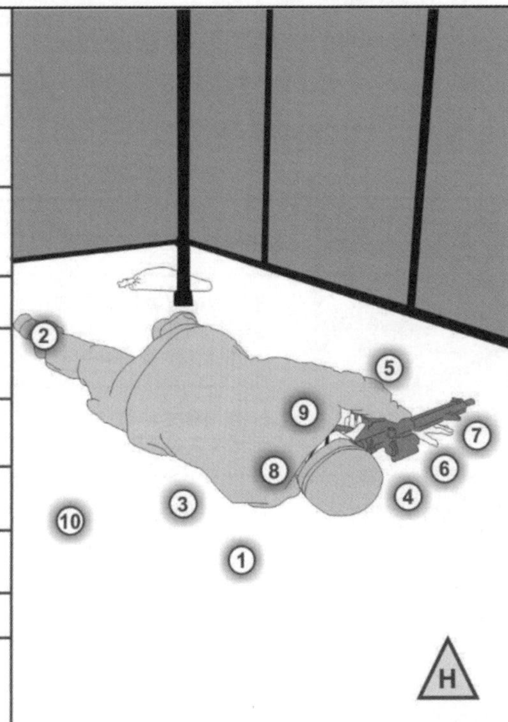

그림 6-19. 전복 엎드려쏴

역 전복 엎드려쏴

6-50. 이 자세는 사수가 일반적인 엎드려쏴 자세로는 사격하기 힘든 장애물이나 엄폐물 아래를 통해 사격할 수 있게 한다(그림 6-20). 이 자세에서 실제 탄도는 조준선에서 벗어나며 거리가 멀어질수록 정도가 심해진다.

6-51. 이 자세는 일반적인 엎드려쏴 자세보다 효과적으로 병기를 안정시키며 무릎쏴 자세가 엄폐물 너머로 쏘기에는 너무 혹은 단단한 사격 기반을 마련하지 못하는 상황에서 가장 효과적이다.

① 의탁 수준:	무의탁. 병사는 자신의 몸으로 병기를 지탱한다.
② 다리 위치:	발을 벌려 발 측면을 지면에 밀착시키거나 쏘지 않는 쪽 무릎을 구부려 안정성을 높인다.
③ 자세/무게중심:	엎드려쏴 자세는 최대한 지면쪽으로 사수의 무게를 실어 안정성을 높인다.
④ 쏘는 쪽 팔꿈치:	몸통 너머로 뻗어 병기 안정성을 높이는데 기여한다.
⑤ 안 쏘는 쪽 팔꿈치:	병기 아래에 두어 병기를 지탱한다.
⑥ 쏘는 쪽 손:	권총손잡이를 잡고 손가락을 쏴야 할 때 까지는 방아쇠에 얹지 않음.
⑦ 안 쏘는 쪽 손:	총열덮개 아래를 잡아 제한적인 안정성을 제공함.
⑧ 어깨받이:	반동 흡수를 위해 어깨홈 가운데에 위치시킴.
⑨ 접응상태:	단단하게 접응을 유지함.
⑩ 자세/무게중심:	사수의 몸은 총과 표적을 잇는 축선과 거의 직각을 이룸.

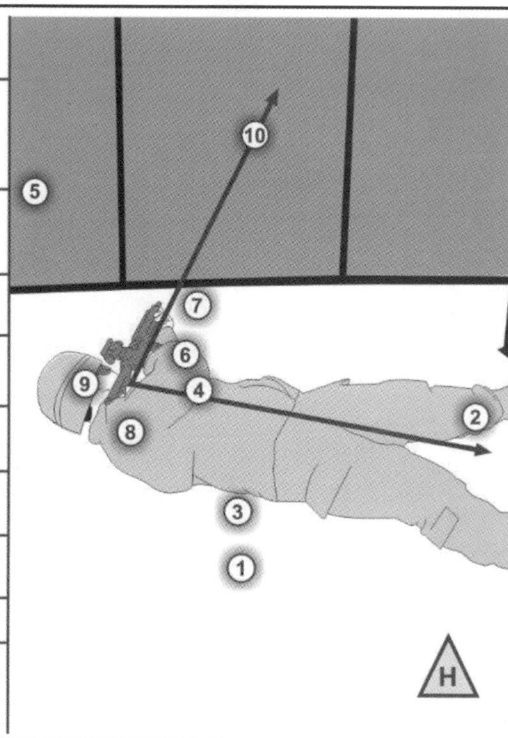

그림 6-20. 전복 엎드려쏴

Chapter 7 조 준

사격 과정에서 조준의 기능적 요소는 병기를 계속 적절한 방향으로 향하게 하고 조준선을 유지하고 표적에 머물게 하는 한편으로 표적과의 교전시에 상하 및 좌우 방향으로 적절한 미래위치 예측을 하게 하는 것이다. 조준은 사격 전, 사격, 사격 후 모두에 걸쳐 사격을 정확하고 효율적으로 유지하기 위해 이뤄지는 연속적인 과정이다.

조준은 표적의 특정 부위에 완벽하게 정렬된 조준기를 겨누는 것이다. 조준선 정렬은 이 과정에서 가장 우선적이고 중요한 부분이다.

표준적인 교전

7-1. 고정 표적과의 교전을 위한 조준 과정은 조준에 사용되는 장비가 무엇인지를 막론하고 아래와 같은 병사의 행동으로 구성된다.

- 병기 지향- 안정된 상태의 병기의 방향.
- 조준선 정렬- 조준 장치의 물리적인 정렬
  - 가늠자 /예비용 금속 조준기(가늠자)와 가늠쇠.
  - 광학 조준경의 십자선
  - 거리 측정용 눈금(주간 혹은 열상 조준경)
- 조준상-정렬된 조준선을 통해 보여지는 표적
- 조준점(POA)-조준선과 표적이 만나는 특정지점.
- 희망 탄착점-원하는 결과(무력화 혹은 사살)을 얻기 위해 탄이 명중하기를 바라는 지점.

7-2. 병기의 조준은 어느 표적이건 해당 표적의 가장 크고 가장 치명적인 지점에 실시된다. 조준기는 전투가늠자 영점(BZ), 가시 표적 중심(CoVM)을 이용해 표적에 정렬된다. 가시 표적 중심은 병사에게 보이는 표적에서 가장 먼저 조준되는 곳이다. 여기에는 표적의 크기가 얼마나 될지에 대한 예상이나 기대는 포함되지 않는다. 예를 들어 표적이 차 뒤에 숨어 머리만 노출하고 있다 치자. 이 때 가시 중심점은 머리의 중심이지 차량 뒤에 숨은 적 전체의 중심점이 아니다.

병기 지향

7-3. 병사는 병기를 탐지된 위협 방향으로 지향한다. 병기 지향은 수평선과 수직선 모두를 포함한다. 병기 지향은 조준기와 위협이 병사의 시계 안에 들어오면 끝난다.

- 수평 병기 지향은 병사의 전방 곡면을 커버하며 왼쪽 어깨부터 시작해 병사의 정면을 지나 오른쪽 어깨 너머의 구역까지 이어진다(다음페이지 그림 7-1).

- 수직 병기 지향은 병기를 확인된, 혹은 잠재적인 위협을 향해 아래위로 지향하는 것을 뜻한다. 이는 대부분 좁은 장소나 산악지대, 시가지 등 위협이 위 혹은 아래에 위치할 가능성이 높은 곳에서 이뤄진다(다음페이지 그림 7-2).

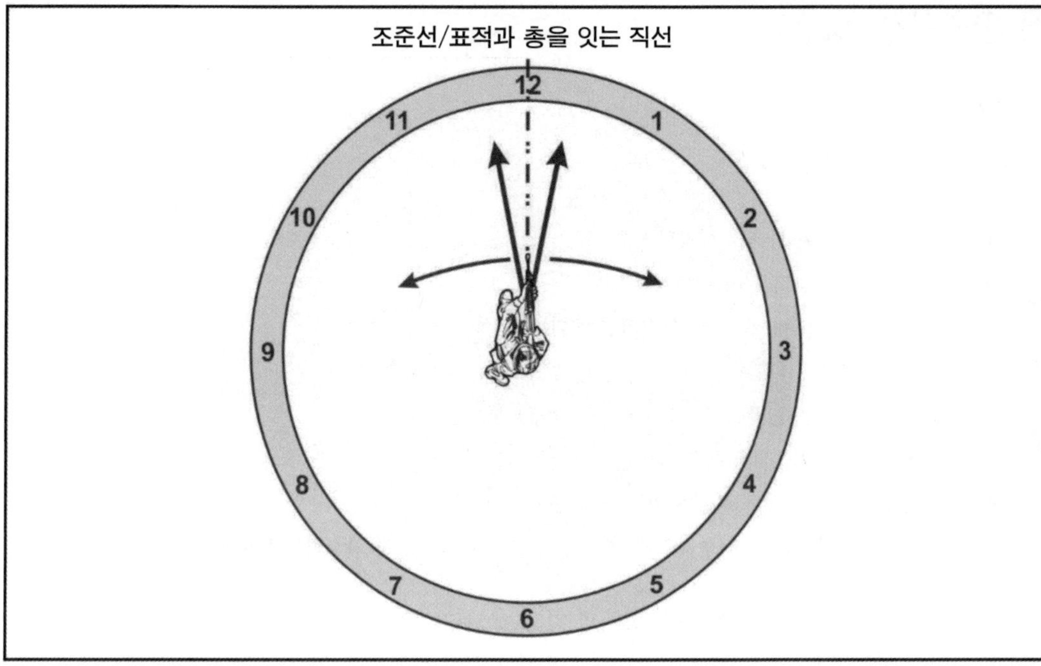

그림 7-1. 수평 병기 지향의 예

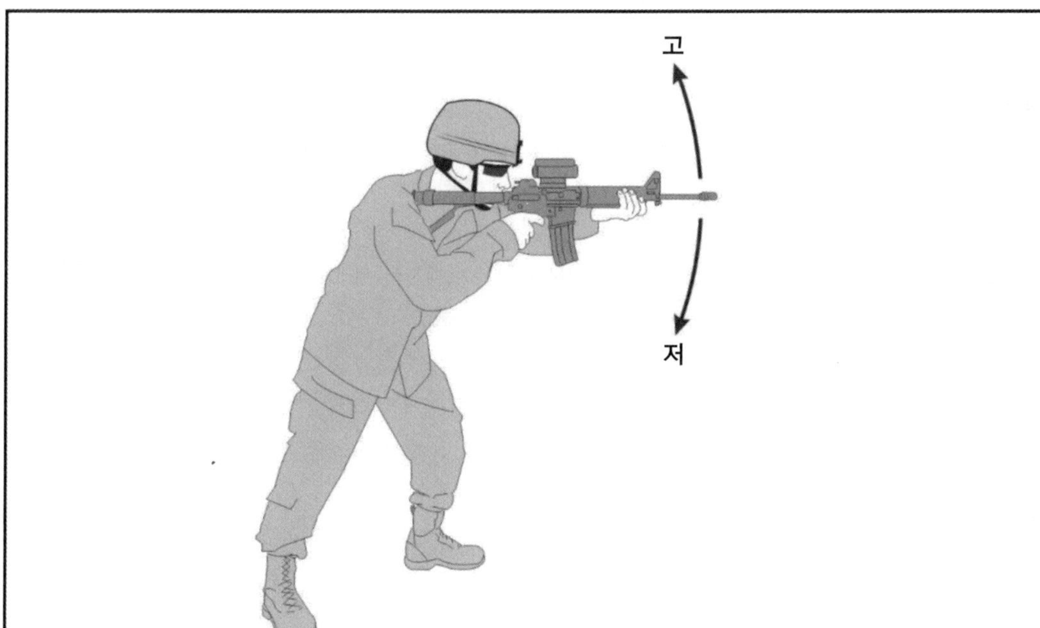

그림 7-2. 수직 병기 지향의 예

조준선 정렬

7-4. 조준선 정렬은 조준장비와 사수의 눈 사이의 상호관계를 뜻한다. 이 과정은 어떤 조준장비가 사용되느냐에 따라 달라진다.

- 금속 조준기- 가늠자와 가늠쇠, 사수의 눈 사이의 상호관계. 사수는 가늠쇠의 끝부분을 가늠자의 중앙부와 눈에 정렬한다. 사수는 가늠쇠에 초점을 맞추면서 동시에 가늠자의 중앙에 가늠쇠를 둔다.
- 광학 조준경- 조준망선 혹은 조준점과 사수의 상호관계로, 여기에는 조준경과 눈 사이의 거리도 포함된다. CCO(근접조준경: 도트사이트) 사용시에는 붉은 조준광점이 분명히 보이게 해야 하며 배율이 있는 조준경의 경우 그림자 없이 완전히 정렬된 시야를 확보해야 한다.
- 열상 조준경- 사수의 눈과 아이피스, 조준망선 사이의 상호관계.
- 표적지시기/조명/레이저- 사수의 눈, 야시장비의 위치와 초점, 그리고 표적에 찍힌 레이저의 조준점 사이의 상호관계.

주) 약간의 차이도 큰 차이로 이어진다. 1/1000인치(0.0254mm)의 조준 오차도 300m거리에서는 18인치(약 457mm)의 명중 오차로 이어진다.

7-5. 인간의 눈은 한 번에 하나의 목표물에만 초점을 맞출 수 있다. 적절하고 효과적인 조준을 가능하게 하려면 사수의 눈은 가늠쇠나 조준망선에 초점을 맞춰야 한다(그림 7-3). 이렇게 해야 가장 정확한 조준선 정렬이 가능하다.

7-6. 사수는 지속적인 조준선 정렬을 유지하려면 주안(主眼:물체를 주로 보는쪽 눈)이 조준장비의 중앙을 계속 볼 수 있게끔 하며 머리의 무게 전체를 개머리판에 얹어야 한다. 만약 사격중에 사수의 머리 위치가 바뀐다면 정확한 탄착군을 유지하는데 어려움을 겪을 것이다.

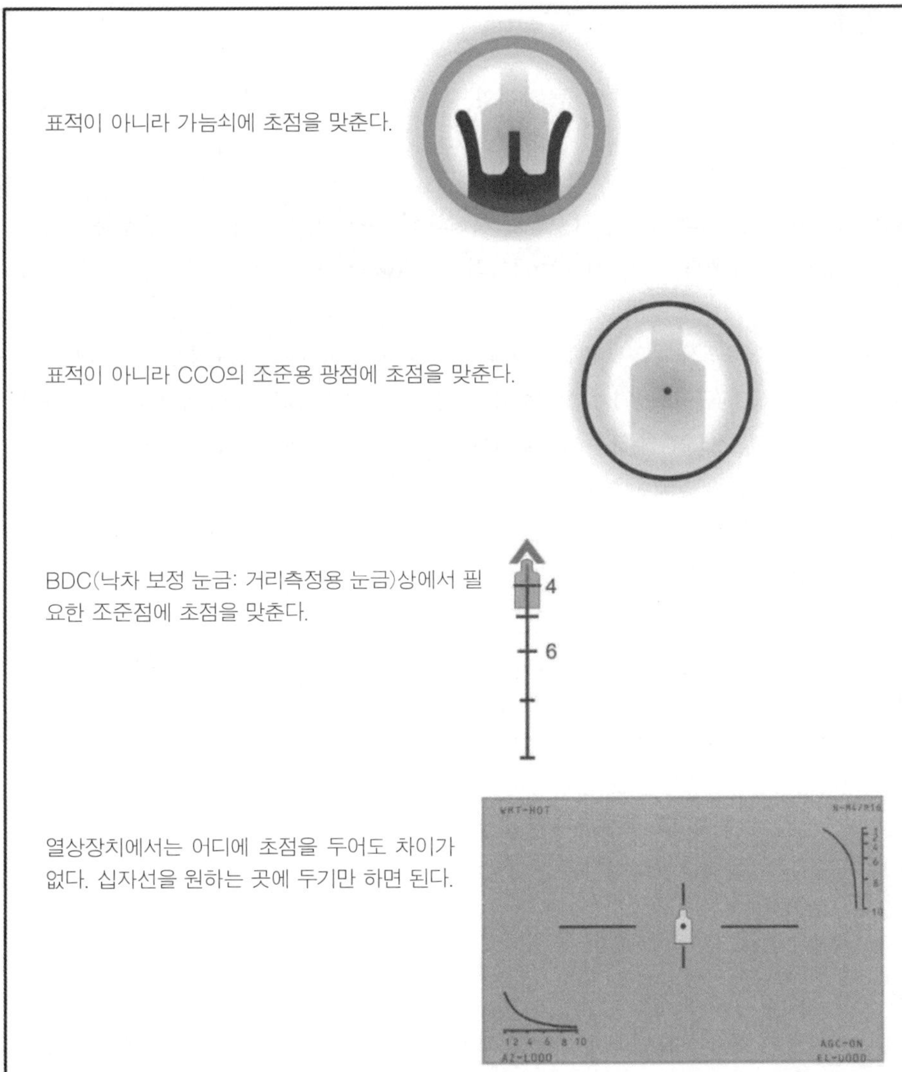

그림 7-3. 가늠쇠 및 조준망선에 맞춰진 초점

조준상

7-7. 조준상은 정렬된 조준선을 표적 자체에 두는 것이다. 사수는 조준기로 표적을 겨누는 과정에서 조준선을 계속 정렬시켜야 한다. 이는 조준선 정렬 자체와는 다른 과정이다.

7-8. 사격 과정중에는 두 가지 다른 조준상이 사용된다. 사격 전과 사격 후다. 병사들은 전체 사격과정의 종료를 위해 사격시의 조준상을 기억해야 한다.

- 사격전 조준상: 원래의 조준점, 조준상, 그리고 표적이나 주변 환경에 따른 오차 보정 모두를 포함한다.
- 사격후 조준상: 다음 사격시의 조준 수정을 위한 참고점으로 사용해야 하는 조준상이다.

조준점

7-9. 정렬된 조준선이 이어진 표적상의 지점. 조준점은 병사가 원하는 지점에 명중시키기 위해 조준을 수정하는데 있어 참조 지점으로 작용한다.

7-10. 300m이하에서 무시할 수준의 바람이 부는 환경에서 고정 표적과 교전할 경우, 200혹은 300m에서 영점이 잡인 병기를 사용하면 조준점은 표적의 가시 표적 중심으로 잡아야 한다. 조준점에는 필요한 조준의 수정이 포함되지 않는다.

희망 탄착점

7-11. 희망 탄착점은 병사가 실제 탄이 맞기를 원하는 지점을 말한다. 보통 가시 표적 중심이 희망 탄착점이 되기 쉽다. 원래 병기에서 영점이 설정된 거리와 실제 거리가 다를 경우 병사의 희망 탄착점과 조준점은 일치하지 않는다. 이 때문에 병사는 오차를 감안해 조준해야 한다.

일반적인 조준 실수

7-12. 병기 지향과 조준을 올바로 하기 위해서는 연습이 필요하다. 훈련과 반복을 통해 병사들은 적절한 병기 지향과 조준선 정렬, 조준상 획득을 직관적으로 익혀 수행할 수 있게 된다.

7-13. 가장 일반적인 조준 실수는 아래와 같다.

- 비 주안(主眼) 사용-병사는 대부분의 시각적 입력을 주안을 통해 한다. 주안은 사람마다 다르다. 몇몇 병사의 주안은 다른 병사의 주안과 다르다. 예를 들어 오른손잡이로서 사격도 오른손으로 배운 병사가 문득 자신의 주안이 실은 왼눈이라는 사실을 발견할 수도 있다. 이를 주안 교차라고 부른다. 이 문제가 심한 병사는 주안으로 조준하면서 사격은 원래 쓰는 쪽과 반대의 손으로 해야 할 수도 있다. 병사들은 좌우 어느쪽 어깨에서도 사격할 수 있게 훈련받을 수 있지만 주안이 아닌 쪽으로의 조준은 비효율적일 수 있다.
- 잘못된 영점-아무리 조준을 잘 해도 영점이 잘못되어있다면 탄환은 조준기의 수정 없이는 원하는 탄착점으로 날아가지 않는다(부록 C참조).
- 빛의 상태-시계가 제한된 상태에서는 조준선 정렬, 적절한 조준점 선정, 적절한 조준 보정등

에 실수를 일으킬 수 있다. 병사들은 광증폭 장치나 열상장치, 광증폭 장치와 함께 사용하는 적외선 레이저등을 통해 저광량 상황을 극복할 수도 있다.

- 전장에서의 시야 차단–연기, 흙먼지, 아지랭이등 전장에 흔한 여건들이 병사의 조준선 정렬과 적절한 조준점 선정, 적절한 조준 보정등의 능력을 방해할 수 있다.
- 부적절한 조준선 정렬–병사들은 가늠쇠나 조준망선에 초점을 맞추는데 실패할 경우 이런 실수를 겪을 수 있다.
- 부적절한 조준상–위협이 은엄폐중이거나 표적과 사수 사이에 예기치 못한 강한 바람이 불 때 등의 상황에서 겪을 수 있다. 이런 실수는 사격 과정중 적절한 조준상을 만들고 유지하는 병사의 능력에 직접 영향을 끼친다.
- 부적절한 거리 판단–원래 영점이 잡힌 거리보다 더 먼 곳에서는 명중오차가 심해질 수 있다.

고난이도 교전

7-14. 고난이도 교전은 가시 표적 중심을 조준점으로 쓰면 표적 명중을 기대할 수 없는 모든 사격상황을 포함한다. 고난이도 교전 상황에서는 다양한 조준점을 적용해야 성공적으로 위협을 배제할 수 있다.

7-15. 이런 종류의 교전들은 환경적 여건이나 표적 및 사수의 여건에 따라 난이도가 달라지며 사수는 신속하게 탄도적 해결책을 생각해 조준점에 적용할 필요가 생긴다. 교전 난이도의 증대는 보통 아래의 조건들 중 하나 혹은 그 이상의 요소가 작용한다.

- 표적의 조건:
  - 표적까지의 거리
  - 이동하는 표적
  - 불분명한 표적
  - 피하는 표적
  - 노출이 매우 적은 표적
- 환경적 조건:
  - 바람
  - 경사진 상태에서의 사격
  - 제한적 시계
- 사수의 조건:
  - 이동간 사격
  - 병기가 기울어진 상태에서의 사격
  - 화생방 상황에서의 교전

7-16. 이들 사격 조건들은 병사들에게 가시 표적 중심이 아닌 다른 곳을 조준하도록 강요한다. 이처럼 병사가 계산해 얻은 조준점을 보정 조준점, 혹은 홀드(hold)라고 한다. 어떤 고난이도 교전에서도 병사는 사격 과정중 탄도계산용 컴퓨터의 역할을 해야 한다. 홀드는 가시 표적 중심에 잡힌 조준점을 보정하거나 바꾸는 것으로, 고난이도 교전 중 발생하는 아래의 특정 조건들을 반영한다.

- 표적까지의 거리
- 표적의 이동 방향 및 속도에 따른 리드(예측)
- 사수가 이동 표적의 반대방향으로 움직일 때에는 그에 따른 역회전 리드가 적용되어야 한다.
- 사수가 300m이상의 거리를 사격할 때에는 사수와 표적 사이의 풍속, 풍향, 그리고 바람의 지속 시간을 고려해야 한다.
- 표적을 즉각 무력화할 가능성이 가장 높은 탄착점이 들어있는 가장 큰 살상구역

7-17. 병사는 사격하는 상황에 맞춰 적절한 조준(혹은 홀드)을 실시해야 한다. 어떻게 홀드를 적용할지의 결정은 두 가지 형태로 이뤄진다. 즉각적인, 그리고 신중한 것이 그것이다.

7-18. 모든 병사들은 즉각적인 홀드 결정 방법에 익숙해야 한다. 이들은 교전 조건에 따라 자연스럽게 적용될 수 있어야 한다. 이들 결정은 표준적인 E형 인체 윤곽(가로 약 50cm, 세로 약 1m) 표적의 크기에 따른 "표적 형태"를 기준으로 연습할 수 있다.

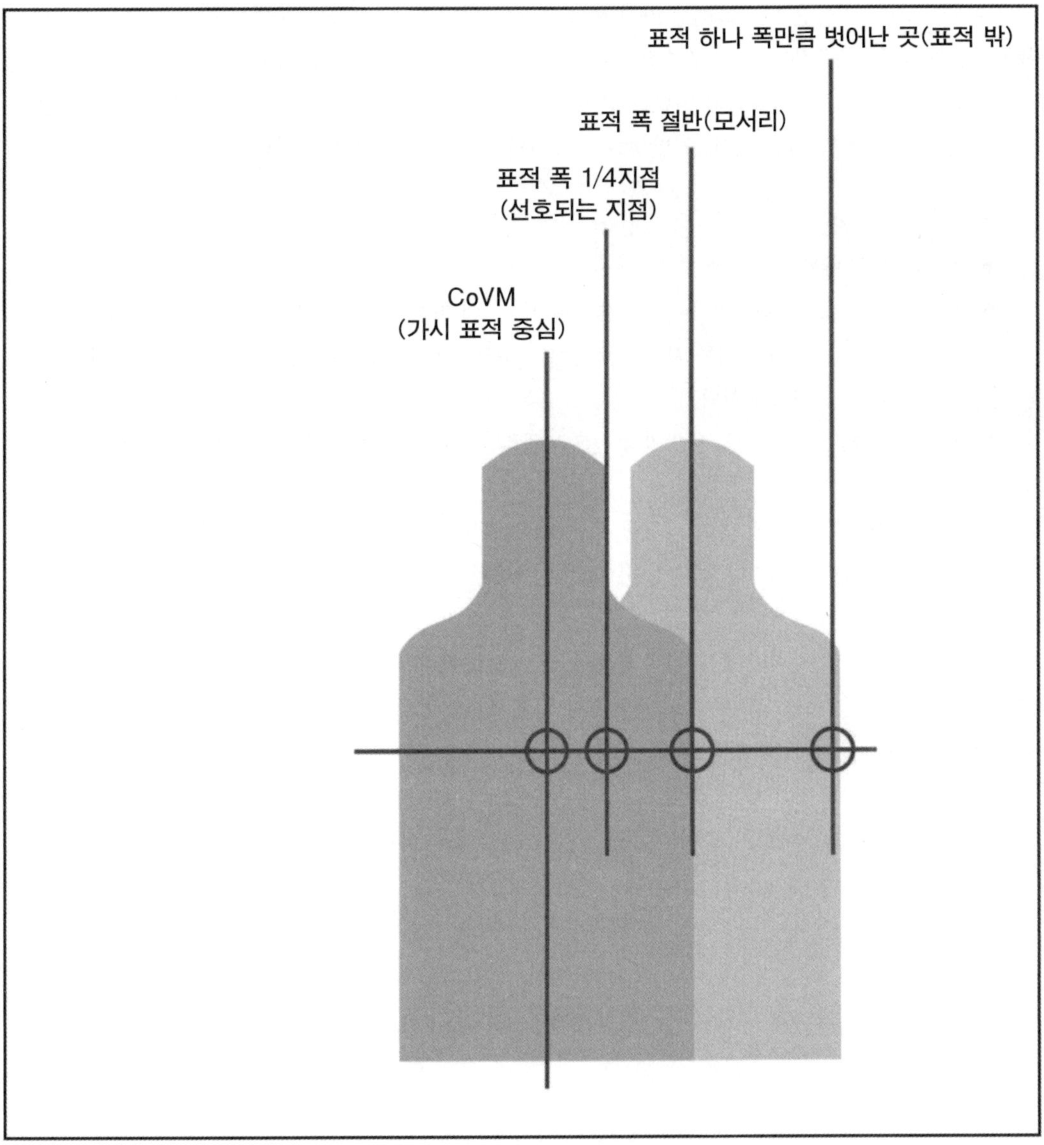

그림 7-4. 좌우 편차 보정을 위한 즉각적인 홀드 위치들

즉각적인 홀드 결정

7-19. 즉각적인 홀드의 결정은 "표적 형태"를 기준으로 이뤄지며 여기서의 수치 증가는 탄도를 따로 계산할 필요 없이 신속한 표적 명중을 이루는데 충분한 수준이다. 즉각적인 홀드 결정은 신중한 결정보다 정확도가 떨어지며 300m 이하에서의 고난이도 표적과 교전할 때 쓰인다.

7-20. 즉각적인 홀드를 수평선 방향으로 적용하는 사례: 그림 7-4.

7-21. 상하 편차 보정을 위한 즉각적인 홀드 위치들(표적의 거리에 따라 달라짐): 그림 7-5.

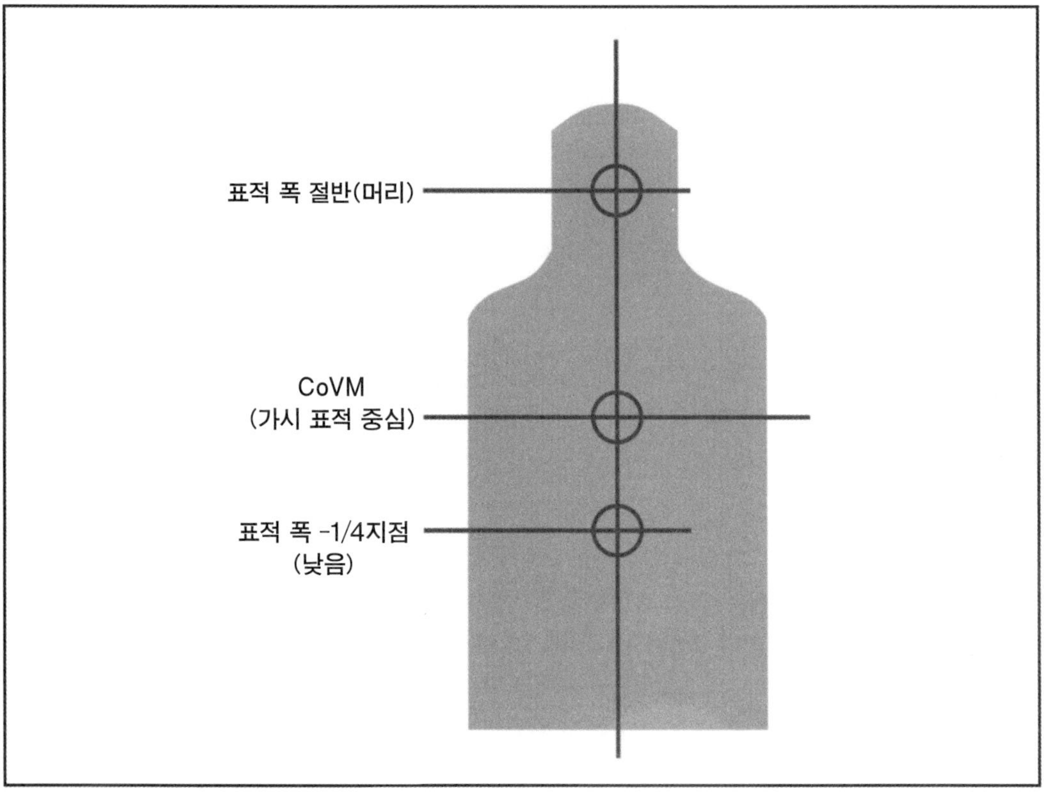

그림 7-5. 거리에 따른 상하 편차 보정을 위한 홀드 위치들

신중한 홀드 결정

7-22. 신중한 홀드 조준점은 적절한 수학적 탄도 계산에 의해 적용된다. 신중한 홀드 결정은 300m를 넘는 거리에서 바람, 거리, 표적의 이동, 경사, 표적의 회피등의 요소를 고려해 이뤄져야 한다.

7-23. 고난이도 교전에서의 신중한 홀드 결정은 부록 C의 고난이도 교전 편에서 자세히 다룬다. 여기서 요구되는 수학적 계산은 그것이 요구되는 숙련된 사수를 위한 것으로, 이 챕터에서는 다루지 않는다.

표적의 조건

7-24. 병사들은 표적에 적절한 조준점을 적용하려면 몇 가지를 고려해야 한다. 아래의 사항들이 바로 그 고려사항들이다.

- 표적까지의 거리.
- 표적의 성질
- (표적을 둘러싼) 지형의 성질.

표적까지의 거리

7-25. 중거리/원거리에서 사격에 성공하려면 신속하게 정확한 거리를 파악해야 한다. 병사는 예상된 교전에서 적절한 거리 측정을 가능하게 하는 몇 가지 방법을 숙지해야 한다. 거리 결정 방법에는 즉각적, 그리고 신중한 두 가지가 있다.

즉각적 거리 결정

7-26. 즉각적 거리 결정 방법은 주어진 표적까지의 가장 정확한 거리를 가장 신빙성 있게 제공한다. 즉각적 거리 결정은 아래 사항들을 포함한다.

- 근접 교전
- 레이저 거리 측정
- 가늠쇠 측정
- 인식 측정
- 100m 측정단위 활용법

근접 교전

7-27. 단거리 교전은 주로 밀폐공간(정글이나 시가지)에서, 대개 50m미만에서 이뤄진다. 병사들은 직면한 위협을 배제하기 위해 휴대 장비 및 총기의 영점, 자신의 능력에 확신을 가져야 한다.

7-28. 교전 기술에는 적에 대한 우세를 유지하기 위한 신속한 사격 과정의 시현 및 적용(신속한 조준상 획득등)이 포함된다. 근거리에서 완벽한 조준선 정렬은 표적에 대한 정확한 교전에 필수적이지는 않다. 병기를 신속하게 동원하며 가늠쇠를 원하는 표적 지역의 대략 중앙부에 위치시키면 된다. 다만 가늠쇠가 가늠자 안에는 들어있어야 한다.

주) 만약 금속 조준기를 이런 종류의 교전에 사용한다면 넓은 구멍의 가늠자(0-2)를 사용해 시계를 넓히고 표적을 빨리 탐지할 수 있게 해야 한다.

레이저 거리 측정

7-29. AN/PSQ-23 STORM과 같은 장비에는 오차 5m수준의 레이저 거리측정기가 내장되어있다. STORM을 가진 병사는 신속하게 아주 정확한 거리를 결정하고 이 정보를 이용해 적을 매우 높은 확률로, 특히 비교적 먼 거리에서 무력화시킬 수 있다.

가늠쇠 측정

7-30. 소총의 가늠쇠가 표적을 얼마나 가리느냐에 따라 거리를 측정할 수 있다. 거리에 따라 가늠쇠가 표적을 얼마나 가리느냐를 미리 알면 사수는 표적까지 얼마나 떨어져 있는지 이를 마음 속의 기준 삼아 파악할 수 있다. 사수가 보는 표적의 크기는 거리에 따라 변하기 때문에 거리에 따라 가늠쇠가 표적을 덮는 정도 역시 변하게 마련이다. 여기에 더해 사수의 눈 초점거리와 그에 따라 보이는 가늠쇠의 모습 역시 눈에 보이는 표적의 크기에 변화를 줄 수 있다(그림 7-6).

- 300m 이하: 표적이 가늠쇠보다 크다면 거리가 300m미만이고 총기의 전투가늠자 영점(BZO: Battle sight Zero) 상태에서 나오는 조준점/탄착점으로 교전이 가능하다.
- 300m 이상: 제식 소총의 가늠쇠는 대략 300m 밖의 성인 남성의 가슴, 혹은 상반신 폭에 해당한다. 만약 표적이 가늠쇠 폭보다 작게 보인다면 표적도 300m이상의 거리에 있다는 뜻이다. 따라서 BZO는 효과적으로 활용될 수 없다.

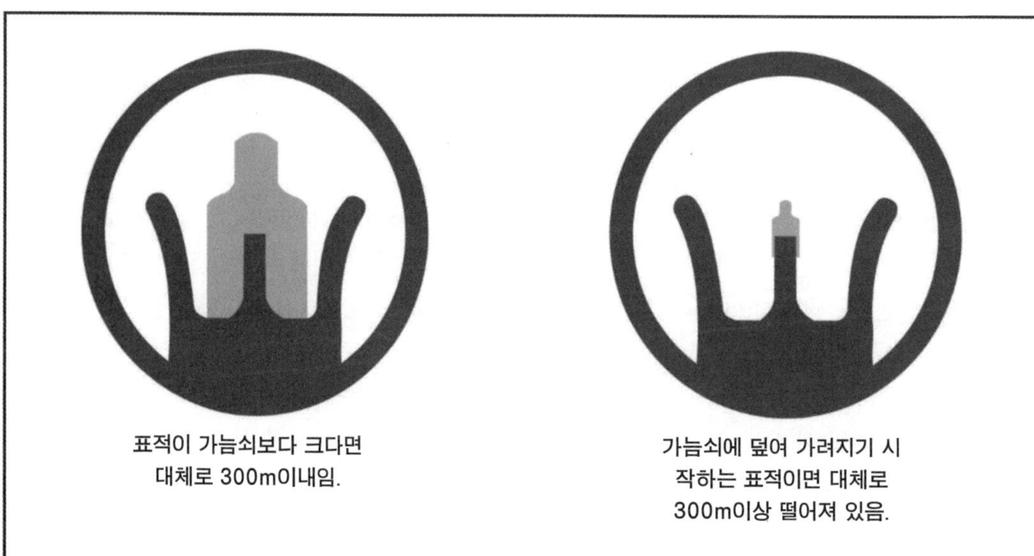

그림 7-6. 가늠쇠 측정

인식 측정

7-31. 표적을 관찰할 때 거리에 따라 변하는 세부의 차이가 표적까지의 거리에 대한 분명한 정보를 제공한다. 사수는 사람의 형상이 100m차이마다 어떻게 변하는지 연구하고 기억해야 한다. 훈련중 병사들은 100m 거리 차이마다 표적의 복장 및 장비 특징이 어떻게 변하는지 주의해야 한다.

7-32. 병사들이 서 있는 적의 모습이 100m간격마다 500m까지 어떻게 변하는지 숙지했다면, 이번에는 적이 무릎쏴, 그리고 엎드려쏴 자세에서 어떤지도 알아야 한다. 이런 자세들이 100m간격으로 500m까지 어떻게 다른지 비교한다면 사수들은 익숙하지 않은 지형에서 거리를 확인할 이미지를 기억해낼 수 있다. 적 인원 외에도 차량이나 병기등의 친숙한 사물의 모습도 어떻게 변하는지 연구해야 한다.

- 100m-표적의 세부까지 확인할 수 있고 적의 얼굴 특징도 구분된다.
- 200m-표적을 분명히 관찰할 수 있으나 얼굴의 세부 특징은 알 수 없다. 피부 색과 휴대 장비는 여전히 식별 가능하다.
- 300m-표적의 신체 윤곽은 분명히 알 수 있고 얼굴의 색깔도 알 수 있지만 나머지 세부 사항은 희미해진다.
- 400m-신체 윤곽은 분명하지만 나머지 세부사항은 희미해진다.
- 500m-신체 윤곽도 끄트머리에서 가늘어진다. 머리와 어깨의 구분이 힘들어진다.

100m 측정단위 활용법

7-33. 100m측정단위 활용법으로 표적까지의 거리를 확정하려면 사수는 지면 위 100m의 거리(보통 축구장 하나)를 머리속에서 떠올려야 한다. 그리고 표적과 나 사이에 이 단위가 몇 개나 들어갈지를 추정해야 한다.

7-34. 이 방법의 최대 제약은 지형이 얼마나 시계에 들어오느냐에 따라 정확도가 좌우된다는 점이다. 특히 거리가 멀어질수록 정도가 심해진다. 만약 표적까지의 거리가 500m가 넘는데 사수와 표적 사이에 보이는 지면은 약간밖에 없다면 이 방법으로 정확한 거리를 측정하기란 어려워진다.

7-35. 이 방법의 효율을 높이는 방법은 지속적인 연습이다. 훈련 과정에서 사수가 짐작한 거리와 보폭이나 다른 방법등을 이용해 실제 측정된 표적까지의 거리를 꾸준히 비교해야 한다.

표적과의 거리에 따른 즉각적인 조준 보정(홀드)

7-36. 즉각적인 거리 측정 홀드는 병기에 적용된 영점에 좌우된다. 300m에 영점을 맞추는 것은 근접전을 포함한 모든 전술 상황에서 육군의 표준이다. 그림 7-7은 병기의 영점을 기준으로 거리에 따라 어떻게 홀드를 잡는지 보여준다.

거리	조준 보정	금속 조준기	M68 CCO
500 m	표적 하나 폭만큼	BDC사용	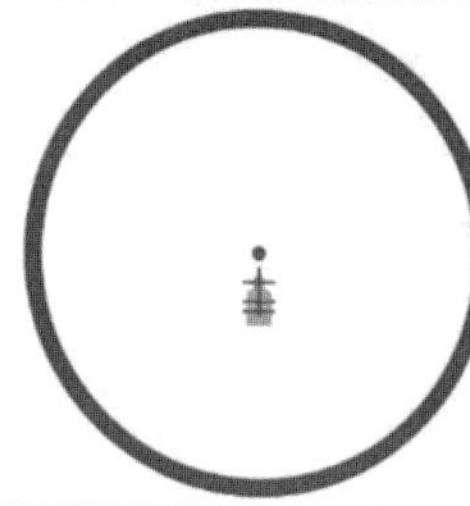
400 m	1/2, 머리	BDC사용	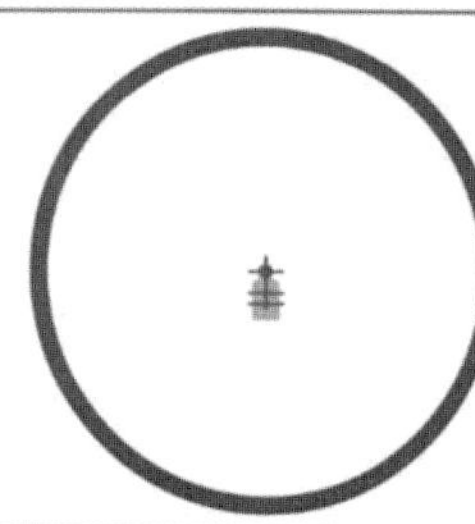
300 m	CoVM		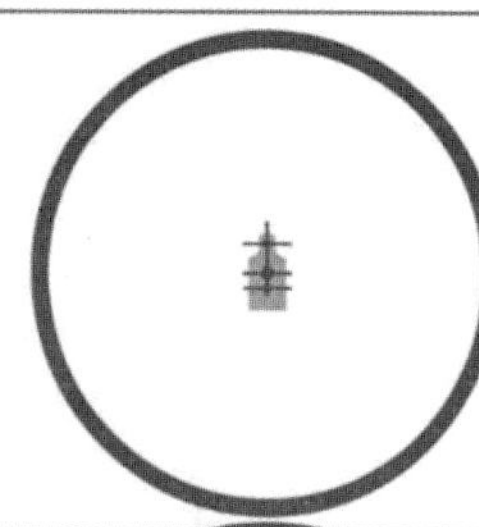
200 m	-1/4, 아래		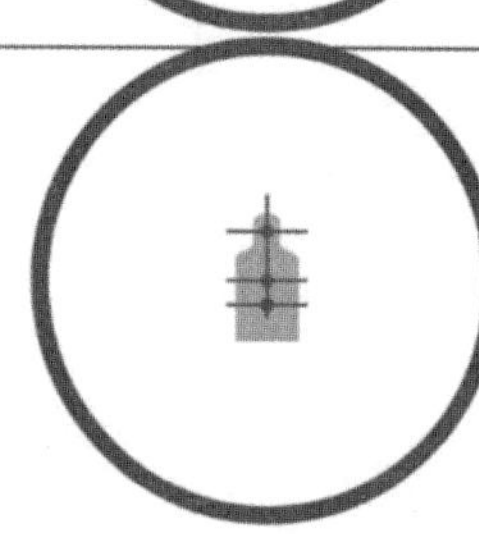
100 m	-1/4, 아래		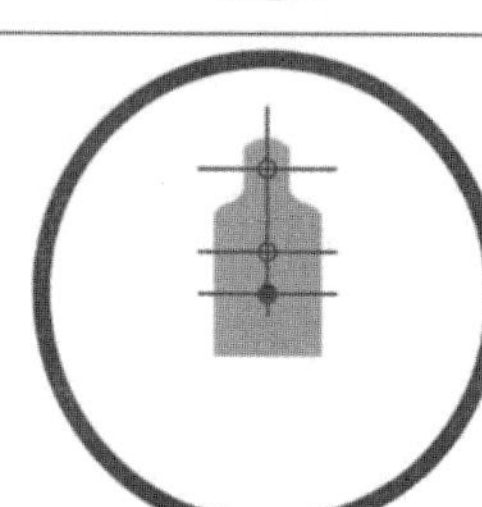
BDC: 거리 측정 눈금			

그림 7-7. 표적과의 거리에 따른 즉각적인 조준 보정(홀드)

이동 표적

7-37. 이동 표적은 지속적인 방향과 속도를 가지고 움직이는 것으로 보이는 표적을 뜻한다. 전장의 표적이 오래 머무르기는 힘들며, 특히 총격전이 시작되면 더욱 그렇다. 병사들은 다양한 형태의 이동표적에 효과적인 사격을 가할 능력을 키워야 하며 필요한 교전 기술이 자신있고 익숙해져야 한다. 이동 표적을 제압하는 데는 두 가지 방법이 있다. 추적과 포획이다.

이동 표적을 위한 즉각 홀드(조준 보정)

7-38. 이동 표적을 위한 즉각 홀드에는 목표의 속도와 목표까지의 거리도 감안해야 한다. 모든 이동 표적을 위한 즉각 홀드는 아래를 참조한다(그림 7-8).

이동 표적에 대한 리드값 적용은 부드럽게 표적을 추적하는 느낌으로 한다.

표적까지의 거리	일반 보행속도	속보	전술적 속보
500 m	표적까지의 거리	신중한 결정법	모든 구보, 혹은 전술적 속보 표적은 신중한 결정법으로 리드값 적용
400 m	표적 하나 폭만큼		
300 m	1/2 모서리	표적 하나 폭만큼	
200 m	1/4	1/2 모서리	
100 m	CoVM	1/4	

그림 7-8. 이동 표적을 위한 즉각 홀드의 사례

사선 표적

7-39. 대각선으로 다가오거나 멀어지는 표적은 '사선 표적'이라고 불린다. 만약 이런 표적이 일정한 속도와 방향으로 접근한다면 사수에게 독특한 문제가 된다. 대각선으로 이동하면 마치 점점 느려지는 것처럼 보이기 때문이다.

7-40. 병사들은 총-표적을 연결한 선에 대해 표적이 움직이는 각도를 기준으로 조준을 보정해야 한다. 아래의 지침은 병사가 사선 표적과 교전하는데 필요한 이동 표적용 홀드를 알려준다.

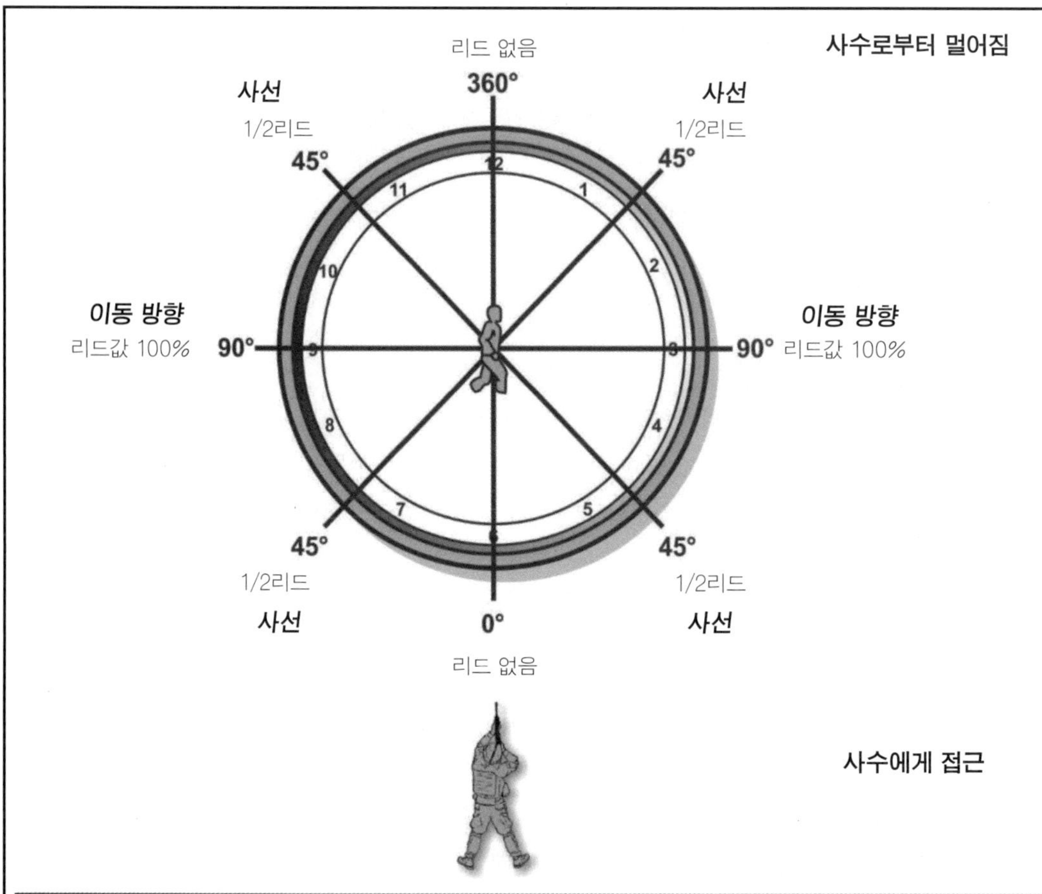

그림 7-9. 사선 표적의 사례

환경적 조건

7-41. 주변 환경은 사격 과정중 사수의 활동을 어렵게 할 수 있다. 바람이 과해 사격이 방해받거나, 혹은 시계가 제한된 상황에서 총을 기울여 쏘게 될 수도 있다. 병사들은 이런 여건들을 사격 중에 감안해 영향을 최소화하는 방법을 숙지하고 적용할 수 있어야 한다. 여기에는 사격 과정중 거듭되는 복잡한 상황이 발생해 탄도 계산을 어렵게 하는 것도 포함된다.

바람

7-42. 바람은 가장 흔한 변수로, 실제로 비행중인 탄자를 원하는 탄도로부터 밀어내버릴 수 있다(부록 B참조). 바람의 영향은 사수가 바람이 탄도 및 실제 탄착에 어떻게 영향을 끼치는지 이해하면 최소화할 수 있다. 바람이 탄도에 영향을 끼치는 요인들은 아래와 같다.

- 탄자가 바람에 노출되는 시간(거리).
- 바람이 불어오는 방향.
- 비행중 탄자가 노출되는 바람의 속도.

바람의 방향과 값

7-43. 왼쪽으로부터 불어오는 바람은 탄자를 오른쪽으로 움직이며, 오른쪽에서 불어오는 바람은 왼쪽으로 움직인다. 얼마나 영향을 끼칠지는 풍속과 방향, 그리고 탄자가 바람에 노출되는 시간에 따라 바뀐다. 이것을 감안해 영향을 최소화하려면 사수는 먼저 바람의 방향과 값을 확인해야 한다.

7-44. 시계 시스템은 바람의 방향과 값을 정하는데 쓸 수 있다(그림 7-10). 사수를 중심으로 하고 총구가 향한 방향을 12시로 잡은 시계를 그리면 된다.

7-45. 바람의 방향이 파악됐다면 그 다음은 바람의 값이다. 바람의 값이란 그 바람이 탄자에 얼마나 영향을 끼치는가를 뜻한다. 방향에 따라서는 바람이 탄자에 끼치는 영향이 적을 수 있다. 그림 7-10을 보면 2시에서 4시 방향으로부터 불어오는 바람은 값이 100%로, 탄자에 끼치는 영향이 강하다. 1, 5, 7, 11시 방향으로부터의 바람은 값이 50%로, 100%값의 바람에 비해 영향이 절반에 불과하다. 6시와 12시 방향으로부터의 바람은 값이 0으로, 탄자에 영향이 미미하거나 아예 없다.

> 예) 시속 10마일(약 16km)의 바람이 1시 방향으로부터 불어오면 이는 50%값의 바람이므로 시속 5마일의 값 100%짜리 바람과 같은 효력이 있다.

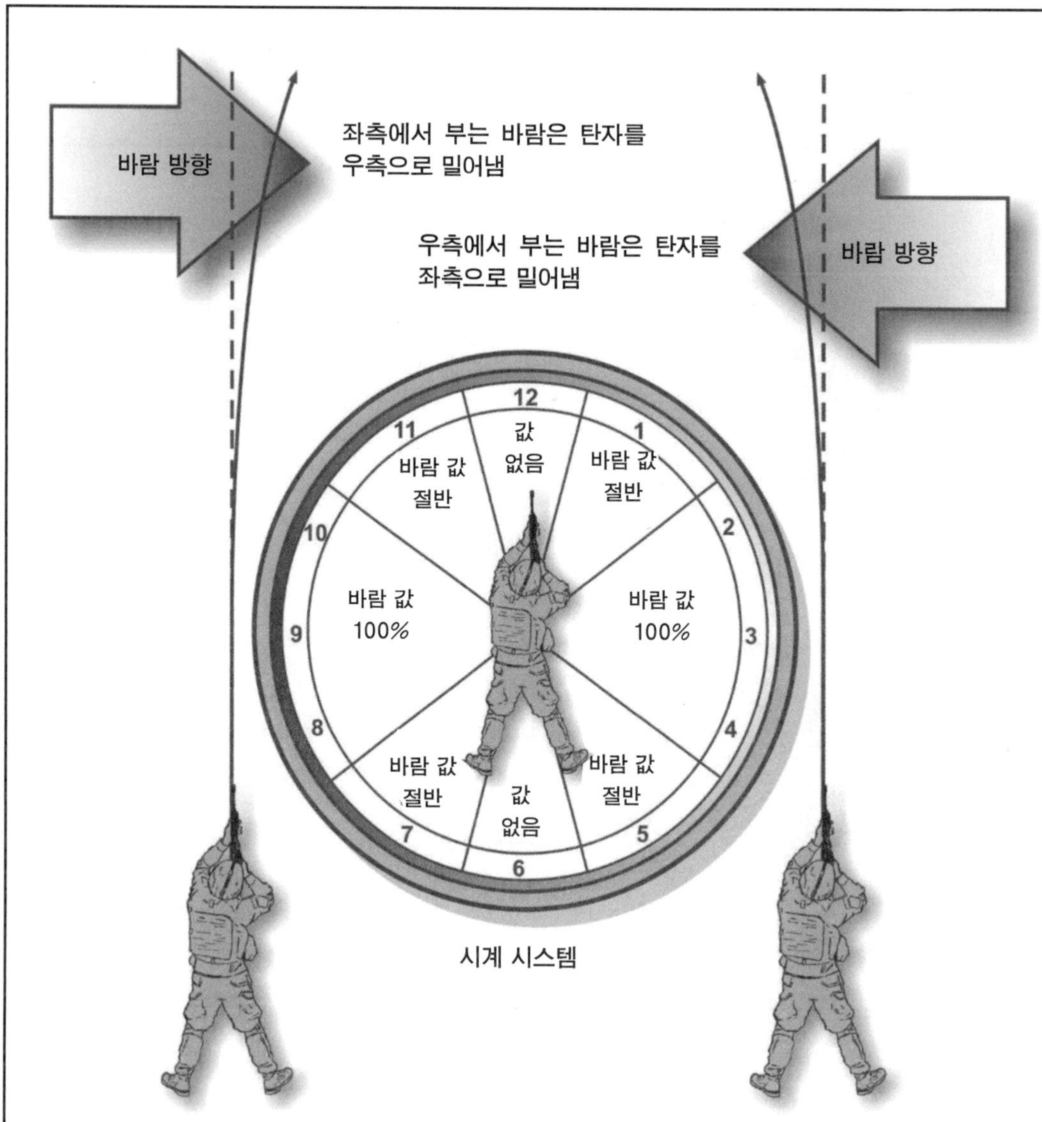
바람 방향
좌측에서 부는 바람은 탄자를
우측으로 밀어냄
우측에서 부는 바람은 탄자를
좌측으로 밀어냄
바람 방향
12
값
없음
1
바람 값
절반
2
바람 값
100%
3
4
바람 값
절반
5
6
값
없음
7
바람 값
절반
8
9
바람 값
100%
10
11
바람 값
절반
시계 시스템

그림 7-10. 바람의 값

7-46. 탄자는 바람이 부는 방향 쪽으로 떠밀려간다(그림 7-11). 탄자에 바람이 끼치는 영향은 바람을 맞는 시간, 풍향, 풍속에 따라 바뀐다. 이 영향을 보정하려면 사수는 바람의 방향에 맞춰 홀드를 잡아야 한다.

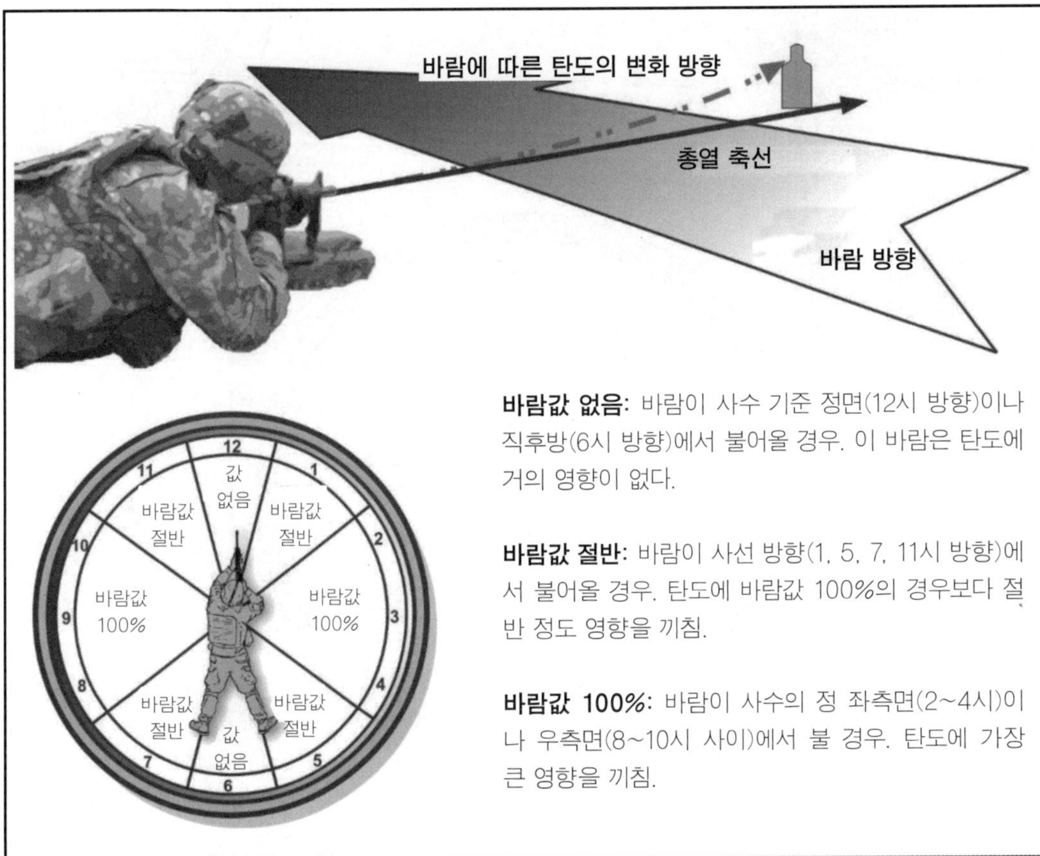

그림 7-11. 바람의 영향

풍속

7-47. 풍속은 사격지점부터 표적까지 변할 수 있다. 따라서 풍속은 사거리 내에서 부는 바람의 평균값으로 잡아야 한다. 사수의 초점은 표적, 그리고 사거리의 중간 지점 사이의 바람에 맞춰져야 한다. 사거리의 절반부터 2/3정도 사이의 바람이 가장 영향이 크다. 이 지점부터 탄자가 탄속의 상당부분을 잃고 불안정해지기 시작하기 때문이다.

7-48. 병사는 주변 환경의 물체가 움직이는 것을 관측해 속도를 짐작할 수 있다. 각각의 환경에는 각각 다른 식물이 서식하며 이들은 각각 다르게 반응한다.

7-49. 풍속은 아래를 기준으로 짐작할 수 있다.

- 시속 0~3마일(4.6km/h)=사람은 느끼기 힘들지만 연기가 바람에 흩날린다.
- 시속 3~5마일(8km/h)=얼굴에 가볍게 느껴진다.
- 시속 5~8마일(약 13km/h)=나뭇잎이 지속적으로 바람에 따라 흔들린다.
- 시속 8~12마일(약 19km/h)=먼지와 종이가 날아다닌다.
- 시속 12~15마일(약 24km/h)=작은 나무가 흔들린다.

7-50. 사수에게 부는 바람이 표적을 향해 부는 바람과 같지 않을 수도 있다.

바람의 추정

7-51. 병사들은 정확한 사격을 지속적으로 수행하려면 바람의 영향을 판단하는 능력을 숙지해야 한다. 병사들은 적절한 조준 보정을 위해서는 표적과 병사 사이에서 바람을 짐작하게 하는 물체들을 잘 활용해야 한다.

7-52. 사격에 바람이 끼치는 영향을 추정하려면 병사들은 세 가지 요소를 확인해야 한다.

- 풍속
- 풍향
- 값

즉각적 풍향 홀드

7-53. 바람에 따른 홀드를 잡는 것은 풍향에 따른 조준점의 변경도 포함된다. 예를 들어 바람이 탄자를 좌측으로 표적의 절반 폭(1/2)만큼 움직이게 했다면 조준점은 우측으로 표적의 1/2만큼 움직이게 해야 한다.

7-54. 사수는 바람의 영향을 보정하기 위해 조준을 바람 안쪽, 즉 풍향의 반대로 옮겨야 한다. 만약 원거리 표적을 못 맞췄는데 바람이 오른쪽으로부터 분다면(즉 왼쪽으로 분다면) 그 다음발부터는 오른쪽으로 조준점을 옮겨야 한다. 이 때 시작은 가늠쇠의 가운데가 바람을 마주보는 표적의 모서리에 위치하게 하는 것이다.

7-55. 숙련도가 낮은 신병이라면 초탄은 가시 표적 중심을 조준해 쏴야 하며 그 뒤 바람 때문에 빗맞았다는 확신이 든다면 그에 따른 보정을 해야 한다. 숙련된 사수라면 초탄부터 보정을 해도 되지만 기본을 따라야 한다—의심이 든다면 중심부터 겨누는 것이다.

즉각적 풍향 홀드는 바람이 부는 방향의 반대로 움직인다.

	일반 보행속도		
500 m	1/4	표적 하나 폭만큼	신중한 결정법 적용 (부록 C참조)
400 m	CoVM	표적 하나 폭만큼	
300 m	CoVM	1/2 모서리	표적 하나 폭만큼
200 m	CoVM	1/2 모서리	1/2 모서리
100 m	CoVM	1/4	1/2 모서리

그림 7-12. 바람에 따른 홀드의 사례

제한된 시계

7-56. 병사들은 야간과 제한된 시계조건하에서도 낮과 마찬가지 살상력을 발휘해야 한다. 여기에는 병사들이 현재의 기술을 활용해 효과적인 사격을 할 능력이 중요하다. 야시장비, 적외선 조준장비, 열상조준경등이 그것이다.

7-57. 제한된 시계 조건은 위협의 보이는 크기를 제한하거나 획득된 표적을 놓치게 할 수 있다. 이런 상황에서 병사들은 표적이 개선된 조준상이나 재정렬된 조준선에 나타나기를 기다리는게 아니라 표적이 나타날 것으로 예상되는 곳으로 조준을 보정하는 편이 나을 수도 있다.

7-58. 병사들은 조준점을 수정하기 위해 광학장비, 열상장비, 표적지시기등을 바꿔가며 활용할 수 있다. 제한된 시계하에서 조준장비들을 신속하게 바꾸려면 병사들은 모든 장비들의 정렬 및 영점을 미리 확실하게 잡아둬야 한다. 또한 실전에서 조준 장비를 바꾸는데 자신감을 얻으려면 여러 장비를 이용해 반복 훈련을 해야 하며, 여러 조준 장비를 동시에 사용하는 등의 비표준 교전 기술도 연습해야 한다(야시장비와 적외선 표적지시기의 병행사용 같은).

사수의 조건

7-59. 사수가 이동중이거나, 병기가 기울어져 있거나, 화생방전 상황에서 전투하는 등의 상황에서 적절하게 조준할 수 있는 능력을 키우는 것은 적절한 조준점을 찾는데 있어 결코 쉽지 않은 일이며 보통 추가적인 문제를 야기한다. 이런 사수 조건들은 효과적인 조준점 획득 및 표적 제압을 위해 최소화하는 것이 가능하다.

전술적 이동

7-60. 전술적으로 어느 방향으로든 움직이며 표적과 교전하려는 병사는 표적에 적용되는 리드를 줄이거나 늘여야 할 필요가 생긴다. 여기에는 아래의 법칙들이 적용된다.

- 병사가 움직이며 표적도 같은 방향으로 움직이거나, 혹은 표적은 정지한 경우, 해당 병사는 자신의 움직임을 상쇄할 역방향 리드를 적용해야 한다. 역방향 리드는 표적까지의 거리, 병사의 속도, 표적의 속도에 기초해 잡는다. 일반적으로 이런 움직임은 리드를 통한 조준 보정의 필요를 없애기 쉽다.
- 만약 병사가 위협이 움직이는 쪽의 반대 방향으로 움직인다면 병사는 리드값을 두 배로 적용해야 한다.

기울어진 병기

7-61. 만약 병기가 한쪽 혹은 다른 쪽으로 기울어진 상태로 교전한다면(전복 엎드려 쏴 같은 경우) 탄착점은 기울어진 병기가 실제 지향하는 방향보다 낮게 나온다. 기울어진 상태의 총기를 쏘면 원래 조준점과 관련해 수평 방향으로 나오던 오차가 수직 방향이 되고 수직 방향 오차가 수평이 된다.

기울어진 병기 사격의 가장 기초

탄창쪽을 조준하며 기울어진 각도에 근거, 총구 축선보다 약간 높이 조준한다.

근거리

7-62. 근거리에서 기울어짐의 효과는 조준선 및 총구 축선과 직결된다. 병사들은 기울어진 각도에 근거해 조준을 보정해야 한다.

원거리

7-63. 일반적인 방법은 조준점을 기울어진 방향의 정 반대편으로 수정해 최고의 명중률을 기대하는 것이다.

복합적 조건

7-64. 다양한 고난이도 표적의 사격 정보를 복합해보면 병사들은 특정 상황에 맞는 법칙을 여럿 조합해 적절한 조준 보정을 가할 수 있다.

7-65. 아래에 보여주는 사례는 다양한 풍향 속에서 다르게 움직이는 표적을 어떻게 조준하는지를 보여준다(그림 7-13). 이것은 교전시 복잡한 탄도 계산을 위해 여러 조준 보정용 정보를 적용하는 일반적인 사례일 것이다. 같은 개념은 즉각, 그리고 신중한 홀드(조준 보정) 결정 모두에 적용할 수 있다.

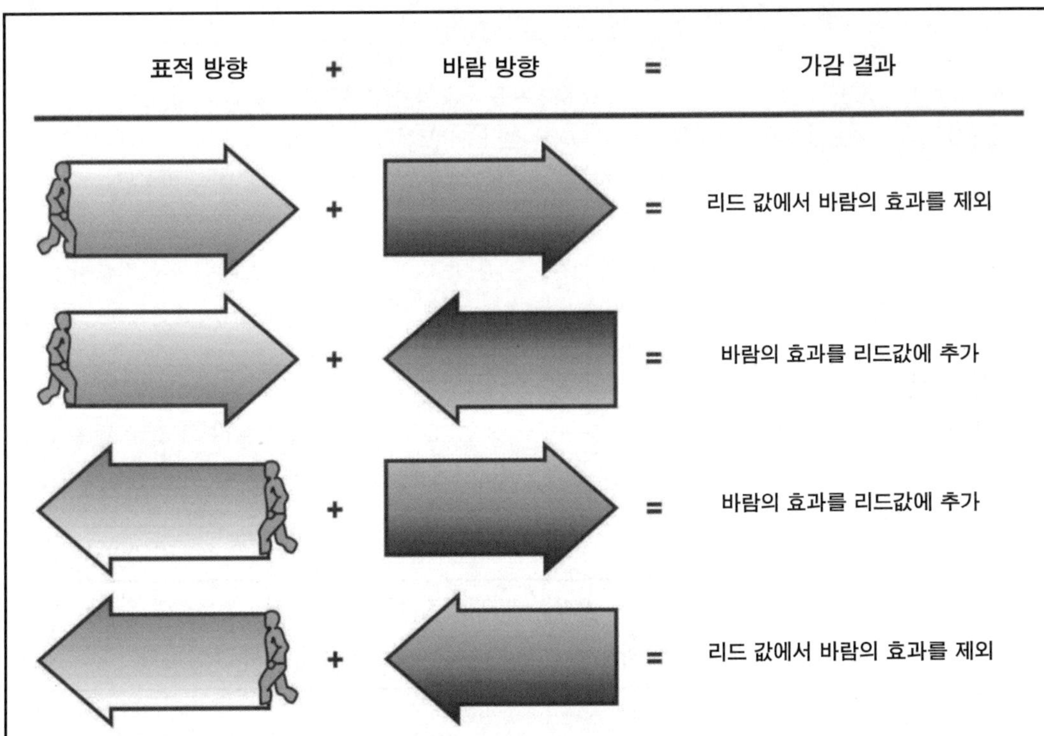

그림 7-13. 복합적 풍향속 움직이는 표적 사례

Chapter 8 제 어

교전시의 제어 요소는 병사가 사격 과정 이전, 도중, 이후에 사수가 의식적으로 제어할 수 있는 행동들을 말한다. 여기에는 병사가 안전장치로서 작용하며 동시에 병기를 사격하는 궁극적인 책임도 포함된다.

그 중에서도 가장 중요하고 가장 어려운 것은 조준을 방해하지 않는 방아쇠 제어이다.

전투는 사격 과정 및 기술의 기능적 요소들을 적용하는 병사들의 능력에 대한 궁극적인 시험이다. 병사들은 모든 전투상황(예를 들어 공격, 돌격, 매복, 시가전 등)에서 이들 기술들을 적용할 수 있도록 잘 훈련되어 있어야 한다. 비록 이런 전술적 상황들이 문제를 야기할 수 있지만, 사격 과정의 기능적 요소들을 적용하는데는 두 가지 문제가 더 추가된다. 발사 속도의 변경과 병기/표적간 정렬의 변화이다. 이 챕터에서는 끊임없이 변하는 교전 상황에 병사들이 적용해야만 하는 교전 기술들을 설명하고자 한다.

8-1. 개인화기를 사격할 때 병사는 해당 병기의 사격 통제장치이자 탄도계산 컴퓨터, 안정화 장치, 이동수단이 된다. 제어란 이들 기능들을 통제하고 적절한 시간에 사격 과정을 이행할 기강을 유지하는 병사의 능력을 뜻한다.

8-2. 각개 병사가 아무리 잘 훈련되고 신체적으로 건강하다 해도 불안정 영역, 혹은 이동 궤적이 존재한다. 병기에 대한 충분한 신체적 지탱이 이뤄진 상황에서조차 그렇다. 이동 궤적(AM: Arc of Movement)은 각개 병사에 따라 조준기가 W자, 원형, 상하, 수평등으로 흔들리는 것을 뜻하며 이는 아무리 병사들이 사격의 기능적 요소들을 잘 적용해도 없앨 수는 없다. 불안정 영역이나 이동 궤적은 조준상이 상하좌우, 혹은 전후로 움직이는 현상으로 이어진다(그림 8-1).

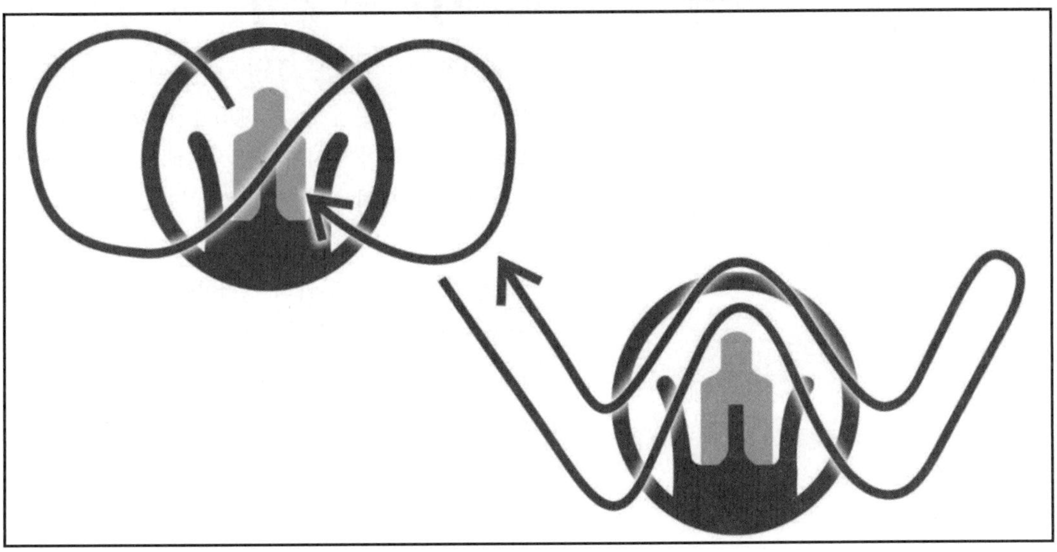

그림 8-1. 이동 궤적의 사례

8-3. 사격의 제어는 이를 뒷받침하는 병사의 몇몇 기능들로 구성되며 여기에는 병사의 이동 궤적을 최소화하는 모든 행동이 포함된다. 적절하게 실행된다면 이런 행위는 사수에게 최적의 사격 기회를 제공할 것이다. 병사는 아래 사항들을 잘 조절함으로써 사격 과정을 능동적으로 제어할 수 있다.

- 방아쇠 제어
- 호흡 제어
- 작업 공간
- 실제 사격
- 사격후 후속행동

방아쇠 제어

8-4. 방아쇠 제어는 탄이 총구를 떠날 때 까지 적절한 조준과 안정을 유지하며 사격하는 행동이다. 방아쇠 제어와 사수의 자세는 함께 어우러져 사수가 총기를 사격하고 탄이 총구를 떠나기에 충분한 시간 동안 조준기가 표적에 머무르게 한다.

8-5. 안정성과 방아쇠 제어는 서로를 보완하며 사격 과정에서 연동된다. 안정적인 자세는 조준을 도와주며 조준상을 방해하거나 불필요한 행동을 유발하지 않고도 원하지 않는 움직임을 줄여준다. 부드럽고 지속적인 방아쇠 당김은 속도와 관계없이 사수가 원하는 순간에 사격을 할 수 있게 해 준다. 안정적 자세와 우수한 방아쇠 제어가 이뤄진 상황에서도 사격에 오류가 발생했다면 조준 과정을 다듬어야 할 필요가 있다.

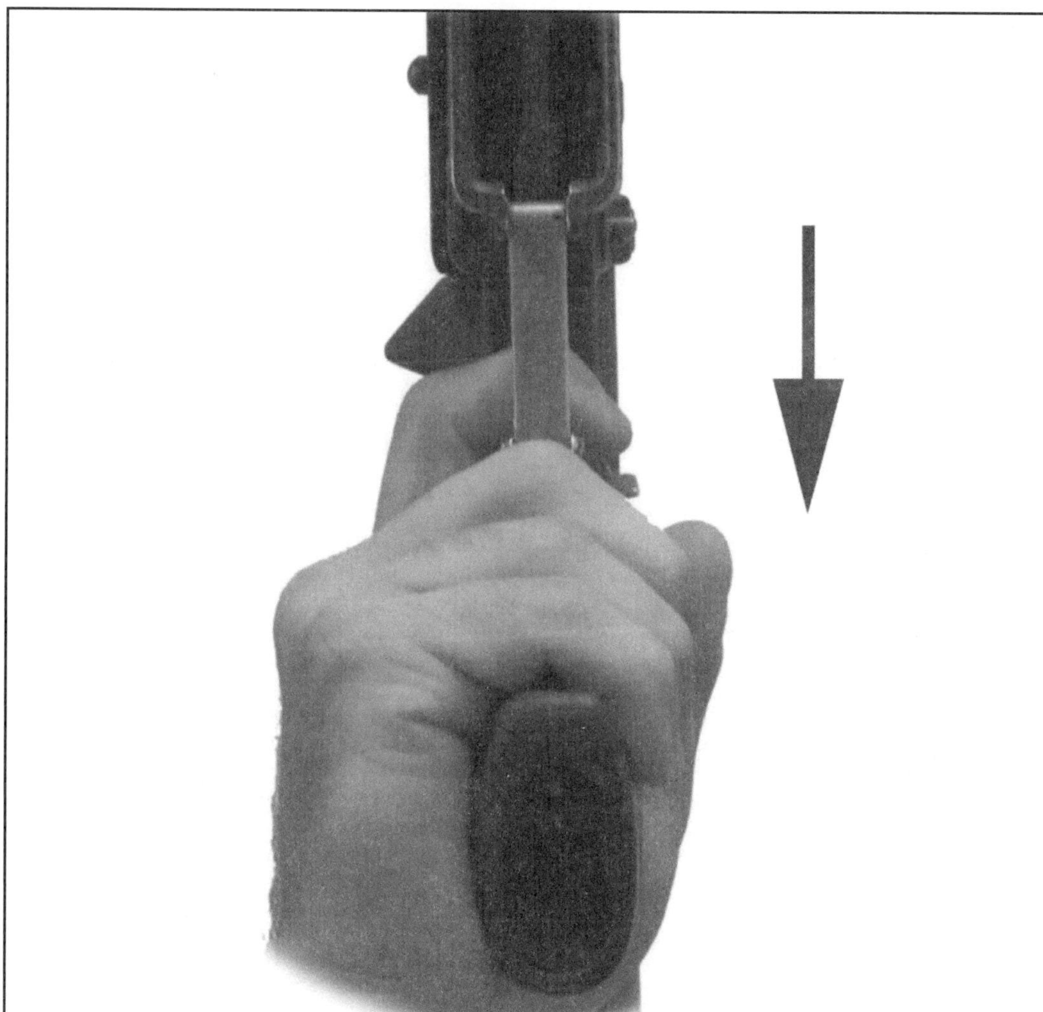

그림 8-2. 방아쇠에 대한 자연스러운 손가락 위치

8-6. 부드러운 방아쇠 제어는 손가락이 자연스럽게 방아쇠에 닿는 곳에 두어야 가능하다. 손가락을 방아쇠에 자연스럽게 두면 방아쇠를 당길 때 최고의 장점을 제공할 것이다.

- 손가락 위치–집게손가락은 손을 적절하게 파지한 뒤 자연스럽게 방아쇠에 놓는다(그림 8-2). 손가락을 방아쇠 어디에 두어야 할지 정해진 위치는 없다. 병사들의 손 크기가 다르기 때문에 모든 병사들에게 같은 위치를 강요해서는 안된다. 자연스럽게 손가락을 두면 그만큼 방아쇠를 효과적으로 당길 수 있다.
- 방아쇠 당김–병사는 방아쇠를 부드럽고 지속적으로, 발사가 이뤄질 때 까지 압력을 더해가며 당긴다. 속도와 관계없이 병사가 방아쇠를 제어할 때는 언제나 부드러워야 한다.
- 방아쇠 리셋(재설정)–방아쇠를 다시 놓아 리셋(재설정)되는 동안 병사는 조준기에 초점을 맞춰야 한다.

호흡 제어

8-7. 사격 과정중 사수는 병기의 움직임을 최소화하기 위해 호흡을 제어해야 한다. 훈련중에 병사는 각자의 사격 스타일 및 취향에 가장 적합한 호흡법을 체득하게 된다. 호흡 제어는 호흡 과정(평상시, 혹은 스트레스를 받는 상황에서)과 방아쇠를 당겨 사격을 실행하겠다는 결정이 서로 맞물리는 관계를 뜻한다.

8-8. 호흡은 부득이하게 발생하는 신체의 움직임(사격 과정에서 몸이 흔들리거나 이동 궤적을 만드는)을 최소화한다. 병사들은 사격 과정중에 모든 움직임을 완전히 없앨 수는 없지만 연습과 기술 습득을 통해 이를 상당부분 줄일 수 있다. 자연스럽게 멈췄을 때 사격하는 것이 탄착군 형성 및 영점 사격을 할 때 일반적으로 적용되는 기술이다.

8-9. 탄착군이 상하로 퍼지는 것은 호흡보다는 적절한 조준 및 방아쇠 제어가 안되어서일 것이다. 부록 E를 참조해 적절한 표적 분석 기술을 습득한다.

조작 공간

8-10. 조작 공간은 지름 12~18인치(약 30~46cm)의 구형 공간으로, 중심이 사수의 턱이며 이 턱으로부터 전방 12인치까지 뻗어나간다. 조작 공간은 대부분의 병기 조작이 이뤄지는 공간이다(그림 8-3).

8-11. 조작 공간내에서의 조작은 병사가 손과 눈 모두를 사용해야 하는 중요한 병기 조작을 실시하는 동안 할당된 사격 구역, 혹은 표적에 시선을 유지할 수 있게 해 준다. 조작 공간의 설정은 병기가 사격 자

병기는 눈에서 12~18인치(30~46cm) 떨어진 곳에 위치시킨다.

조작 공간내 작업 부위 및 내역
장전손잡이
노리쇠멈치
탄피배출구
탄창 멈치
약실 점검
노리쇠 전진기
조정간

병기는 표적 방향으로.
개머리판은 팔꿈치 안쪽에 거치시킴.
총구는 약 45도 상방으로 들어올림.
필요한 조작에 따라서는 총기를 돌릴 수도 있음.

그림 8-3. 조작 공간의 사례

세와 조작 공간 사이만 오갈 수 있게 함으로써 이동 거리를 최소화, 동작의 효율성을 높인다.

8-12. 조작 공간의 위치는 사격 자세에 따라 조금씩 바뀐다. 조작 공간을 사용하는 데에도 다양한 기술이 존재한다. 몇몇 경우에는 개머리판을 어깨에 견착한 채 놔두거나 개머리판을 겨드랑이 아래에 끼워 병기의 반동억제능력을 높이곤 한다. 혹은 개머리판을 어깨에 걸치기도 한다.

8-13. 조작 공간의 운영은 아래 기능들을 수행하는 병사의 능력을 포함한다.

- 조정간- 어떤 사격자세에서도 조정간을 안전에서 반자동, 자동 혹은 점사로 바꾸는 것.

주) 일부 총기는 좌우 모두에 조정간이 있다.

- 장전손잡이-조작중에 부드럽게 장전손잡이를 사용하는 것. 여기에는 장전, 실탄 제거, 소제, 혹은 기능고장 제거등의 상황도 포함된다.
- 노리쇠멈치-사격중에 노리쇠멈치를 조작하는 것.
- 탄피배출구-교전이 끝나면 탄피배출구의 먼지덮개를 닫아 외부의 이물질로부터 노리쇠뭉치와

탄약, 약실을 보호한다. 또한 기능 고장 및 제거 과정에서 탄피배출구를 관찰한다.

- 탄창 멈치–탄창 교환 및 약실내 탄환 제거, 기능 고장 배제등에서 탄창 멈치를 부드럽게 조작한다.
- 약실 검사–약실의 장전 상황을 검사하는 수순이다.
- 노리쇠 전진기–장전, 혹은 기능 고장 배제등의 상황에서 습관적으로 노리쇠멈치를 사용하도록 한다.

사격 순간 판단

8-14. 사격 분석에서, 총기가 발사될 때 조준기가 어디를 향하는지 정확히 아는 것은 매우 중요하다. 방아쇠를 갑자기 당기거나 지나치게 세게 당기는 등의 실수는 사격 전에 조준기를 관찰하면 깨달을 수 있다.

8-15. 사격 순간 판단은 병기가 발사되었을 때 조준기가 표적의 어디에 위치했는지를 기준으로 병사가 탄이 어디에 맞을지 판단하는 것을 뜻한다. 이것은 주로 원하는 조준점으로부터 시계 방향으로 몇 인치나 떨어졌는지의 방식으로 표현된다.

8-16. 사수는 병기로부터 발사된 모든 탄환의 탄착점에 책임을 진다. 이를 위해 병사들은 표적 지역과 표적 앞 혹은 뒤에 아군 혹은 중립적 인원이 없는지 확인해야 한다. 병사들은 표적의 주변 환경, 특히 시가지에서의 주변 환경을 잘 파악해야 한다- 경우에 따라서는 총탄이 주변 구조물을 뚫고 아군 혹은 중립 인원에게 맞을 수도 있다.

발사 속도

8-17. 사수는 병기를 가지고 어떻게 위협과 교전할지, 당장 쏠 탄환뿐 아니라 그 다음 탄환에 대해서도 판단해야 한다. 지휘관의 지시에 따라 병사는 발사속도를 제어해 지속적이고 치명적이며 정확한 사격을 위협에게 가해야 한다.

느린 반자동 사격

8-18. 느린 반자동(단발) 사격은 병사의 판단에 따라 느린 박자로 실시되며, 보통 훈련 환경이나 안정된 방어진지에서 분당 12~15발 꼴로 진행된다. 모든 병사들은 기초 훈련 단계에서 소총에 의한 느린 반자동 사격을 배운다. 이 방식의 사격은 병사들이 사격 과정의 기능적 요소들에 집중할 최대의 시간을 제공하는 동시에 이전의 모든 훈련을 다시 떠올릴 수 있게 한다.

빠른 반자동 사격

8-19. 빠른 반자동 사격은 보통 1분당 45발 속도로 진행되며 복수의 표적에 대해, 혹은 표적을 제압해야 하는 전투 상황에 적용된다. 병사들은 빠른 반자동 사격을 훈련받기 전에 느린 반자동 사격을 완전히 숙달해야 한다.

8-20. 사격에 대한 지식이 상당히 부족해 보이는 병사라면 충분히 기술을 연마할 때 까지는 빠른 반자동 사격 훈련을 실시해서는 안된다.

자동 혹은 점사 사격

8-21. 자동(연발) 혹은 점사 사격은 병사가 제압사격을 어느 정도의 정확도를 가지고 실시해야 할 때 사용되며에서는 연속적으로 가해지는 반동뿐 아니라 사수가 적절한 조준선 정렬및 조준상 유지를 하기 어렵기 때문에 명중 확률이 크게 떨어진다.

8-22. 병사들은 어떤 형태의 자동사격 훈련도 느린 반자동사격에 완전히 숙달된 뒤에 실시해야 한다.

격발 후속조치

8-23. 격발 후속조치는 사격 과정에서 격발이 이뤄진 후에 적용해야 할 지속적인 심리적-육체적 조치들이다. 사수의 머리는 개머리판에 밀착된 채 있어야 하며 조준한 눈도 열린채 유지되어야 하고 방아쇠 역시 반동이 발생하고 사라질 때 까지 당겨진 채 유지했다가 재사격에 필요한 정도만 뗀다. 또한 몸과 호흡 역시 안정적인 상태를 유지한다.

8-24. 격발 후속조치는 탄이 총구를 떠난 뒤 사수에 의해 통제되는 모든 행동으로 구성된다. 사격 과정을 끝내려면 이는 필수적이다. 이 행동들은 아래 순서대로 이행된다.

- 반동 통제. 이 과정은 노리쇠뭉치가 완전히 후퇴했다가 완전히 전진하는 것을 포함한다.
- 반동 회복. 사격 전 자세로 되돌아간 뒤 조준선 정렬을 다시 하는 것을 뜻한다. 사수는 사격 전과 사격 후 모두에 좋은 조준상을 확보해야 한다.
- 방아쇠 재정렬. 일단 탄피 배출까지 끝나면 병기는 재장전 과정을 끝냈다. 이 과정의 일부로서 방아쇠와 연결된 모든 부품들이 재정렬된다. 이 과정에서의 실패는 병기의 오작동을 뜻하며 사수는 이를 해결하기 위한 적절한 조치를 취해야 한다. 사수는 방아쇠를 당긴 채 격발기구 내의 시어(역구: 공이치기를 붙잡아주는 부품)가 재정렬될 때까지 기다려야 하며 이 타이밍은 내부의 금속성 '딸깍'소리를 통해 알 수 있다. 이 단계에서 시어가 재정렬되면 방아쇠는 추가 사격을 할 준비가 끝난 것이다.

- 조준상 조정. 반동에 의해 조준상이 흐트러지면 이를 재정렬해 표적의 원래 조준된 지점으로 되돌린다.
- 교전 분석. 일단 조준상 정렬을 원래의 조준점으로 되돌리면 사수는 명중 여부 및 표적의 상태를 파악하고 다음 중 하나의 행동을 선택한다.
  - 후속 교전. 해당 표적에 추가 사격이 필요한 경우를 뜻한다. 사수는 사격 전 과정으로 되돌아간다.
  - 보충 교전. 앞서 표적에 원하는 효과가 달성됐는지 파악하고 달성됐다면 다른 표적과 교전한다. 사수는 사격 전 과정으로 되돌아간다.
  - 구역 점검. 모든 표적들이 적절하게 처리된 경우. 사수는 그러면 자신의 책임구역을 점검하고 전술 상황에 따른 추가 위협이 있는지 확인한다. 부대의 SOP에 따라서는 사격 후에 음성으로 상황을 전파해야 할 수도 있다.
  - 기능고장 배제. 만약 격발 후속조치 과정에서 병기에 기능고장이 발생한 사실을 파악하면 소속 부대에 관련 사실을 통보하고 즉각 배제조치를 취한다.

기능고장

8-25. 어떤 병기라도 작동 과정중 하나라도 적절히 수행하는데 실패했다면 기능고장으로 부른다. 기능고장이 벌어져도 병사의 최우선 과제는 여전히 최대한 빨리 표적을 제압하는 것이다. 기능 고장과 병사의 능력, 그리고 부무장의 능력은 왜, 언제 어떻게 부무장으로 전환할지의 여부를 결정한다.

8-26. 병사는 부무장의 유무, 그리고 부무장의 능력에 따라 어떤 행동을 취해야 표적이 제압될지 판단한다. 또한 표적까지의 거리 및 표적의 능력에 따른 위협수준의 차이도 중요한 부분이다.

- 부무장으로 적을 제압할 수 있을 때. 병사는 교전을 위해 부무장으로 전환한다. 만약 부무장이 없다면 소속 소부대에 상황을 알린 뒤 기능고장 배제가 가능한 엄폐된 위치로 이동한다.
- 부무장으로 적을 제압할 수 없을 때. 기능고장 배제가 가능한 엄폐된 위치로 이동한 뒤 소속 소부대에 상황을 알린다.
- 부무장이 없을 때. 기능고장 배제가 가능한 엄폐된 위치로 이동한 뒤 소속 소부대에 상황을 알린다.

8-27. 기능 고장 배제의 귀결은 올바르게 작동하는 병기다. 일반적으로 작동 주기의 어느 단계에서 기능고장이 발생했는지 파악하면 고쳐야 할 문제도 알 수 있다. 실용적인 전투시의 관점에서 보면 기능고장은 증상을 통해 알 수 있다. 비록 증상에 따라서는 하나 이상의 문제가 복합적으로 작용했을 수도 있지만, 증상이야말로 어떤 조치를 취해야 하는지 가장 잘 보여주는 지표이다.

8-28. 기능고장을 극복하려면 병사는 상황을 분석하는데 시간을 허비해서는 안된다. 병사들은 전투중에 기능고장이 생겼을 때 주저하거나 상황을 분석하지 않고도 즉각 기능고장 배제가 가능하도록 훈련되어야 한다.

8-29. 기능고장 배제 조치는 크게 두 가지로 나뉜다.

- 즉각조치－병기의 기초적인 고장을 신속하고 단순하게 배제하는 것. 즉각조치는 방아쇠를 당겼더니 '철컥'하는 소리가 나고 공이치기는 전진했는데 격발은 이뤄지지 않는 식의 기능고장에 적용된다.
- 교정조치－즉각조치로는 고쳐지지 않는 문제에 대해 취해지는 보다 숙달이 필요한 기술. 교정조치는 예를 들자면 방아쇠를 당겼는데 방아쇠에 거의 저항감이 없거나 방아쇠가 아예 당겨지지 않는 식의 문제들에 대해 적용된다.

8-30. 하나의 기능고장 배제조치만으로 모든 기능고장을 해결할 수는 없다. 병사들은 어떤 문제가 일어났는지, 그리고 병기에서 어떤 소리가 나거나 어떤 모습을 보이면 어떤 조치를 취해야 적절한지 이해해야 한다.

8-31. 즉각조치는 비교적 초보적인 고장을 고치는데 적용된다.

- 발사 실패－탄약이 약실에 장전되어 있고 조정간도 자동(점사) 혹은 반자동 위치에 있으며 방아쇠를 당기면 분명한 '딸깍'소리와 함께 공이치기도 전진하는데 발사가 안될 경우이다.
- 급탄불량－노리쇠뭉치가 후퇴했다가 전진해야 정상인데 어떤 이유로 인해 완전히 전진하는데 실패할 경우이다. 이 경우 노리쇠 뭉치와 탄피배출구 맨 끝부분 사이에 분명한 빈 틈이 보인다. 이 고장은 보통 탄피가 끼었거나 2중 송탄(아래 참조)이 일어나 벌어진다.
- 송탄불량－약실에 탄이 들어가는 도중이지만 노리쇠뭉치가 완전히 전진하는데 실패해 탄이 약실에 들어가지 못하고 노리쇠 폐쇄도 이뤄지지 못한 경우.
- 추출불량－수동으로건 자동으로건, 갈퀴가 탄피를 붙잡지 못하거나 배출 과정중 노리쇠가 후퇴를 멈춰 탄피가 일부만 약실에서 나오거나 아예 약실에서 나오지 못한 경우다.
- 배출불량－수동으로건 자동으로건, 약실에서 탄피가 완전히 빠져나오기는 했으나 탄피배출구를 통해 상부 몸통을 빠져나가는데는 실패한 것이다.

8-32. 교정조치를 수행하려면 병사는 아래 문제들 중 하나를 신속하게 식별해 해당 작동불량에 대한 특정 조치를 실시해야 한다. 교정조치는 보통 아래 유형의 기능고장이나 증상에 대해 실시된다.

- 즉각조치로 증상 치유가 안됨－기능고장이 벌어져 즉각조치가 실시되고 몇 차례 반복되어도 해결이 안 될 경우이다. 그 전에 적어도 두 번의 다른 즉각조치가 완료되어야 한다. 먼저 탄창교

환을 하지 않고 조치하며, 그 다음에 탄창을 교환해 조치하는 것이다.

- 굴뚝(탄피걸림)-급탄중이던 탄약, 혹은 배출된 탄피가 작동중에 경로를 벗어나 노리쇠뭉치의 움직임을 방해하고 탄피배출구와 노리쇠 사이에 끼어버리는 것을 뜻한다.
- 2중 송탄-약실에 있는 탄은 격발되지 않았는데 다른 탄이 약실로 송탄되다 걸린 경우.
- 초월 노리쇠-노리쇠가 새 탄을 탄창에서 밀어내는데 실패한 채 그대로 탄 위에 올라탄 경우.
- 장전손잡이 고착-노리쇠뭉치와 장전손잡이 사이에 탄이 끼어버려 장전손잡이가 전진 상태로 되돌아갈 수 없게 된 경우.

8-33. 비록 다른 형태의 기능고장이나 작동 문제들도 있지만, 위에 나열된 것들이 가장 일반적이다. 다른 기능고장은 실제 원인과 문제가 무엇인지, 어떻게 해결해야 하는지 파악하는데 더 많은 시간이 필요하다.

주) 기능고장이 전투시에 발생하면 병사는 기능고장 혹은 비슷한 용어를 외쳐 주변 전우들에게 그 사실을 알리고 엄폐된 장소로 신속하게 이동해 최대한 빨리 문제를 해결해야 한다. 만약 해당 병사 혹은 아군에 대한 위협이 너무 가깝고 병사에게 부무장이 있다면 해병 병사는 기능고장을 해결하기 전에 즉각 부무장으로 전환해 표적을 제압해야 한다.

기능고장 해결의 법칙

8-34. 기능고장을 해결하려면 병사는 반드시 아래 규칙중 하나를 적용해야 한다.

- 규칙 1. 병사는 병기를 일관성 있게 다뤄야 하며 기능고장 해결중에는 그 어떤 병기도 장전된 것으로 간주해 사고 가능성을 최소화해야 한다.
- 규칙 2. 병사들은 병기가 전술 상황에서 적절한 방향을 향하게 해야 하며 기능고장 해결중 아군을 향해 휘둘러서는 안된다.
- 규칙 3. 방아쇠에서 손가락을 떼고 방아쇠울 밖의 몸통 측면에 곧게 뻗어있어야 한다.
- (별도 지침이 없는 이상) 병기 조정간을 안전 상태로 놓으려 하지 말 것. 대부분의 기능 고장시에는 조정간이 안전 위치로 가지 않는다. 억지로 조정간을 안전 위치로 돌리려 하면 시간낭비일 뿐 아니라 병기를 파손시킬 수 있다.
- 증상을 치료하라. 모든 문제에는 고유의 증상이 있다. 병기가 병사에게 어떤 증상을 보이느냐에 따라 신속하게 문제를 해결할 수 있다.
- 위협에 초점을 맞출 것. 병사는 병기가 아니라 위협 방향을 향해 시선을 둬야 한다. 만약 초반의 해결책이 기능고장 해결에 실패한다면 병사는 신속하게 가장 유망한 다음 해결책으로 옮겨야 한다.
- 병기를 보면서 문제의 원인이 뭔지 분석하려 하지 말 것. 기능 고장 해결에 있어 우선순위가 높은 해결책부터 실시한다.

- 병기를 점검하라. 기능고장이 해결되고 위협이 배제되었다면 엄폐된 장소에서 기능고장의 잠재적 원인, 혹은 기능고장을 일으킨 복합적 요인들을 점검한 뒤 해결하도록 한다.

즉각조치 시행

8-35. 즉각조치를 실시하려면 병사들은 본능적으로 아래처럼 행동해야 한다.

- 공이치기가 '찰칵'하는 소리를 내며 전진하는 것을 듣는다.
- 탄창 아래를 탁탁 친다.
- 장전손잡이를 당겼다 놓아 약실에 있는 탄을 제거하고 새 탄을 약실로 보낸다.
- 사격 과정을 계속해 조치가 잘 되었는지 재확인한다.

주) 만약 같은 증상으로 기능고장이 반복된다면 탄창을 제거하고 새 탄창을 넣은 뒤 위 순서를 반복한다.

교정조치 시행

8-36. 교정조치를 시행하려면 병사는 작동중 어느 부분에서 병기에 문제가 생겼는지 분명히 이해해야 한다. 교정조치는 아래 상황 중 하나가 발생할 때 실시한다.

- 두 번의 시도 후에도 즉각조치가 통하지 않는다.
- 방아쇠가 아예 당겨지지 않는다.
- 방아쇠를 당길 때 아무 느낌도 없다.

8-37. 위의 세 증상 중 하나가 발생하면 해당 병사는 즉각 탄피배출구를 보며 어떤 기능고장이 발생했는지 신속하게 파악해야 한다. 일단 상황이 파악되면 병사는 탄창을 제거한 뒤 약실에서 탄을 제거함으로써 '증상완화'를 시도해야 한다. 이 조치가 완료되면 약실과 노리쇠 전면, 장전손잡이를 직접 보며 검사한다. 그리고 확인된 증상에 대한 조치를 완료한다.

- 굴뚝-병사는 탄창을 제거하고 약실에서 탄을 제거한 뒤 약실이 비었는지 확인하고 실탄이 삽탄된 새 탄창을 넣고 약실에 탄을 다시 넣는다.
- 2중 송탄-병사는 탄창을 제거하고 약실에서 탄을 제거한 뒤 약실이 비었는지 확인하고 실탄이 삽탄된 새 탄창을 넣고 약실에 탄을 다시 넣는다.
- 초월 노리쇠-탄창을 빼고 약실에서 탄을 제거해야 한다. 만약 이것이 안된다면 박격포 기법, 즉 장전손잡이를 당기는 상태에서 개머리판을 강하게 지면에 부딪혀 탄을 총에서 빼내도록 해야 한다.

● 장전손잡이 고착-병기에서 탄을 제거해야 한다. 시도가 실패한다면 초월 노리쇠때와 마찬가지로 박격포 기법을 적용한다.

주) 박격포 기법은 병기를 파손시키지 않고 수행하려면 훈련이 필요하다. 이 기술은 병기 파손 뿐 아니라 인원 부상의 우려도 높은 만큼 이 교범에 자세히 소개하지는 않는다. 전투시에 가능하다면 병사는 아군들에게 기능고장 사실을 알리고 전술적 여건이 허락하는 한도 안에서 엄폐물을 찾아야 한다.

기능고장 해결

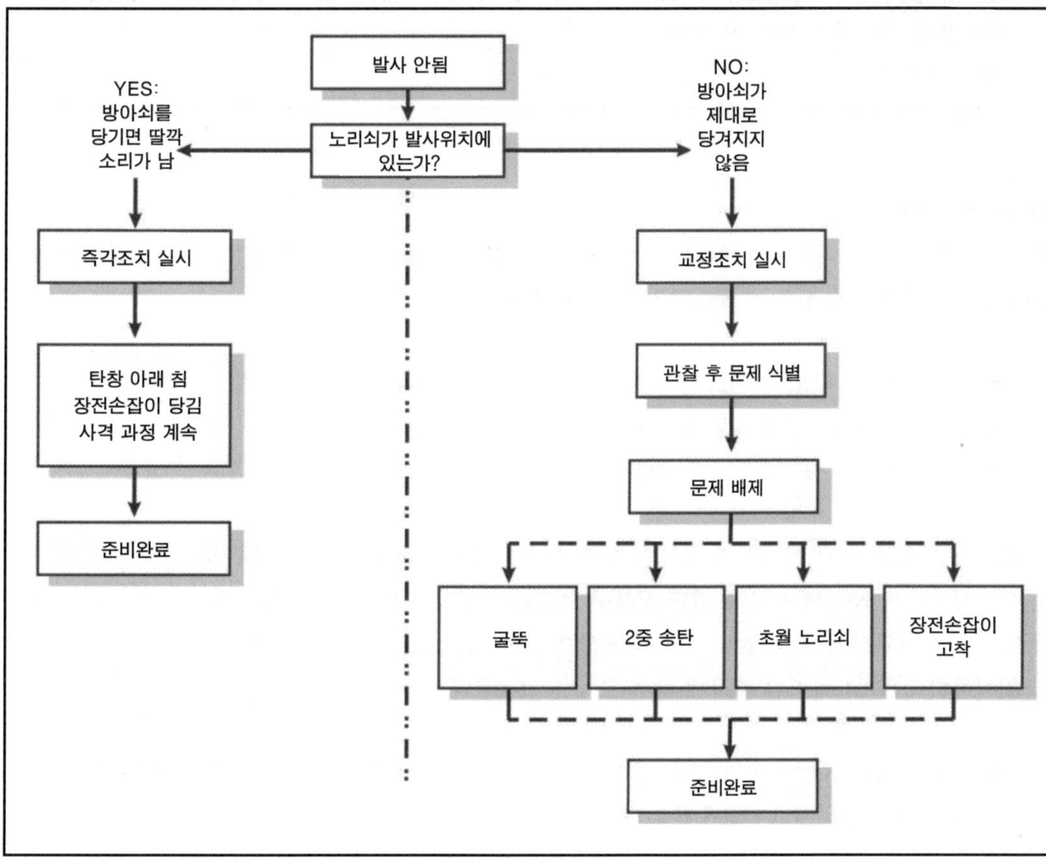

그림 8-4. 기능고장 배제 흐름도

8-38. 그림 8-4는 기능고장을 신속하게 해결하는데 필요한 심리적인 흐름을 그림으로 묘사한 것이다.

자연격발

8-39. 많은 탄약을 지속적으로, 쉬지 않고 냉각조치 없이 쏠 경우 약실 온도가 급격히 상승한다. 비록 가능성은 매우 낮지만 이처럼 약실 온도가 급상승하면 약실내의 탄이 과열되어 흔히 말하는 '쿡오프', 즉 자연격발 사고가 발생한다. 경우에 따라서는 약실 바깥의 찬 공기와 닿아 압력의 변화가 생기면서 비슷한 사고가 나기도 한다.

8-40. 만약 병사가 자신에게 잠재적인 쿡오프 가능성이 있다면 반드시 병기를 적 방향으로 향한 채 병기에서 멀어지거나 일정한 거리를 둔 상태에서 총열이 어느 정도 식을 때까지 적절한 방법으로 병기를 다뤄야 한다. 만약 탄이 약실에 들어간지 10초가 안되었다면 신속하게 배출시켜야 한다. 만약 얼마나 탄이 약실에 오래 있었는지 모르거나 10초 이상 있었으면, 그리고 전술적으로 가능한 상황이라면 위에서 언급한 대로 조치를 취해야 한다. 만약 병기가 냉각되기 전에 약실에서 탄을 제거해야 한다면 병사는 과열된 탄이 밖으로 배출되면서 찬 공기와 만나 급격히 냉각되어 생길 폭발 가능성에 주의해야 한다.

경고

탄약의 자연격발은 잘 유지된 병기가 정상적인 훈련 및 전투 상황에서 사용되면 가능성이 매우 낮다. 하지만 병사들과 지휘관들은 과도한 사격으로 온도가 상승한 총기의 약실에 탄을 장전한 채 두는 것이 위험하다는 사실을 인지해야 한다. 또한 자연격발 가능성이 있는 총기에서 탄약을 배출해 더 차가운 공기에 노출시키는 것 역시 위험하다는 사실을 인지해야 한다.
약실 바깥의 차가운 공기에 노출시키는 것 역시 탄약의 자연격발을 유발할 수 있다. 또한 과도하게 온도가 상승한 총기의 약실에 탄이 머무는 것 역시 탄약의 자연격발을 유도할 수 있다.

부무장으로의 전환

8-41. 권총등의 부무장은 주무장의 기능고장시 근접전에서 표적과 교전하는 가장 효과적인 방법이다. 병사는 위협의 수준에 따라 어떻게 해야 표적을 가장 빨리 제압할 수 있는지를 고려해 행동을 취해야 한다.

8-42. 사수는 부무장을 권총집등에 보관된 상태에서 준비 자세로 꺼내든 뒤 표적을 다시 획득하고 적절한 방법으로 사격 과정을 재개한다.

8-43. 전환 과정을 마치기 위한 적절한 절차는 부무장 훈련에 관한 교범을 따로 참고하기 바란다.

Chapter 9 이 동

기능적인 측면에서 보면 이동은 병사가 교전중에 전술적으로 움직이는 것을 뜻한다. 여기에는 병사가 전후좌우, 혹은 상하로 움직이면서도 병기의 안정과 적절한 조준, 제어를 모두 유지할 능력이 포함된다. 이동중의 적절한 사격 과정 적용은 전투에서 매우 중요하다. 가장 복잡한 교전상황에서는 아군 병사와 적 모두 움직인다. 조준선 정렬과 방아쇠 제어는 이동중에 특히 중요해진다. 병사의 움직임은 병기의 안정성과 조준능력을 저하시키고 방아쇠 제어능력에도 상당한 문제를 야기하기 쉽다.

이동 기술

9-1. 병사의 전술적 이동은 두 가지로 분류된다. 수직과 수평이동이다. 각각의 이동시에는 사격 과정의 다른 기능적 요소들을 유지하고 적절하게 적용해야 한다.

9-2. 수직 이동은 위협을 능동적으로 찾아 위치를 판정하고 교전하는 동안 사격 자세를 바꾸거나 지형지물을 극복하기 위해 실시되는 이동을 뜻한다. 수직 이동에는 아래의 행동들이 포함된다.

- 주요 사격자세 사이에서의 변환. 서서 쏴, 쪼그려 쏴, 무릎 쏴, 앉아 쏴, 엎드려쏴
- 시가전에서의 계단 이동 및 교전
- 위 혹은 아래로 경사진 표면이나 장애물, 지형등을 이동할 경우.

9-3. 수평이동은 위협을 능동적으로 찾아 위치를 판정하고 교전하는 동안 전장을 이동하는 것이다. 여기에는 위협 방향으로 병기를 계속 지향하면서 수직이동을 유지하는 8가지 기술이 있다.

- 전진-적 방향으로의 직접 전진.
- 후진-병기를 적 방향으로 지향한 채로 적과 반대 방향으로 이동.
- 좌/우 종진-왼쪽이나 오른쪽으로 직선, 대각선, 전진, 후진등을 뜻함.
- 좌향좌/우향우/뒤로 돌아-병사의 이동 방향과 함께 병기의 지향 방향도 같이 바꾸는 것.

전진 이동

9-4. 전진 이동은 적 방향을 향한, 혹은 원래 예정된 행군 방향으로 계속 이동하는 것을 뜻한다. 이것은 교전중의 가장 기본적인 이동방식이다.

기술

9-5. 전진 이동시 아래처럼 행동한다.

- 발을 뒤꿈치부터 발가락까지 땅에 밀착시켜 안정적인 사격 기반을 제공한다.
- 이동중 사격시의 보폭은 최대한 자연스러운 걸음의 보폭과 가까워야 하며, 자세는 정지해 있을 때 잡은 자세를 최대한 그대로 유지해야 한다.
- 언제나 병시는 준비 자세로 유지한다. 이동중에는 언제나 좌우의 주변환경에 대한 경계를 유지해야 한다.

- 언제나 공격적인 태도를 유지한다.
- 발은 이동중 거의 직선으로 딛어야 한다. 직선 운동은 흔들림과 조준상의 뚜렷한 '튐'을 줄여 준다.
- 총구는 언제나 예상되는, 혹은 탐지된 적 위협 방향으로 향해야 한다.
- 둔부는 최대한 움직이지 않는다. 상체는 전차 포탑처럼 활용하고 허리부터 움직여 상체를 적절한 사격 기반으로 활용한다.

후진

9-6. 후진은 병기를 병사의 전방으로 지향한 상태에서 체계적으로 후방 이동하는 것을 뜻한다.

기술

9-7. 후진 이동시 아래처럼 행동한다.

- 거리를 벌리거나 발을 다시 위치시켜야 할 때에는 한두 발자국씩만 움직인다.
- 발은 발가락부터 딛어 발뒤꿈치까지 밀착시키고 무릎을 의식적으로 굽혀 무게중심을 아래로 향하게 함으로써 전투시의 몸 굽힘 자세를 반대방향으로 실시한다.
- 주변 동료 및 지형지물에 대한 상황파악을 유지할 것.
- 상체의 안정성을 이동중 유지하기 위해 무릎을 완충기로 사용하고 총기의 조준기를 표적에 안정된 상태로 유지한다.
- 안정성을 유지하기 위해 모든 이동이 부드럽고 지속적이도록 한다.
- 허리부터 앞으로 숙여 병기 뒤로 체중을 최대한 실어 반동 제어에 도움을 준다.
- 총구는 언제나 예상되는, 혹은 탐지된 적 위협 방향으로 향해야 한다.
- 둔부는 최대한 움직이지 않는다. 상체는 전차 포탑처럼 활용하고 허리부터 움직여 상체를 적절한 사격 기반으로 활용한다.

종진

9-8. 종진은 병사가 병기를 예상된, 혹은 확인된 적 방향으로 지향한 채 좌나 우로 움직이는 것을 말한다. 극단적인 경우 표적은 이동 방향으로부터 90도 혹은 그 이상 벌어져 있을 수도 있다.

기술

9-9. 종진중에 병사들은 아래처럼 행동해야 한다.

- 발뒤꿈치부터 발가락까지 땅에 딛고 의식적으로 무릎을 굽혀 무게중심을 낮춘다.
- 무릎을 완충기로 사용해 상체 안정성을 유지하고 총기의 조준기를 표적에 안정된 상태로 유지한다.
- 안정성 유지를 위해 모든 움직임이 부드럽고 지속적인지 확인한다.
- 허리부터 앞으로 숙여 병기 뒤로 체중을 최대한 실어 반동 제어에 도움을 준다.
- 발을 뒤꿈치부터 발가락까지 밀착시키며 딛고 들어올릴 때에도 마찬가지로 들어 최대한 부드러운 움직임을 제공한다.
- 병기는 경계 혹은 준비 자세로 휴대한다. 교전 준비가 되지 않았다면 조준하지 않는다.
- 이동중 언제나 좌우의 주변 상황을 경계한다.
- 이동중의 방아쇠 제어는 불안정한 영역을 중심으로 실시한다. 병사는 발의 위치가 아니라 조준기가 가장 안정된 상태에 있을 때 방아쇠를 당긴다.
- 총구는 언제나 적 방향으로 지향한다.
- 이동중에 발은 언제나 발뒤꿈치부터 발가락 순으로 딛는다.
- 너무 다리를 벌리거나 엇갈려 걷지 않는다. 안정성을 떨어트리고 무게중심도 흩어놓기 때문이다.
- 둔부는 최대한 움직이지 않는다. 상체는 전차 포탑처럼 활용하고 허리부터 움직여 상체를 적절한 사격 기반으로 활용한다.

주) 종진중에 적과 교전하는 것은 더욱 어렵다. 완전히 90도 옆방향으로 틀어 쏘는 것은 적절한 반복훈련이 필요하다. 발을 지면에 놓는 방법부터 자세 유지에 이르기까지 이동의 기본 개념이 유지되어야 한다. 허리만 움직여서는 이동 방향의 정 90도 측면으로 완전히 꺾을 수 없다. 특히 길이 조절이 안되는 개머리판에서는 그렇다. 병사는 사격하지 않는 쪽 어깨를 내리고 상체를 쏘지 않는 쪽 어깨방향으로 돌려야 한다. 이렇게 하면 병기와 상체가 약 45도 꺾이고 복부의 압박이 어느정도 덜해져 병사가 몇도 쯤 더 꺾을 여유가 생긴다.

선회 이동

9-10. 선회 이동, 즉 좌향자-우향우 등은 측면에, 혹은 비스듬하게 흩어진 표적들과 교전하는데 쓰인다. 선회 능력은 이동중 사격만큼이나 급변하는 전장 환경에 소중하며 경계 휴대자세와 함께 쓰여야만 한다.

9-11. 병사가 어느 방향으로 선회할지, 어느 쪽 어깨로 사격할지는 중요하지 않다. 병사는 선회중에는 과장된 낮은 경계 휴대자세를 유지해야 한다.

9-12. 총구 위치는 언제나 주의해야 한다. 몸이 위협 방향으로 완전히 움직일 때 까지는 총구가 표적쪽으로 올라가지 않게 주의한다.

9-13. 어느 쪽으로 선회하건, 병사는 아래 지침을 따른다.

- 먼저 본다. 먼저 선회할 방향으로 머리부터 돌린다.
- 병기가 눈을 뒤따른다. 병사는 눈이 향하는 방향으로 병기를 부드럽게 움직인다.
- 몸과 함께 따른다. 몸은 병기가 움직인 뒤 그 뒤를 따른다. 병사는 병기의 안정성을 극대화하기 위해 몸의 움직임을 부드럽게 마무리한다.
- 주변 경계를 철저히. 병사는 주변 지형지물, 특히 걸려 넘어질수도 있는 장애물에 대해 잘 알아야 한다. 필요하다면 병사는 선회중 주변 환경을 직접 보며 점검한 뒤 최대한 빨리 표적으로 시선을 되돌려야 한다.

부 록 A

탄 약

부록 A는 M4및 M16시리즈 총기들에 사용되는 각종 탄약의 특징과 능력을 논한다. 여기에는 포장 및 표준, NATO의 표시 규격, 탄약 구성품, 일반적인 작동 원리등을 서술한다. 이 부록의 정보는 M4및 M16시리즈를 위한 5.56mm실탄에 국한된다.

소화기 탄약

A-1. 소총 및 카빈에 사용하는 일반적인 소화기 탄약(그림 A-1)은 탄피, 뇌관, 일정량의 추진장약, 탄자로 구성된다. 아래의 용어는 일반적인 소화기 탄약의 구성품에 대부분 적용된다.

- 탄피. 탄피는 (역자 주: 미군용의 경우) 황동제에 림리스(역자 주: 탄피 바닥의 테두리가 탄피 본체 지름보다 크지 않은 경우) 디자인이며 센터파이어(역자 주: 독립된 뇌관이 탄피 바닥에 장착되어 있는) 발화 방식이다. 탄피는 탄약의 다른 구성품들을 붙잡는 역할을 한다.
- 추진장약. 추진장약(화약)은 연소를 통해 탄자가 총열을 따라 표적쪽으로 날아갈 에너지를 제공한다.
- 뇌관. 뇌관은 추진장약을 점화시키는데 사용할 소량의 폭약이다. 탄자. 탄자는 실제로 표적을 향해 날아가는 유일한 구성품이다.

주) 더미(Dummy)탄은 탄자와 탄피는 가지고 있으나 추진장약과 뇌관은 없는 탄약이다. 일부 더미탄은 실탄의 무게와 균형감을 재현하기 위해 안쪽에 불연성의 가루가 들어있기도 하다.

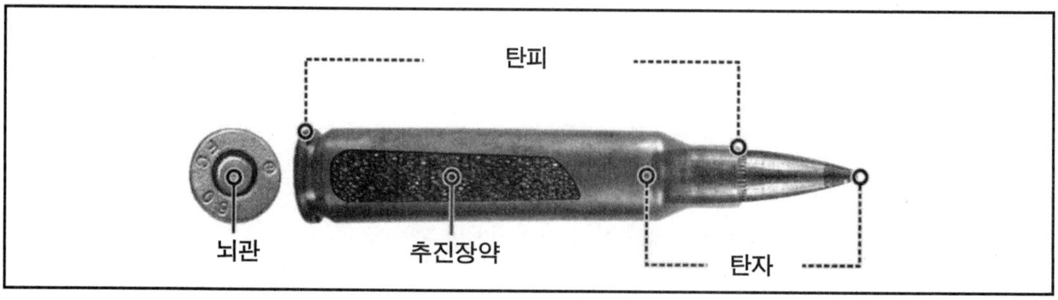

그림 A-1. 소화기 탄약

A-2. 탄자에 따라 다양한 종류의 탄약이 나뉜다. 여기에는 보통탄, 예광탄, 철갑탄, 공포탄, 장거리 특수 보통탄, 더미, 단거리 훈련탄등이 포함된다.

A-3. 군용 탄피는 철, 알미늄, 혹은 황동 합금(구리 70%, 아연 30%)으로 만들어진다. M4및 M16시리즈 총기들은 림리스 방식의 탄피를 사용하며 아래에 배출용 홈이 파여있다(그림 A-2). 이들 탄피들은 센터 파이어 발화 방식에 맞게 만들어졌다.

A-4. 센터파이어 방식 탄피는 탄피 바닥의 가운데, 탄피의 추진장약과 분리된 별도의 공간에 뇌관이 설치되어있다. 이런 탄피는 사격중의 압력을 견딜 수 있게 되어있으며 대부분의 소화기 탄약에 사용된다.

A-5. 모든 5.56mm 탄약은 림리스 탄피를 사용한다. 림리스 탄피의 림(탄피의 바닥 테두리: 역자 주)은 탄피 본체와 같은 지름으로 만들어지며 배출시 갈퀴에 걸리기 위한 갈퀴홈이 파여있어 정상 작동이 가능하게 한다. 이런 디자인은 여러발의 탄을 겹쳐 쌓기 편리하다.

A-6. 탄이 발사되면 탄피는 팽창해서 약실 벽에 들어붙음으로써 추진장약의 연소 가스가 다른 곳으로 새지 않고 보다 효율적으로 사용되도록 도와준다.

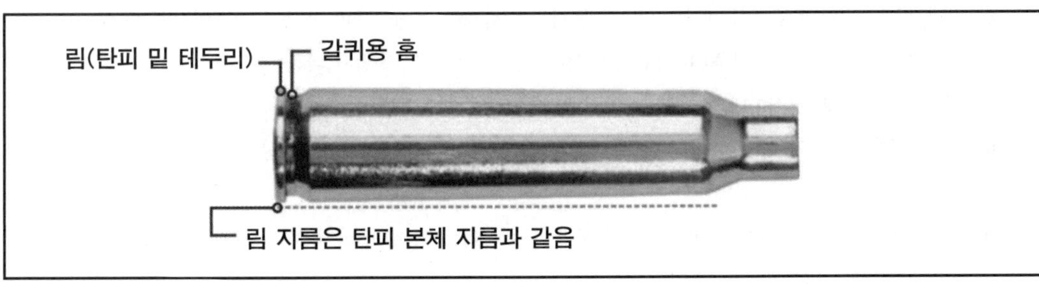

그림 A-2. 탄피

추진장약

A-7. 탄약에는 원하는 탄도 성능을 얻기 위해 안전 압력범위 내에서 충분한 탄속을 발휘하기 위한 다양한 무게의 추진장약이 들어있다. 추진장약은 싱글 베이스(니트로셀룰로스) 혹은 더블 베이스(니트로셀룰로스와 니트로글리세린) 혼합물로 만들어진다.

A-8. 추진장약(그림 A-3)은 작은 구슬모양이거나 납작한 알갱이, 혹은 원통형 등의 모양으로 만들어져 연소효율을 높이게 되어있다. 대부분의 추진장약은 연소율을 조절하기 위한 코팅이 되어있다. 미세한 흑연 코팅은 추진장약을 탄피에 충전할 때 장약의 흐름을 도울 뿐 아니라 정전기도 예방한다.

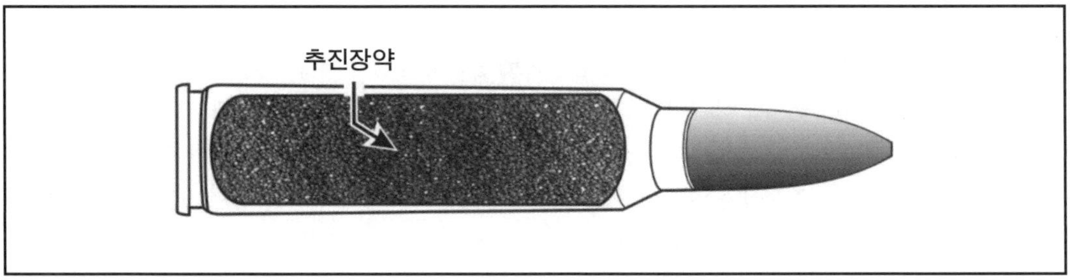

그림 A-3. 추진장약

뇌관

A-9. 센터파이어 발화방식의 탄약에는 뇌관이 설치되어있다. 뇌관은 황동이나 길딩 메탈(역자 주: 구리 계열의 합금의 일종) 컵으로 만들어져 있다(그림 A-4). 이 컵에는 종이 디스크와 황동제 모루로 고정된 민감한 점화약이 들어있다.

A-10. 병기의 공이가 뇌관의 중심을 찌르면 컵과 모루 사이의 점화약을 압박한다. 이렇게 되면 점화약이 폭발한다. 모루 혹은 컵에 있는 구멍이 점화약이 폭발하면서 생긴 불꽃을 탄피 바닥의 구멍으로 흐르게 하며, 그 결과 추진장약이 점화된다.

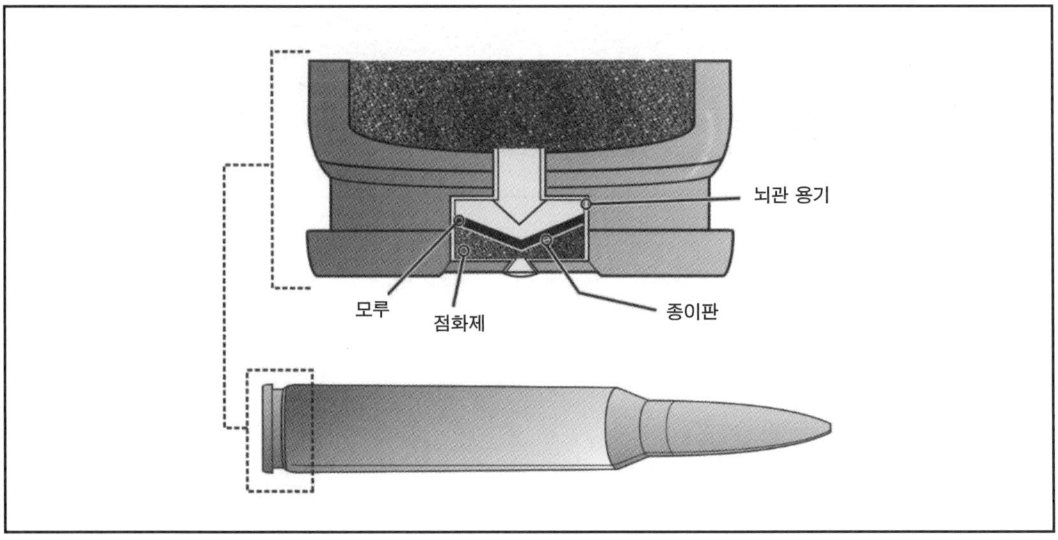

그림 A-4. 5.56mm 뇌관의 세부

탄자

A-11. 탄자는 총열의 강선에 맞물리는 납 혹은 합금으로 만든 원통형 물체이다. 최근의 탄자들은 M855A1 소총탄처럼 구리 덩어리 본체에 외부에 노출된 철제 관통자를 가지고 있다. 현대에 사용되는 탄자들은 납(납 합금)으로 만들거나 납 본체, 혹은 강철제 관통자 위에 금속 재킷(피갑)을 입힌 구조이다. 탄자에 사용되는 납은 정확히는 주석이나 안티몬, 혹은 이 두가지 모두를 납에 섞은 합금으로 경도가 향상되었다. 이 합금으로 강선 내에 납이 축적되는 것을 줄이고 탄자가 강선에 제대로 맞물려 회전하게끔 한다.

A-12. 피갑 탄자(그림 A-5)는 탄속을 높이고 자동-반자동 화기에서의 작동 신뢰성을 유지하기 위해 개발되었다. 탄자의 피갑은 구리 계열의 길딩 메탈, 길딩 메탈이 입혀진 철판, 혹은 구리 피막이 입혀진 철판이다. 이런 종류의 탄에는 납이나 철심뿐 아니라 탄자에 따른 종말 탄도 효과를 제공할 다른 구성품이나 화학물질이 탄자 내부에 들어있을수도 있다.

A-13. 몇몇 탄자들은 플라스틱이나 밀납, 혹은 플라스틱제 케이스 안에 수납된 금속 분말로 이뤄졌을 수도 있다. 금속 분말의 종류도 두 가지 이상의 혼합일 수 있고, 그 밖에도 탄자의 용도에 따른 다양한 소재가 있다.

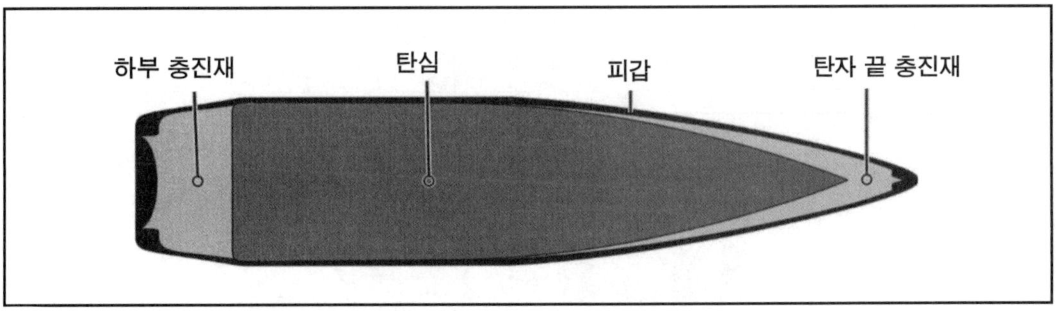

그림 A-5. 탄자의 사례. 철갑탄

소화기 탄약의 종류

A-14. M4및 M16계열 총기들에 사용되는 탄약은 훈련 및 실전용 총 7종류이다. 각각의 탄약에는 다른 능력과 특징이 있다. 아래는 가장 일반적인 탄약들을 나열한 것이다.

보통탄(Ball)

A-15. 보통탄(그림 A-6)는 소총 및 카빈으로 적 병력 및 비장갑 표적을 사격한다. 가장 일반적인 전투 및 훈련용으로 만들어진 이 탄자는 금속 피갑과 납 본체로 구성된다.

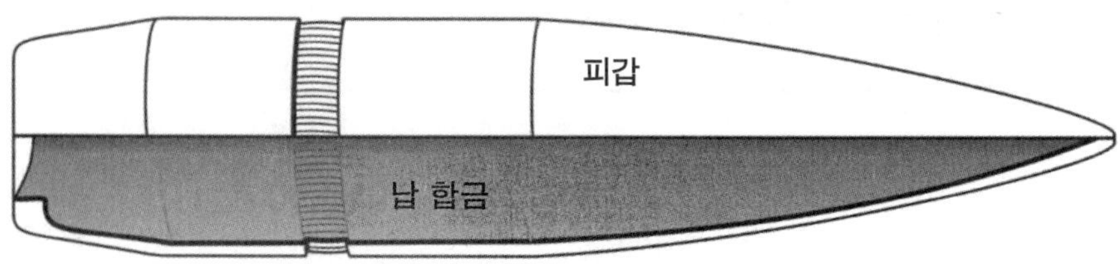

그림 A-6. 보통탄

예광탄(Tracer: T혹은 TCR로도 부름)

A-16. 예광탄은 탄자 바닥에 가연성 화학물질인 '예광제'를 넣어 탄자의 탄도와 명중지점을 눈으로 확인할 수 있게 한다(그림 A-7). 예광제는 탄이 사격될 때 추진장약의 화염에 의해 점화되며 사수가 볼 수 있는 밝은 불빛을 내뿜는다. 예광탄은 적의 가연성 물질을 인화시킬때도 사용되며 신호용으로도 사용된다.

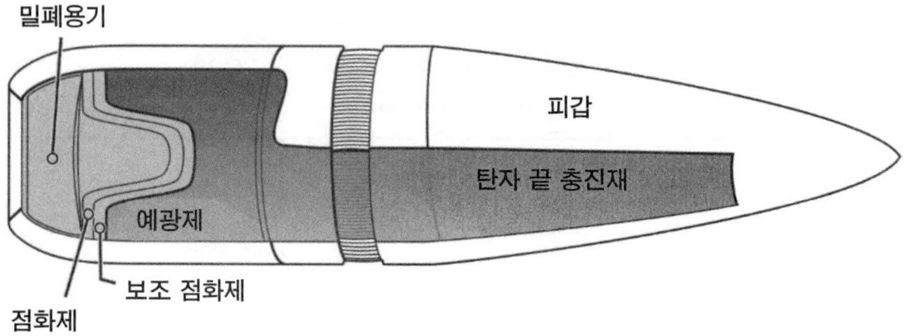

그림 A-7. 예광보통탄

철갑탄(Armor Piercing: AP)

A-17. 철갑탄(그림 A-8)은 적 인원 및 경장갑 표적, 혹은 비장갑 표적, 콘크리트 엄폐물, 기타 방탄 표적에 대해 사격한다. 철갑탄은 금속 피갑과 경화처리된 철 합금 관통자로 구성된다. 여기에 더해 앞과 끝에 납으로 된 충진재가 들어있을 수 있다. (그림 A-8)

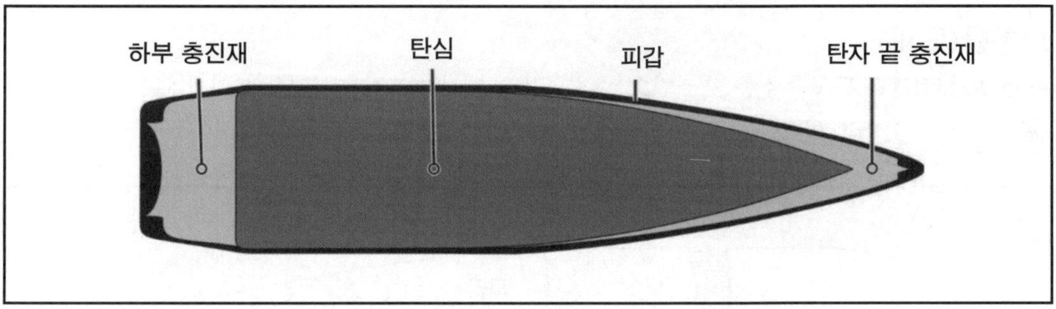

그림 A-8. 철갑탄

단거리 훈련탄(Short Range Training Ammunition: SRTA)

A-18. 단거리 훈련탄(SRTA) (그림 A-9)은 훈련장 사정으로 사거리의 제약이 있는 상황에서의 사격훈련을 위한 탄약이다. 이 탄약은 보통탄과 300m까지는 탄도가 동일하지만 그 이후에는 탄속과 정확도가 급격히 떨어진다. 이런 특성 때문에 사거리의 제약이 심한 사격장에서도 보통탄 수준의 정확도를 가지고 훈련에 임할 수 있다. 이 탄약은 또한 시가전이나 실내전 상황등을 훈련할 때에도 선호된다.

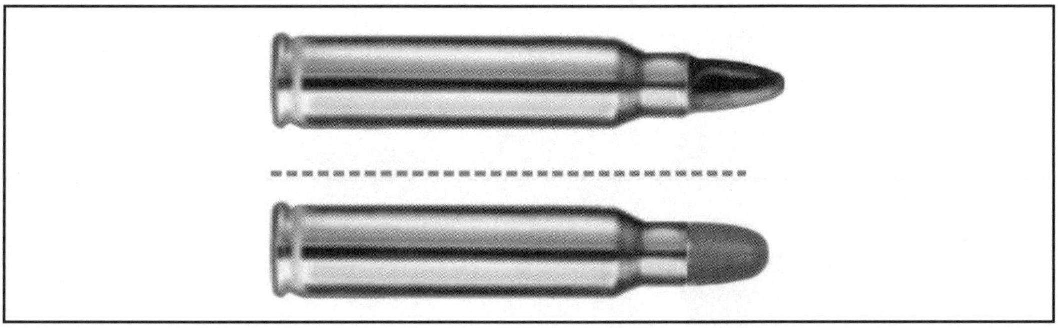

그림 A-9. 단거리 훈련탄

공포탄(Blank: BLK)

A-19. 공포탄(그림 A-10)은 탄자가 없어 구분이 쉽다. 공포탄은 훈련시 모의 사격, 혹은 예식용으로 사용된다. 이 탄약들은 탄피 끝이 우그러져 있는데, 이는 탄자 대신에 추진장약이 새지 않게 막는 종이 마개를 붙잡기 위한 것이다. 미군용 신형 공포탄은 탄피 끝이 7갈래로 우그러져 있고 자주색 도료가 칠해져 있으며 탄피 아래에는 인식용 홈도 파여있다.

그림 A-10. 공포탄

근접전투 임무능력 키트(CCMCK: Close Combat Mission Capability Kit)

A-20. 근접전투 임무능력 키트(CCMCK) 탄약(그림 A-11)은 훈련에만 사용되는 탄약이다.

A-21. M4카빈/M16소총에 이 탄을 쓰려면 어댑터 키트로 총 자체도 개조해 안전성과 작동 신뢰성, 유지보수성을 확보해야 한다. 이 키트는 노리쇠 교환만으로 쉽게 설치할 수 있다. 이 키트를 설치하면 총기로 5.56mm M1042 대인 표식탄(역자 주: 문자 그대로 페인트탄)을 발사할 수 있으며, 기관총용의 링크 연결은 안되지만 그 외에는 실탄에 가까운 느낌과 조작을 체험할 수 있다. 이 키트에는 실탄 발사를 불가능하게 하는 안전조치가 되어있다.

그림 A-11. 근접전투 임무능력 키트의 탄약

더미

A-22. 더미탄(그림 A-12)는 사격하지 않고 총기 장전및 조작, 격발등을 훈련할 때 사고를 막기 위해 사용된다. 더미탄은 완전한 사격불능탄이며 빈 탄피와 탄자만으로 구성된다. 식별을 위해 탄피에 구멍이 뚫려 있거나 앞뒤로 긴 홈이 파여있고 뇌관이 있어야 할 자리도 비어있다.

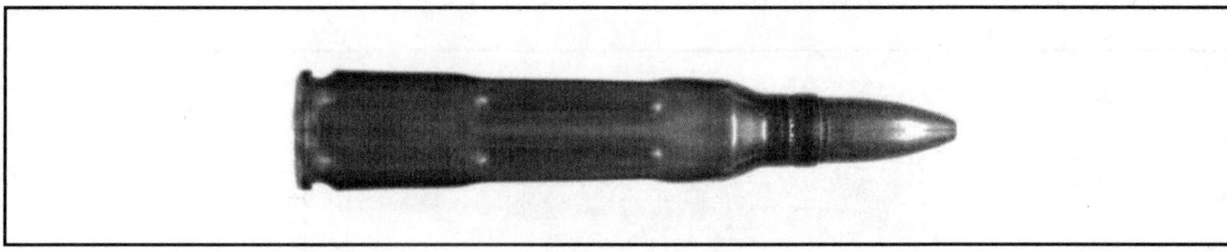

그림 A-12. 더미탄

색상, 표식, 기호

A-23. 소화기 탄약은 종류와 용도에 따른 식별 색상이 부여된다. 표 A-1은 모든 현용 미군용 5.56mm탄약의 색상 부호를 설명한다. 표 A-2는 5.56mm 탄약의 탄자 끝에 도색된 색상의 의미를 해설한다.

A-24. 탄약 표면, 혹은 용기에 도색되거나 타각된 표기 내용은 완전한 식별에 필요한 모든 정보가 담겨 있다.

A-25. 탄약 포장 및 용기에는 내용물을 식별하기 위한 NATO표준 기호가 보기 쉽게 표시되어 있다. 이 기호는 탄약 종류, 주 용도, 포장 정보등이 들어있다. 가장 일반적인 NATO 기호는 NATO의 표준 합의(STANAG)에 따라 사용된다(표 A-2참조).

A-26. 20mm미만 구경의 소화기 탄약은 MIL-STD-709D에 따른 색상 표시가 되어있지 않다. 소화기 탄약 표식의 표준에 대한 개요는 아래를 참고한다.

- TM 9-1305-201-20&P
- TM 9-1300-200

A-27. 상기 간행물들은 소화기 탄약의 색상 분류 체계를 설명한다. 특히 탄자 끝에 칠해진 색상은 사용자에게 가장 빠른 식별 정보를 제공한다(이 이상의 정보는 TM 9-1300-200을 참조한다).

표 A-1. 소화기 탄약 색상및 기호

탄약 유형	분류 색상	포장 기호
보통탄	색이 없거나 M855의 경우 탄자 끝 녹색	
예광탄(TCR혹은 T)	탄자 끝 오렌지색	
철갑탄(AP)	탄자 끝 검정색	
단거리용 훈련탄(SRTA)	탄자 청색	
공포탄(BLK)	탄피 끝이 우그러져 있거나 막혀있음	
근접전투 임무능력 키트(CCMCK) 더미탄	검은색 탄피나 탄자 끝, 혹은 구멍이 뚫린 탄피	없음
특별 표식	**분류 색상**	**포장 기호**
NATO 표준		
호환됨- 비슷한 구경의 NATO화기에 사용 가능		
탄약이 탄약대(밴돌리어)에 담겨진 상태로 포장됨		
탄약이 클립에 끼워진 상태로 포장됨		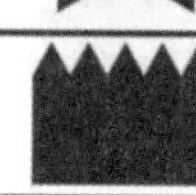

5.56mm 탄약

A-28. A-2로부터 A-10까지의 표와 그림은 훈련과 실전에서 가장 흔히 사용되는 10종의 5.56mm탄약을 서술한다. 몇몇 5.56mm 탄약에는 하나 이상의 미 국방부 식별기호(DODIC)가 부여된다. 이들 DODIC는 식별의 용이성을 높이고 각 부대의 탄 재고 관리자의 업무를 돕기 위해 부여된다.

표 A-2. 5.56mm 보통탄(Ball), M855

5.56mm 보통탄(Ball), M855			
DODIC(국방부 식별기호)	A059	AA33	
모델:	M855		
유형:	보통탄		
총 중량:	190gr(12.3g)		
길이:	57.4mm	2.26in	
색상:		탄자 끝 녹색	
표식:			

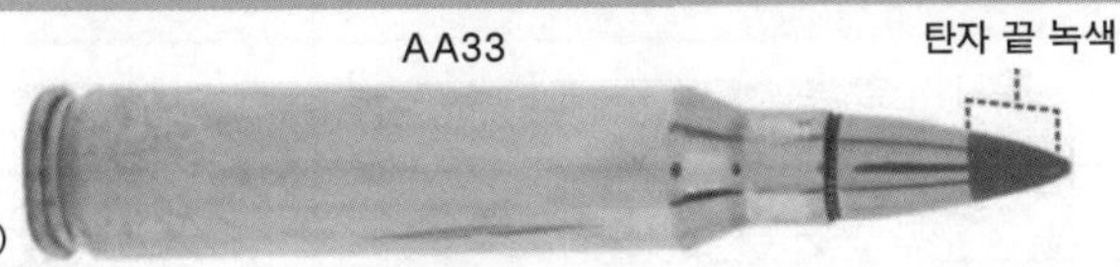

탄피			
유형:	센터파이어	규격:	5.56x45mm
추진 장약			
유형:	WC844	더블베이스	니트로셀룰로스, 니트로글리세린
중량:	26.1gr(1.69g)		
뇌관			
유형:	센터파이어식 충격 뇌관		
탄자			
유형:	구리 합금 피갑 장착 보통탄		
설계:	구리 합금 피갑에 둘러쌓인 납-안티몬 합금 탄심과 연철제 관통자로 구성		
중량:	62gr(4g)		
길이:	23mm		
예광제:	없음		
특성			
약실 압력:	3792 bars	55000psi	
총구 초속:	922m/s	3025ft/sec	마하 2.69
운동 에너지:	1708J	1260ft/lbs	

음속과의 비교

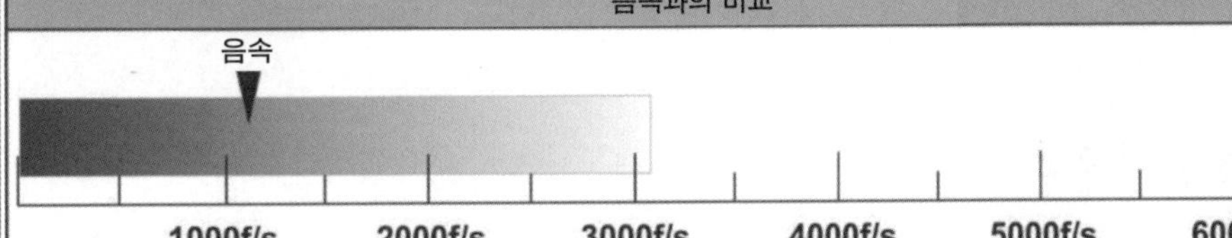

특기사항

M16A2소총은 M855 보통탄을 쓰도록 개발되었으며 소부대 단위에까지 탄약 호환성이 보장되게끔 하기 위해 개발되었다. M855탄약의 약실 압력과 요구되는 강선 회전률(7인치당 1회전)으로 인해 구형의 M16/M16A1소총에는 사용이 부적합하다. M855탄약의 탄심에 들어있는 철제 관통자는 대부분의 섬유 재질 방탄복에 유효하며, 세 부분으로 나뉘어진 구조의 탄자는 방호되지 않은 인체에 대해 높은 효과를 발휘한다.

표 A-3. 5.56mm 성능개선 탄자(EPR) 적용 보통탄, M855A1

5.56mm 성능개선 탄자(EPR) 적용 보통탄, M855A1

DODIC(국방부 식별기호)	AB57	AB583	탄자 끝 청동색
모델:	M855A1		
유형:	EPR형 보통탄		
총 중량:	190gr(12.3g)		
길이:	57.4mm	2.26in	
색상:		탄자 끝 청동색	
표식:			

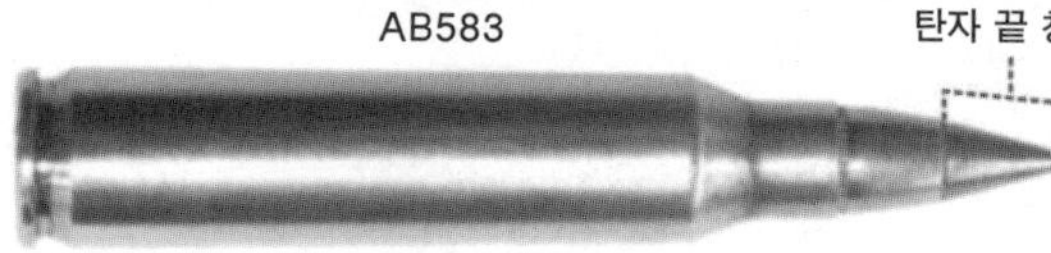

탄피

유형:	센터파이어	규격:	5.56x45mm

추진 장약

유형:	SMP842	더블베이스	니트로셀룰로스, 니트로글리세린
중량:	28.1gr(1.82g)		

뇌관

유형:	센터파이어식 충격 뇌관

탄자

유형:	EPR적용 보통탄. 납 없음.
설계:	구리 합금 피갑으로 감싼 철제 관통자 사용.
중량:	62gr(4g)
길이:	23mm
예광제:	없음

특성

약실 압력:	3792 bars	55000psi	
총구 초속:	960m/s	3150ft/sec	마하 2.8
운동 에너지:	1851J	1366ft/lbs	

음속과의 비교

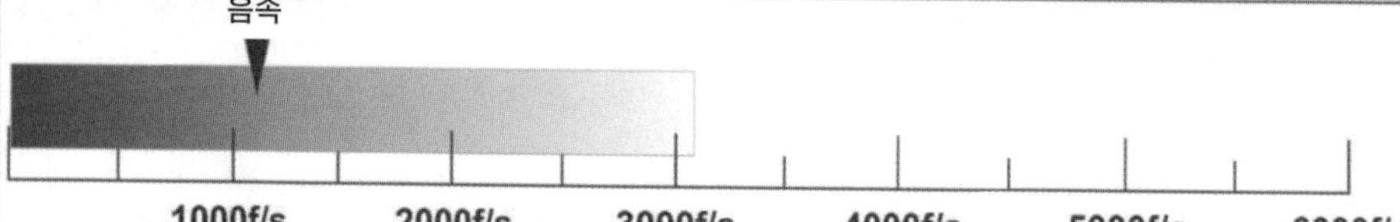

특기사항

M855A1탄약의 탄심에 들어있는 철제 관통자는 대부분의 섬유 재질 방탄복에 유효하며, 세 부분으로 나뉘어진 구조의 탄자는 방호되지 않은 인체에 대해 높은 효과를 발휘한다. M855A1은 벽이나 장애물등에 대한 효과도 개선되었다. 또한 개선된 추진장약은 총구 화염도 감소시켰다. M4계열 카빈에서의 근접전/실내전 사용에 최적화되었다.

표 A-4. 5.56mm 예광탄(Tracer), M856A1

5.56mm 예광탄(Tracer), M856A1			
DODIC(국방부 식별기호)	A063		
모델:	M856A1		
유형:	예광탄		
총 중량:	190gr(12.3g)		
길이:	57.4mm	2.26in	
색상:		탄자 끝 오렌지색	
표식:			
탄피			
유형:	센터파이어	규격:	5.56x45mm
추진 장약			
유형:	WC844	더블베이스	니트로셀룰로스, 니트로글리세린
중량:	24.7gr(1.6g)		
뇌관			
유형:	센터파이어식 충격 뇌관		
탄자			
유형:	예광탄		
설계:	구리 합금 피갑에 싸여있는 납 합금 탄심 사용. 후방의 빈 공간에 예광제가 충전되어있음.		
중량:	63.7gr(4.13g)		
길이:	29.3mm		
예광제:	있음		
특성			
약실 압력:	3792 bars	55000psi	
총구 초속:	875m/s	2870ft/sec	마하 2.55
운동 에너지:	1580J	1165ft/lbs	

음속과의 비교

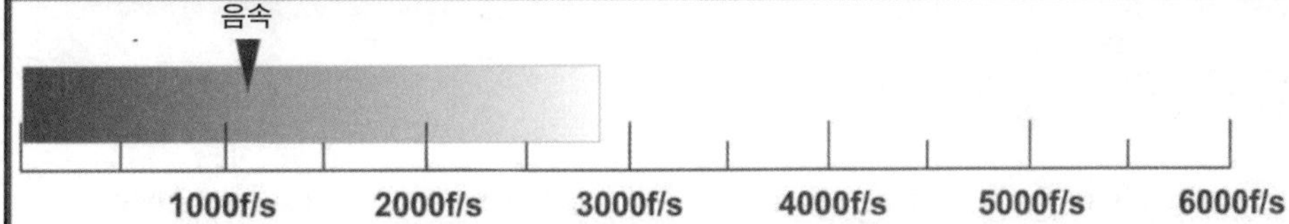

특기사항

M856탄약은 비행중에 질량이 감소되기 때문에 비행중 안정을 취하려면 1회전당 7인치의 강선에서 발사되어야 한다.

표 A-5. 5.56mm 야시장비용 저광량 예광탄(DIM Tracer), Mk.301 Mod.0

5.56mm 야시장비용 저광량 예광탄(DIM Tracer), Mk.301 Mod.0			
DODIC(국방부 식별기호)	AB03		
모델:	Mk.301 Mod.0		
유형:	저광량 예광탄		
총 중량:	190gr(12.3g)		
길이:	57.4mm	2.26in	
색상:		탄자 끝 보라색	
표식:			
탄피			
유형:	센터파이어	규격:	5.56x45mm
추진 장약			
유형:	WC845S	더블베이스	니트로셀룰로스, 니트로글리세린
중량:	26.1gr(1.69g)		
뇌관			
유형:	센터파이어식 충격 뇌관		
탄자			
유형:	구리 합금 피갑 장착 보통탄		
설계:	구리 합금 피갑에 둘러쌓인 납-안티몬 합금 탄심과 연철제 관통자로 구성		
중량:	62gr(4g)		
길이:	23mm		
예광제:	저광량 예광제		
특성			
약실 압력:	4047 bars	55000psi	
총구 초속:	922m/s	3025ft/sec	마하 2.69
운동 에너지:	1708J	1260ft/lbs	

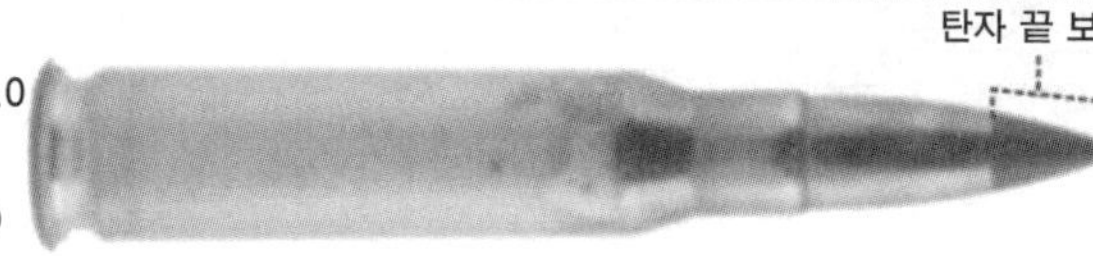

음속과의 비교

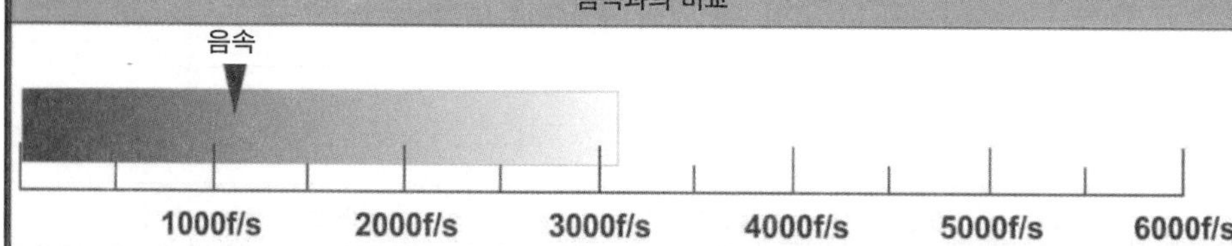

특기사항

발화점이 낮은 예광제를 사용해 적외선 파장이 나오는 예광탄을 완성했다. 따라서 야시장비를 이용해야 관측된다. 저광량 예광탄의 예광제는 질화 바륨 혼합제가 사용되며, 900m까지 예광 효과를 볼 수 있다. WC845S 추진장약을 이용, 총구 화염도 감소시켰다.

표 A-6. 5.56mm 철갑탄(Armor Piercing), M995

5.56mm 철갑탄(Armor Piercing), M995			
DODIC(국방부 식별기호)	AA69		
모델:	M995		탄자 끝 검정
유형:	보통탄		
총 중량:	180gr(11.7g)		
길이:	57.4mm	2.26in	
색상:		탄자 끝 검정	
표식:			
탄피			
유형:	센터파이어	규격:	5.56x45mm
추진 장약			
유형:	WCR845	더블베이스	니트로셀룰로스, 니트로글리세린
중량:	27.5gr(1.78g)		
뇌관			
유형:	센터파이어식 충격 뇌관		
탄자			
유형:	텅스텐-코발트 합금 관통자를 갖춘 철갑탄		
설계:	구리 합금 피갑 안에 위치한 알미늄 용기 안에 텅스텐-코발트 합금 관통자가 있음		
중량:	52gr(3.37g)		
길이:	29.3mm		
예광제:	없음		
특성			
약실 압력:	3465 bars	55000psi	
총구 초속:	1013m/s	3324ft/sec	마하 2.95
운동 에너지:	1729J	1276ft/lbs	
음속과의 비교			

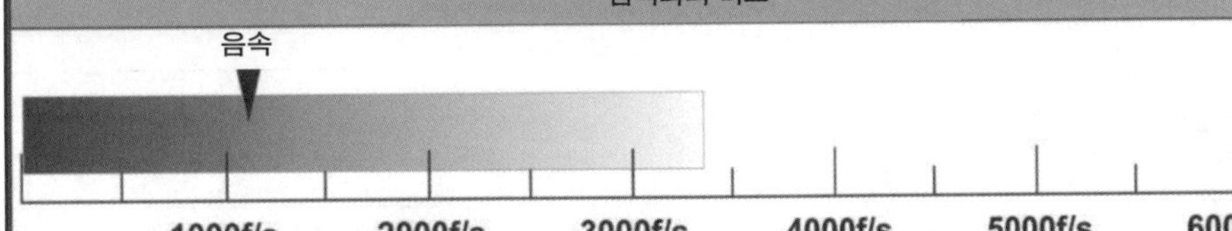

특기사항

M995는 모든 미군용 5.56mm화기에서 사용되도록 만들었으며 100m거리에서 12mm의 철판을 뚫는 성능을 가져 경장갑 차량이나 기타 다양한 장애물에 대한 관통력을 가진다.

표 A-7. 5.56mm 단거리 훈련탄(Short Range Training Ammunition: STRA), M862

5.56mm 단거리 훈련탄(Short Range Training Ammunition: STRA), M862			
DODIC(국방부 식별기호)	AA68		
모델:	M862		
유형:	SRTA		
총 중량:	108gr(7g)		
길이:	57.4mm	2.26in	
색상:	탄자는 요철이 있고 청색임		
표식:			
탄피			
유형:	센터파이어	규격:	5.56x45mm
추진 장약			
유형:	더블베이스	니트로셀룰로스, 니트로글리세린	
중량:			
뇌관			
유형:	센터파이어식 충격 뇌관		
탄자			
유형:	SRTA		
설계:	플라스틱제 탄자		
중량:	6.9gr(0.45g)		
길이:	29.3mm		
예광제:	없음		
특성			
약실 압력:	2758 bars	40000psi	
총구 초속:	1379m/s	4525ft/sec	마하 4.02
운동 에너지:	425J	314ft/lbs	

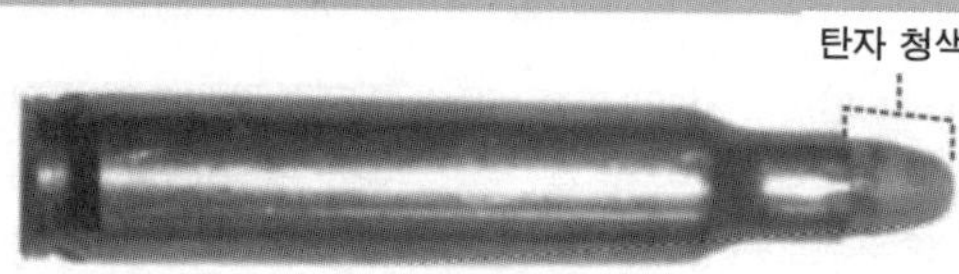

음속과의 비교

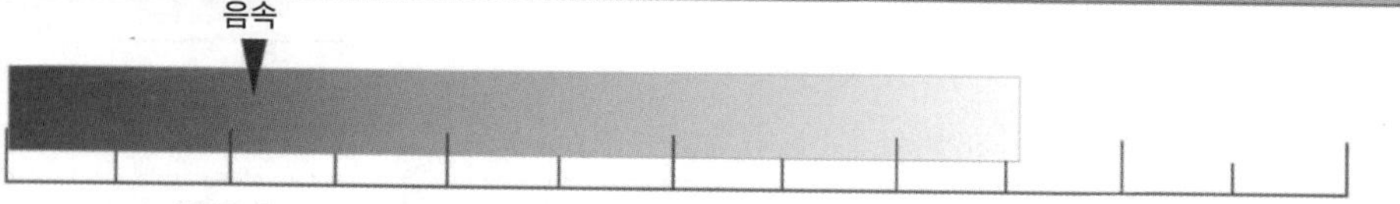

특기사항

M862는 기본적으로 25m까지는 M855 보통탄과 같은 탄도를 발휘하나 최대사거리가 250m에 불과하다. M862탄은 반드시 M2훈련용 노리쇠와 함께 써야 한다. 이 탄은 제한된 사격장 시설로 인해 안전 문제에 신경을 써야 하는 상황에서 훈련을 할 수 있게 해 준다.

표 A-8. 5.56mm 단거리 훈련탄(Short Range Training Ammunition), M1037

5.56mm 단거리 훈련탄(Short Range Training Ammunition), M1037			
DODIC(국방부 식별기호)	AB67		
모델:	M1037		
유형:	SRTA		
총 중량:	165gr(10.7g)		
길이:	57.4mm	2.26in	
색상:		탄자는 요철이 있고 청색임	
표식:			
탄피			
유형:	센터파이어	규격:	5.56x45mm
추진 장약			
유형:		더블베이스	니트로셀룰로스, 니트로글리세린
중량:			
뇌관			
유형:	센터파이어식 충격 뇌관		
탄자			
유형:	SRTA 파쇄탄		
설계:	구리, 나일론과 탄소 섬유 혼합		
중량:	33gr(2.14g)		
길이:	29.3mm		
예광제:	없음		
특성			
약실 압력:	2758 bars	40000psi	
총구 초속:	1097m/s	3600ft/sec	마하 3.2
운동 에너지:	1287J	9500ft/lbs	

음속과의 비교

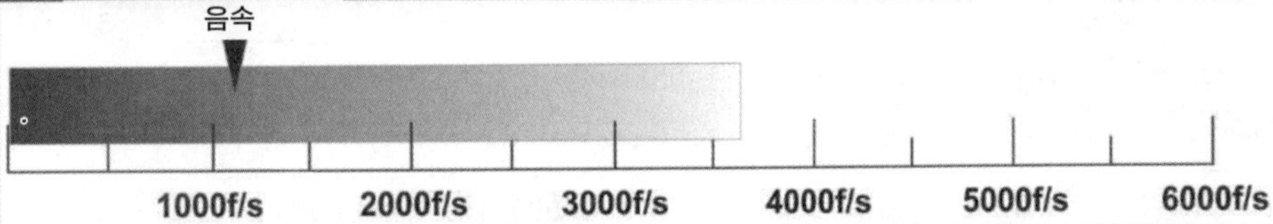

특기사항

M1037은 100m까지 M855탄과 같은 탄도를 유지하게 되어있으며 최대사거리는 약 600m안팎이다. M1037탄약은 M2 훈련용 노리쇠와 함께 사용해서는 안된다. 이 탄은 제한된 사격장 시설로 인해 안전 문제에 신경을 써야 하는 상황에서 훈련을 할 수 있게 해 준다.

표 A-9. 5.56mm 근접전투 임무능력 키트(CCMCK:Close Combat Mission Capability Kit), M1042

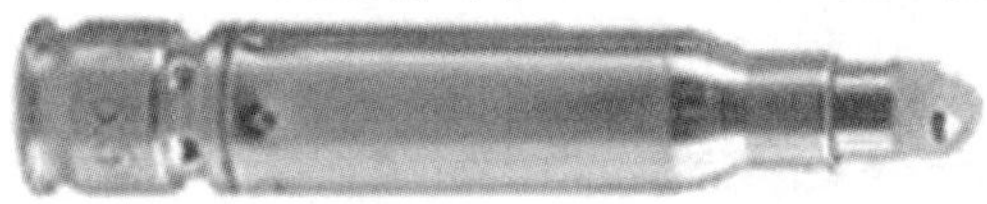

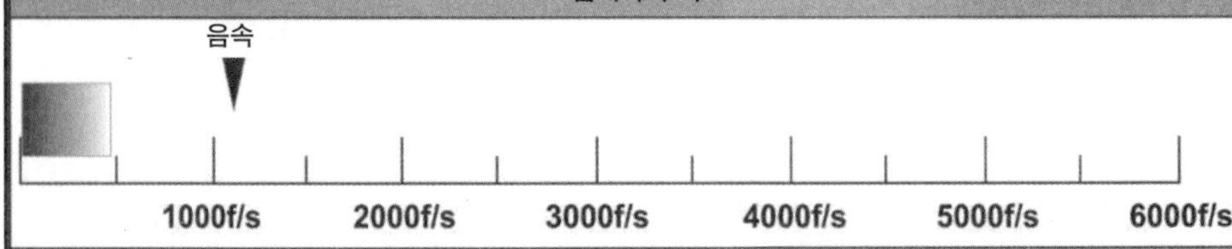

5.56mm 근접전투 임무능력 키트(CCMCK:Close Combat Mission Capability Kit), M1042			
DODIC(국방부 식별기호)	AB09(앞 청색)	AB10(앞 적색)	AB11(앞 황색)
모델:	M1042		
유형:	CCMCK		
총 중량:	94.86gr(6.15g)		
길이:	57.4mm	2.26in	
색상:		청, 적, 혹은 황색 플라스틱 앞부분	
표식:			
탄피			
유형:	림파이어	규격:	5.56x45mm
추진 장약			
유형:			
중량:			
뇌관			
유형:	림파이어		
탄자			
유형:	CCMCK		
설계:			
중량:	6.9gr(0.45g)		
길이:	29.3mm		
예광제:	없음		
특성			
약실 압력:	0 bars	0psi	
총구 초속:	149m/s	488ft/sec	마하 0.43
운동 에너지:	5J	4ft/lbs	
음속과의 비교			
특기사항			

CCMCK는 사용자가 총기에 직접 장착하는 개조 키트의 일환으로, 단거리에서 부대간 모의 교전을 할 때 사용한다. M1042는 낮은 탄속을 가지며 맞으면 물감 표식이 남는 일종의 페인트탄이다. 또 이 탄을 사용하도록 개조된 총기에서는 실탄을 사용할 수 없다. 실탄 격발을 원천적으로 차단하기 위해, M1042의 격발을 위해서는 실탄 격발용의 공이와는 장착 위치가 3mm다른, M1042의 림파이어식 뇌관을 격발하기 위한 특수 공이가 필요하다. 만의 하나 5.56mm 실탄이 실수로 CCMCK용 총기에 장전되어 방아쇠를 당기더라도 격발은 이뤄지지 않는다.

표 A-10. 5.56mm 공포탄(Blank), M200

5.56mm 공포탄(Blank), M200			
DODIC(국방부 식별기호)	A080		탄피 끝 자주색
모델:	M200	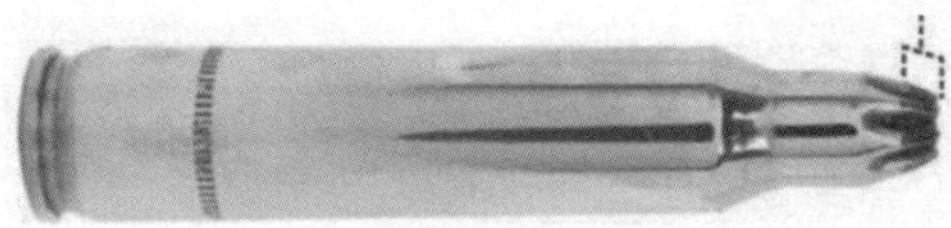	
유형:	보통탄		
총 중량:	107gr(6.93g)		
길이:	48.3mm	1.902in	
색상:		탄피 끝이 우그러져 있고 자주색	
표식:			
탄피			
유형:	센터파이어	규격:	5.56x45mm
추진 장약			
유형:	HPC13	더블베이스	니트로셀룰로스, 니트로글리세린
중량:	7gr(0.45g)		
뇌관			
유형:	센터파이어식 충격 뇌관		
탄자			
유형:	공포탄		
설계:			
중량:			
길이:			
예광제:			
특성			
약실 압력:			
총구 초속:			
운동 에너지:			
음속과의 비교			

특기사항			
M200 공포탄은 훈련시의 모의 사격, 혹은 예식 목적으로 사용한다. 이 탄약은 탄자가 없는 대신 탄피는 끄트머리가 우그러져 있고 자주색으로 칠해져 있어 식별이 용이하다.			

부 록 B

탄 도 학

탄도학은 화기가 발사된 때부터 탄자가 목표에 명중할 때 까지의 과정을 다루는 과학이다. 탄자가 어떻게 기능하는지, 비행중에는 어떻게 움직이는지, 목표에 명중한 뒤 어떻게 되는지를 이해하기 위해서는 탄도학의 기본을 이해할 필요가 있다. 병사들은 병기를 이해하고 그것이 어떻게 작동되고 기능하는지, 어떻게 사용하는지를 이해해야 한다.

B-1. 탄자의 비행은 3단계로 나뉜다. 총열 내에서의 이동, 공기중에서 표적까지의 비행, 그리고 표적에 충돌한 뒤의 상황이다. 이 단계들은 각각 내부, 외부, 종말 탄도학의 세 가지로 나뉘어 정의된다.

강내탄도학

B-2. 강내탄도학-이것은 탄자의 추진에 대한 연구이다. 강내탄도학이 적용되는 범위는 공이가 뇌관을 타격한 것으로 시작해 탄자가 총구를 떠나면 끝난다. 일단 뇌관을 공이로 찌르면 추진장약이 점화된다. 연소되는 추진장약에서 발생하는 가스는 탄자를 총열로 밀어내는 압력을 제공한다. 탄자는 강선의 요철에 맞물리면서 비행중에 안정성을 제공할 회전을 하게 된다. 강내탄도학은 탄자가 총구를 빠져나가면서 적용 범위가 끝난다(그림 B-1 다음페이지).

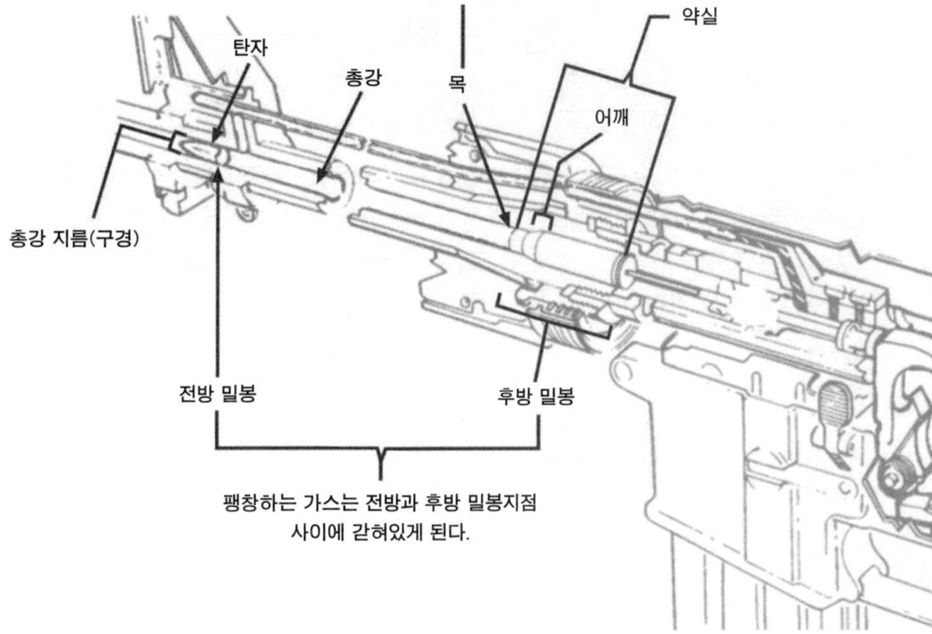

그림 B-1. 강내탄도학의 용어 정의

B-3. 강내탄도학을 논할 때 사용되는 대표적인 용어는 아래와 같다.

- 총강-약실 이후의 총열 내부
- 약실-사격시에 탄약이 들어가 있는 부분
- 그레인(gr)-영미권에서 탄자의 중량을 표시하는 단위. 1파운드(약 453.6g)는 7,000그레인, 1온스(약 28.35g)는 437.5그레인이다.
- 압력-추진장약이 연소하면서 발생하는 가스에 의해 생기는 에너지. 압력은 영미권에서는 psi(1평방인치당 파운드)로 환산한다.
- 어깨-약실에서 탄피의 어깨(끄트머리의 경사진 부분)와 맞물려 탄자가 총강의 '목'으로만 들어갈 수 있게 해 주는 부분.
- 총구-총열의 끝.
- 목-약실에서 총열로 들어가는 입구. 여기서 탄자가 강선의 요철과 맞물리기 시작한다.

강외탄도학

B-4. 강외탄도학은 탄자가 표적까지 비행하는 시간 동안 중력, 공기저항, 바람이 끼치는 물리적 영향을 거론하는 학문이다. 여기에는 탄자가 비행하는 동안에 가장 큰 변화를 주는 물리적 요인들만이 거론된다(그림 B-2). 강외탄도학이 다루는 범위는 탄자가 총열을 떠난 즉시 시작되어 표적에 명중하는 순간 끝난다.

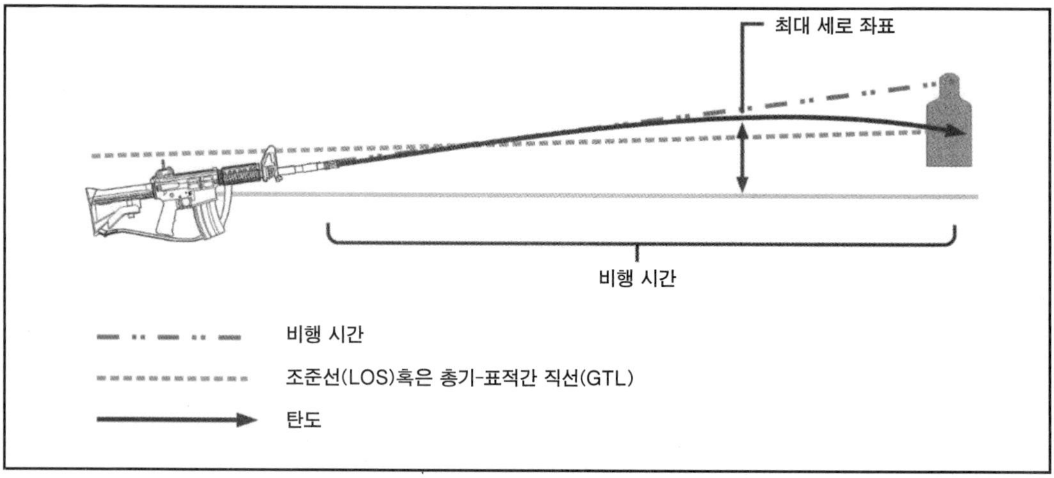

그림 B-2. 강외탄도학의 용어 정의

B-5. 아래의 용어들은 비행중의 탄자가 보이는 행동이나 반응들을 정의한다. 이 용어들은 구경에 관계없이 어떤 병기나 병기체계에도 적용된다(그림 B-3).

- 총열 축선(Line of Bore)–총열의 중심축선을 통과하는 가상의 직선
- 조준선(LOS: Line of Sight) 혹은 총기 표적선(GTL:Gun Target Line)–조준기와 표적을 잇는 가상의 직선. LOS는 병사가 조준기를 통해 보는 시선이며 사수의 눈과 가늠자-가늠쇠를 이어 무한히 뻗어나가는 직선으로 묘사된다. 조준기와 표적의 상관관계를 논할 때에는 LOS와 GTL은 같은 의미로 통한다.
- 고도선(LE: Line of Elevation)–지면과 총열 축선 사이의 각도.
- 탄도 궤적(Ballistic Trajectory)–중력이나 주변 환경과의 마찰과 같은 외부 환경에만 영향받은 탄자의 궤적.
- 최대 세로 좌표(Maximum Ordinate)–탄자가 명중지점까지 비행하는 동안 조준선 위로 올라가는 최대 고도
- 비행 시간(Time of Flight)–탄자가 발사 후 지정된 거리를 비행하는데 소요된 시간.

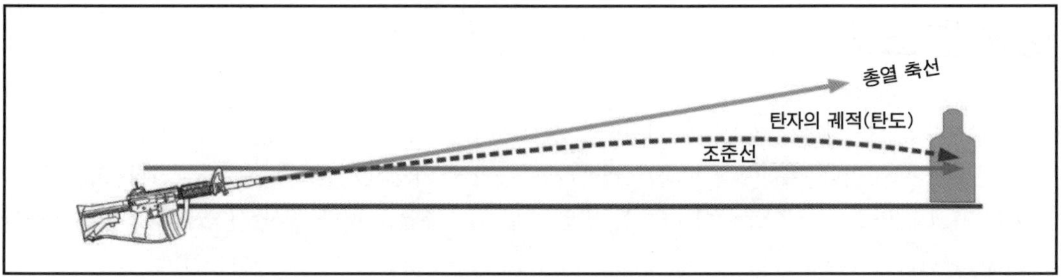

그림 B-3. 탄도궤적

- 도약(Jump)–반동에 의해 생기는 후방 및 상향으로의 수직 도약. 일반적으로 사출선과 고도선 사이의 각도를 밀(mil)단위로 환산해 표시한다.
- 사출선(LD: Line of Departure)–탄자가 실제로 발사되면서 그리는 직선.
- 총구–총열의 끝.
- 총구초속 혹은 탄속–탄자가 빠져나가면서 계측된 속도. 총구초속은 공기저항에 의해 갈수록 느려진다. 영미권은 소화기 탄약의 탄속을 초당 피트(f/s)로 흔히 표시한다.
- 강선 선회율–총열의 강선 내에서 탄자가 1바퀴를 도는데 소요되는 거리를 뜻한다. 선회율은 강선 총열에서 탄자가 안정성과 정확도를 높이기 위해 이뤄지는 회전의 능력과도 연결된다. M4및 M16시리즈 총기의 강선 선회율은 오른쪽 방향(우선), 1회전당 7인치이다(R 1:7인치).
- 탄자 사출–탄자가 총구로부터 빠져나와 총열의 지탱을 받지 않게 되는 순간을 말한다.
- 진동–탄자가 비행중 궤적 축선을 따라 회전하며 날아가는 운동.
- 드리프트(drift, 횡이동)–회전에 의해 비행중 이뤄지는 탄자의 좌우방향 움직임.
- 요(yaw, 요동)–진동에 의해 안정적인 비행으로부터 벗어나는 현상. 이것은 옆바람이 불거나 탄자의 속도가 음속에서 천음속대로 떨어지면서 생기는 불안정성에 의해 벌어진다.
- 그레인(gr)–영미권에서 탄자의 중량을 표시하는 단위. 1파운드(약 453.6g)는 7,000그레인, 1온스(약 28.35g)는 437.5그레인이다.
- 압력–추진장약이 연소하면서 발생하는 가스에 의해 생기는 에너지. 압력은 영미권에서는 psi(1평방인치당 파운드)로 환산한다.
- 중력–지구가 비행체에 미치는 지속적인 힘으로, $9.81m/s^2$의 비율로 비행체(여기서는 탄자)의 무게나 형상, 속도에 관계없이 작용한다. 일반적으로 탄자 낙하로도 표현되는 중력은 탄자가 사출선으로부터 점점 내려가게 만든다. 병사들은 영점을 잡을 때, 그리고 영점 거리 이상의 거리를 사격할 때 중력이 얼마나 영향을 끼치는지 감안해 조준 보정을 해야 한다.
- 공기 저항(drag)–탄자의 속도를 늦추는 공기와의 마찰. 저항은 탄자가 총구를 빠져나가는 순간부터 작용한다. 이로 인해 탄자 속도는 꾸준히 늦어지며 거리가 늘어날수록 심해진다. 각각의 탄자에는 비행중에 공기 저항을 얼마나 최소화할 수 있는지를 보여주는 탄도적 계수(BC: Ballistic Coefficient)라는 수치가 있다.

- 탄도궤적-탄자가 총열을 빠져나간 뒤 시간이 지나면서 그리는 궤적. 본 교범의 목적상 탄도궤적은 명중시점에서 끝나는 것으로 간주한다.
- 바람-탄도 궤적에서 가장 큰 변수로 작용한다. 바람의 영향은 표적까지의 거리에서 절반~2/3 정도의 지점에서 세 가지 측면으로 가장 크게 작용한다.
    - 시간(T)-탄자가 탄도상에서 얼마나 오래 바람에 노출되었는지의 여부. 표적까지의 거리가 멀수록 탄자가 바람에 노출되는 시간도 늘어난다.
    - 방향-바람의 방향은 총구의 축선에 대해 어느쪽으로 부느냐에 따라 영향이 좌우된다. 이것은 탄자가 어느 쪽으로 움직일지, 조준을 그에 따라 어떻게 보정해야 할지를 좌우한다.
    - 속도(V)-표적까지 이어지는, 탄자의 탄도상에서 부는 바람의 속도. 전체적인 풍속이라는 변수에는 지속적으로 이어지는 평균풍속, 그리고 갑작스럽게 강해지는 돌풍도 포함된다.

종말탄도학

B-6. 종말탄도학은 탄자가 표적에 충돌한 직후 완전히 멈출 때까지(최종정지라고 표현한다)의 행동을 연구하는 과학이다. 여기에는 표적에 대해 벌어지는 최종 효과도 포함된다.

- 운동에너지(Ek)-탄자가 운반해 온 에너지를 측정하는 단위. 운동에너지는 표적에 충돌할 때 탄자의 무게와 속도를 통해 발휘되는 힘을 뜻한다. 운동에너지는 표적에 대한 탄자의 관통력에 직접적인 영향을 끼친다.
- 관통-탄자가 표적의 매질에 운동에너지를 통해 진입하는 행동. 탄자가 표적에 명중하면 그 관통 수준은 충돌심도라는 용어로 표현된다. 충돌심도는 탄자가 명중한 지점부터 완전히 정지한 지점까지의 거리다. 궁극적으로 탄자는 가지고 있는 관성을 그에 상응하는 매질(구속매질로도 부른다)에 전부 빼앗긴 뒤에 멈춘다.

B-7. 어떤 표적에 대해서도 관통력이야말로 가장 중요한 탄도적 고려사항이다. 병사들은 보유 탄약의 표적에 대한 관통력 및 가장 가능성 높은 종말탄도학적 결과에 대해 잘 이해해야 한다.

B-8. 5.56mm탄자의 목적은 표적의 가장 작은 구역에 가장 많은 관성(에너지)을 투입해 최대의 관통력을 확보하는 것이다. 이 탄자들은 명중 순간만큼은 표적의 매질에 충돌해도 최대한 변형되지 않도록 만들어졌다. 관통자의 철제 끝부분은 경장갑 혹은 방탄복등의 표적에 명중해도 변형이 최소화되도록 만든 것으로, 그 뒤의 더 굵은 관통자는 인체조직에 대한 피해를 늘리도록 설계되었다.

방아쇠가 당겨진 뒤의 상황

B-9. 일단 방아쇠가 당겨지면 탄도학적 상황이 시작된다. 비록 모든 탄약과 병기가 똑같이 작용하는 것은 아니지만, 다음 사항들은 M4및 M16계열 총기에서 방아쇠가 당겨진 이후 벌어지는 일들이다.

- 공이치기가 공이 뒤를 때린다.
- 공이가 밀리면서 탄약의 뇌관을 찌른다.
- 뇌관이 찌그러지면서 내부의 점화약이 종이 원반을 뚫고 밀려가 모루에 충돌하면서 점화된다.
- 점화된 점화약의 화염이 탄피 아래의 점화공을 통해 분출되어 추진장약에 점화된다.
- 탄피 내에서 추진장약이 균일하게 연소된다.
- 탄피가 추진장약의 연소 압력에 의해 팽창하면서 약실에 들러붙는다.
- 약실에 들러붙은 탄피는 추진장약의 연소가스가 전방이 아닌 후방이나 측면으로 새는 것을 막는다.
- 탄자는 팽창하는 가스에 밀려 총강의 목 부분에서 강선의 요철에 맞물리며, 이로 인해 탄자에 강선이 각인된다.
- 각인현상이 벌어지면서 강선의 요철을 따라 탄자의 부드러운 피갑 금속이 깎이게 된다. 이렇게 되면 탄자는 강선의 선회율에 맞춰 선회하게 되며 전방으로도 가스가 누설되지 않는 밀봉효과가 생긴다. 이로 인해 연소 가스는 탄자 뒤로만 억제되며 탄자가 총열 내에서 밀려가는 추진력이 생긴다.
- 추진장약이 계속 연소하면서 발생하는 가스는 저항이 가장 낮은 쪽으로 몰리게 된다. 탄피는 절대 움직이지 않고 탄자는 앞으로 밀려나기 때문에 가스가 계속해서 탄자를 앞으로 밀게 된다.
- 일단 탄자가 총열 위의 가스 포트(가스 구멍)를 통과하면 소량의 가스가 탄자를 추진하는 대신 다른 쪽으로 탈출하게 된다. 이렇게 탈출한 가스는 가스 포트를 통과해 가스 튜브를 따라 가장 저항이 적은 쪽인 후방으로 밀려가게 된다. 가스 포트의 지름이 빠져나갈 수 있는 가스의 양을 제한한다.
- 탄자의 끝이 총구를 빠져나가는 순간, 총열은 탄자를 지탱하지 않고 탄자의 사출이 시작된다.
- 탄자가 사출되면 대부분의 팽창하며 연소하는 가스는 총구 바깥, 탄자 주변으로 탈출한다. 이 때 총구 화염이 발생한다.
- 탄자가 사출될 때 가장 빠른 속도가 얻어진다. 탄자의 사출부터 표적에의 명중에 이르기까지 탄자의 속도는 공기저항에 의해 일정한 비율로 느려진다.
- 탄자가 탄도궤적을 따라 비행하는 동안 중력에 의해 탄자는 지속적으로 아래로 내려간다.
- 조준선과 비교해 사출선(총탄이 실제 발사된 각도)은 위를 향하기 때문에 모르고 보면 마치 탄이 위로 올라갔다 내려가는 것처럼 여겨진다. 이렇게 해서 얻어진 곡선이 바로 탄도궤적이다.
- 보통 비행하는 탄자는 표적까지의 거리 절반쯤에서 탄도궤적상 최대의 고도로 상승하지만 이

는 표적까지의 거리에 따라 다르다. 이 최대 고도를 해당 탄약의 최고좌표라고 부른다.

- 최고좌표에 도달한 탄자는 무조건 표적쪽으로 하강한다.
- 탄자는 명중점에서 표적과 충돌하지만 사격 상황에 따라 이 명중점이 사수가 원하지 않은 곳이 될 수도 있다. 조준점과 충돌점이 완전히 일치하는 경우는 거의 없다.

주) 조준점과 충돌점의 일치는 표적까지의 거리에 따라 다르지만 최대 2회만 벌어진다. 한번은 탄도 궤적이 총구로부터 약 25m떨어진 지점에서 조준선과 만날 때이며 또 한번은 영점 거리(미 육군의 표준으로는 약 300m)에 도달할 때이다.

- 일단 탄자가 표적에 도달하면 탄자의 운동에너지는 충돌점에 전달된다.
- 종말탄도학적 상황이 시작된다.

B-10. 일단 종말탄도학적인 상황이 시작되면 어떤 총탄도 같은 궤적을 따르거나 같은 기능을 수행하지 못한다. 일반적으로, 탄자는 충돌 시점에서 보유한 에너지(질량 곱하기 속도의 제곱을 2로 나눈 것)가 충돌지점에 위치한 표적의 질량, 밀도, 면적보다 높으면 관통하게 된다. 여기에는 탄자의 진입각, 진동, 요동, 기타 다른 물리적 요소 등 여기에서 따로 다루지 못한 여러 요소들도 작용하게 된다.

구조물 관통

B-11. 아래의 일반적인 엄폐물들은 시가지에서 흔한 것이며 50m거리에서 발사된 M855실탄(5.56mm)의 관통을 저지한다.

- 한 줄의 모래주머니.
- 2인치(약 5cm)두께의 콘크리트벽(철근등으로 보강되지 않은 것).
- 모래가 가득찬 철제 탄약통.
- 모래가 가득찬 시멘트 블록(블록 자체는 깨진다).
- 45도 각도로 명중한 창문용 판유리(유리파편 자체는 뒤쪽으로 흩어진다).
- 한겹짜리 벽돌벽.

주) M855A1 성능개선 탄자(EPR)는 위에 언급한 M855보다 엄폐물에 대한 관통력이 우월하다.

B-12. 비록 대부분의 구조물 소재들이 한 발의 5.56mm탄은 막지만, 지속적이고 집중된 사격은 몇몇 전형적인 도시 구조물을 관통시킬 수 있다.

B-13. 돌벽을 뚫는 가장 좋은 방법은 U자형으로 여러 발을 맞추는 것이다. 이 때 거리는 가급적 가까워야 효과적이다. 파편이나 도탄 피해를 어느 정도는 막으면서 관통력도 얻으려면 25m정도가 가장 좋다.

B-14. 보통탄과 철갑탄이 구조물에 대해 보여주는 효과는 의외로 비슷하지만 철갑탄쪽이 사수쪽으로 도탄될 가능성이 높다.

주) 병사들은 부대 단위로 전술적인 임무를 수행할 때에 적절한 보호장구를 착용해야 한다. 특히 임무가 50m이내에서 주로 수행되면 그렇다.

B-15. 5.56mm탄약은 사격공(지름 약 7인치, 즉 약 175mm), 혹은 진입공(사람이 들어갈 정도의 크기)을 뚫는데 쓸 수 있다. 철근 콘크리트 기둥이나 구조물등에 대해 사격할 경우 M16소총도 M249기관총도 이를 완전히 절단할 수는 없다.

신체조직 관통

B-16. 총상, 혹은 탄도학적 외상은 탄자의 진입으로 인해 발생한 육체적 손상을 뜻한다. 탄자에 의한 신체조직의 파괴는 탄자가 표적의 신체조직을 통과하면서 생긴 공간(공동)의 크기에 좌우된다. 인체에 명중할 경우 크게 두 가지 공동이 생긴다. 바로 영구 부상 공동과 임시 부상 공동이다.

영구 부상 공동

B-17 영구 공동은 동물이나 사람의 신체조직에 탄자가 통과하면서 남겨진 구멍을 뜻한다. 이것이 연질 표적(인체 등) 내부를 탄자가 통과하면서 파괴시킨 조직의 실제 양이다.

B-18. 신체 연질조직의 구성과 밀도에 따라 조직은 탄력적일수도, 단단할수도 있다. 탄력적 장기는 관통되면 늘어나며 상대적으로 작은 부상공동을 남긴다. 밀도 높은 조직이나 물, 피등을 함유한 장기는 더 단단하며 탄자의 힘에 의해 터질 수 있다. 단단한 장기가 관통하는 탄자에 의해 파열된다면 대량의 출혈과 커다란 영구 부상 공동을 남긴다. 비록 사망 확률은 크게 높아지지만, 이런 장기에 명중했다고 표적이 즉각 무력화되는 것은 아니다.

임시 부상 공동

B-19. 임시 부상 공동은 영구 공동 주변의 영역이다. 이는 탄자가 초당 2,000피트(약 609m)의 속도로 진행할 때 탄력있는 연질 조직에 의해 형성된다. 탄자가 진행하는 경로상에서는 영구 공동을 감싼 조직이 거의 폭발하듯 팽창한다. 이로 인해 순간적이기는 하지만 조직은 탄자의 지름보다 10~12배나 크게 벌어진다.

B-20. 근육이나 일부 장기, 혈관등은 매우 탄력적이며 임시 공동에 의해 늘어나도 실제 피해는 거의 없고 탄자의 에너지를 흡수하는 경향도 있다. 임시 공동은 시간이 지날수록 천천히 원상복구되지만 원래의 위치로 완전히 복귀하는 경우는 별로 없다.

주: 충돌시 초속 2,000미터를 넘지 못하는 탄자는 표적을 무력화시킬 정도의 임시 공동을 형성할 힘이 없다.

B-21. 공동화 능력(탄자가 영구 및 임시 공동을 만드는 능력)은 탄자의 아래 능력들과 연관되어있다.

- 운동에너지(Ek)- 일정한 속도로 움직이는 질량체에서 나오는 에너지. 운동에너지가 높을수록 관통력과 조직 피해도 크다.
- 요동- 충돌지점에서의 어떤 요동도 표적과 탄자가 닿는 단면적을 늘려 운동에너지를 줄이지만 관통과 공동의 크기는 늘린다.
- 변형- 표적과 충돌시에 탄자의 원래 모습이 변하는 것이다. 이것이 표적과 닿는 단면적을 늘리고 관통후 발생하는 공동의 크기를 넓힌다.
- 파편화- 탄자가 여러 개의 파편으로 변하는 것. 여러 경로로 흩어지는 파편은 크기나 속도, 방향을 예측할 수 없다. 탄자의 피갑, 그리고 일부 탄자에서는 납 본체 자체가 깨지면서 작고 날카로운 톱니모양의 파편이 발생하며 이것들이 임시 공동 바깥까지 밀려나곤 한다. 파편은 신체 조직을 훼손하며 마치 폭발하는 것과 비슷한 넓은 피해를 입히기도 한다. 명중에 의해 발생한 뼛조각도 비슷한 효과를 발휘한다.
- 전도(텀블링)- 탄자의 앞뒤가 뒤집어져버리는 상태. 탄자가 표적에 명중하면서 전도해버리면 탄자는 보다 넓은 지름으로 인체조직 내를 이동한다. 이렇게 되면 더 큰 영구공동이 발생한다. 전도된 탄자는 체내에서 속도가 낮아지는데다 표면적이 넓고 밀도가 높은 지역으로 이동하는 경향이 있어 예측할 수 없는 방향으로 움직인다.

B-22. 일단 표적 내에 들어가면 탄자의 목적은 파편화를 통해 유연조직을 파괴하는 것이다. 보통탄은 명중시에 팽창하거나 평평해지지 않도록 설계되었다. 이는 속도와 운동에너지가 저하되는 것을 막기 위해서이다. M855계열 탄약에서 관통자는 납과 관통자가 만나는 지점에서 굽어지거나 피갑이 약한 층에서 파편화되고 이로 인해 물체와 충돌하면 여러 조각으로 파편화되는 경향이 있다.

무력화

B-23. 직사에 의한 무력화는 표적이 전술적 임무를 계속할 능력이나 힘을 빼앗는 것을 뜻한다. 무력화 가능성을 한 발에 실현할 가능성을 높이기 위해 탄자는 충돌 후 깨지거나 전도되는 등의 가능성을 염두에 두고 설계된다.

B-24. 탄자 혹은 그 파편은 표적을 효과적으로 무력화하려면 반드시 급소, 즉 혈액이 함유된 장기나 신경중추를 명중시켜야 한다. 이렇게 해야 명중한 뒤 탄자의 제한된 파편화 능력으로도 연질 조직 피해를 극대화시키고 신속한 무력화의 가능성을 크게 높이기 때문이다.

치사 구역

B-25. 그 어떤 표적에 대해서도 가시 표적 중심(실제 보이는 표적부분의 가운데)을 겨누는 것이 기본이다. 이것이 실수를 하더라도 수정할 수 있는 여유를 극대화하고 초탄 명중 확률도 극대화하기 때문이다. 전투 조건에 따라서는 부분적으로 노출된 표적을 쏘거나 표적에 대한 즉각적인 무력화가 요구되는 만큼 더 정확한 사격이 요구될 수도 있다.

B-26. 이상적으로 보자면 조준점은 '메인스위치(Primary Switch)' 구역 어디라도 좋다. 이 곳이라면 주요 장기와 혈관을 타격해(마치 전원스위치를 끄듯) 즉각적인 '원샷 원킬'의 가능성이 극대화되기 때문이다(그림 B-4).

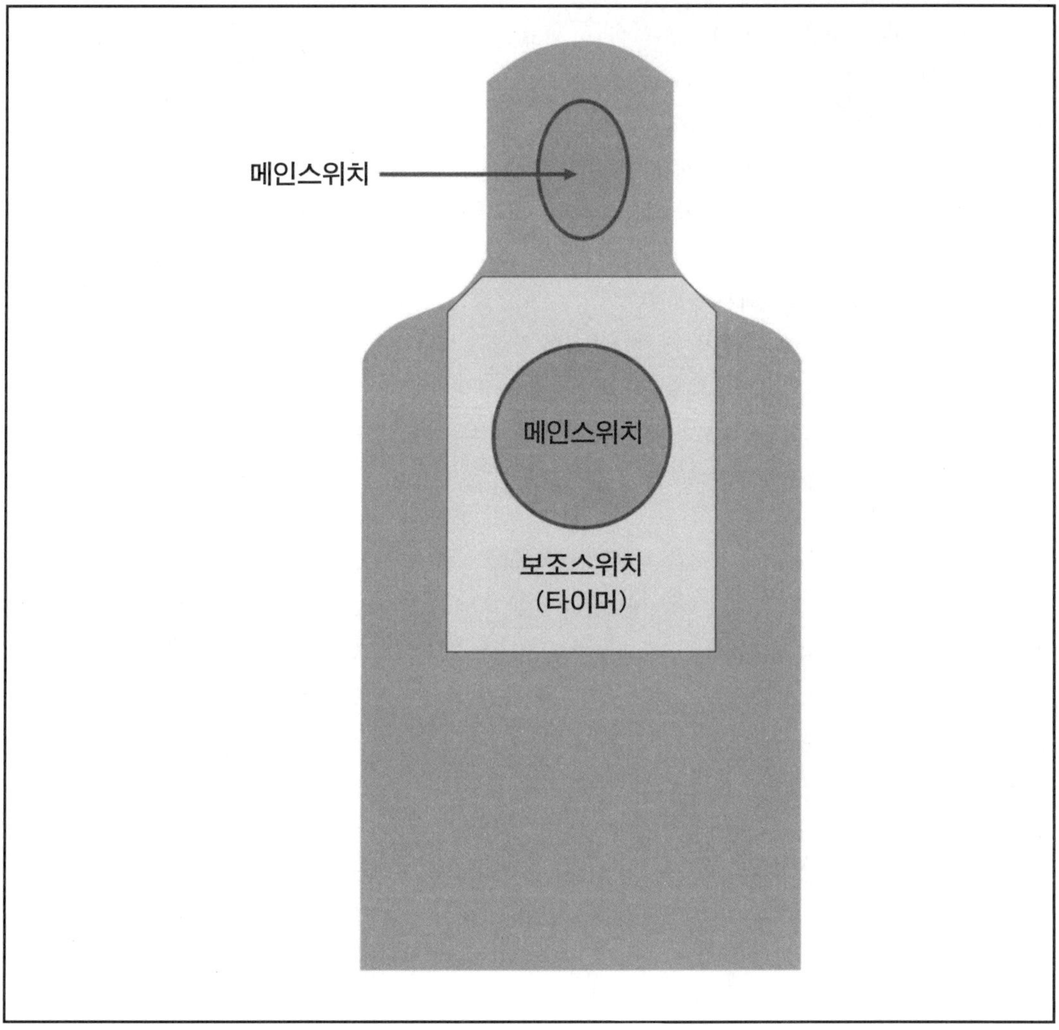

그림 B-4. 치사 구역의 사례

B-27. 머리에 대한 사격, 즉 헤드샷은 주의깊게 실시해야 한다. 머리는 가장 많이 움직이는 지역이고 가장 맞추기 어려운 곳이다. 골반 등 다른 노출된 지역에 대한 사격을 고려하는 편이 좋다.

B-28. 골반 지역의 사격은 표적이 완전하게 보이지 않거나 주요 구역에 대한 조준이 어렵도록 표적이 방탄복등을 입었을 때 실시된다. 이 구역에는 주요 혈관들이 많고 골반 자체나 척추 하부를 명중시켜 적의 행동을 봉쇄할 가능성도 높다.

- 신경 계통에 대한 사격(스위치)
- 혈관 계통에 대한 사격(타이머)

신경 계통 사격(스위치)

B-29. 신경 계통에 대한 사격, 혹은 '스위치'는 표적에 대한 즉각적인 무력화(역자 주: 스위치를 끄듯)가 가능한 부위에 대한 사격이다. 즉각적인 무력화는 그 어떤 육체적 임무도 시작하거나 마무리할 수 없는 즉각적인 신체적 혹은 정신적 무력화를 뜻한다. 이를 성취하려면 뇌나 척추를 명중시켜 신경중추를 파괴해야 한다. 모든 신체적 기능과 의지에 의한 행동은 뇌가 파괴되거나 척추가 절단되면 중단되며 척추절단점 아래의 모든 기능은 정지된다.

혈관 계통 사격(타이머)

B-30. 혈관 계통 사격, 혹은 '타이머'는 즉각적인 무력화가 보장되지 못하는 부위에 대한 사격을 뜻한다. 이런 방식의 탄도학적 외상을 '타이머'라고 부르는 것은 이런 유형의 사격 이후 표적이 무력화되려면 상당한 출혈을 할 때까지 기다려야 하기 때문이다. 혈관 계통 사격은 결국은 사망에 이를 수 있지만 일정 시간 동안은 제한된 수준으로나마 위협대상이 행동을 계속할 수 있게 한다.

B-31. 혈관 계통 사격으로 위협이 무력화되려면 순환계통내의 혈액 40%를 잃어야 한다. 만약 총상에 의한 출혈이 빠르게 진행되지 않는다면 표적은 계속해서 임무를 수행할 것이다. 일단 2리터의 혈액이 소모되면 적은 혈액 저하에 의한 쇼크상태에 빠져 무력화될 것이다.

부 록 C

고난이도 교전

이 부록에서는 고난이도 교전 상황에서 조준을 확실히 보정하는데 필요한 자세한 정보와 함께 다양한 교전 기술을 알려주고자 한다. 이 부록은 숙련된 사수를 위한 것이지만 모든 병사들은 이 부록의 내용에 익숙해짐으로써 개인화기에 대한 숙련도와 능률을 높이는데 도움을 줄 수 있다.

C-1. 고난이도 교전은 가시 표적 중심을 겨눠서는 표적의 명중을 기대할 수 없는 모든 상황을 포함한다. 고난도 교전 상황에서 병사는 다양한 조준점을 잡아 위협을 제압해야 한다.

C-2. 이 부록에서는 챕터7에서 다룬 개념을 보강하며 신중한 조준 보정 결정에 필요한 주제들만을 다룬다. 이것들은 아래와 같다.

- 표적 조건:
  - 표적까지의 거리.
  - 이동 표적
  - 비스듬히 위치한 표적.
- 환경적 조건:
  - 바람.
  - 경사 사격.
  - 복합적 조건:

C-3. 위 사격 조건들은 각각 병사들에게 가시 표적 중심이 아닌 다른 조준점을 찾게 만든다. 어떤 고난도 교전 상황에서도 병사는 사격 과정중에 탄도 계산기의 역할을 해야 한다. 표적에서 가시 표적 중심이 아닌 다른 곳을 조준하거나, 가시 표적 중심을 조준했다 해도 조준을 가다듬어야 할 상황에서 조준 보정(홀드)은 아래 정보들을 토대로 실시한다.

- 표적까지의 거리
- 표적의 방향과 속도를 기초로 잡은 리드값
- 병사가 표적과 반대의 방향으로 이동한다면 역회전 리드를 적용한다.
- 사수로부터 300m 이상 떨어진 표적과 사수 사이에 부는 바람의 속도, 방향, 지속 시간.
- 표적의 어디를 겨누는 것이 즉각적인 무력화를 가능하게 할지의 여부

C-4. 병사는 당장의 사격 상황에 맞는 적절한 조준 보정을 실시해야 한다. 조준 보정(홀드)의 결정은 크게 두 가지로 나뉜다. 바로 즉각적인 것과 신중한 것이다.

표적의 상황

C-5. 병사들은 적절한 조준점을 잡기 위해서는 표적의 몇몇 요소들을 고려해야 한다. 표적의 자세, 혹은 표적이 사수에게 어떻게 드러나고 있는지이다. 여기에는 아래 사항들이 추가로 고려된다.

- 표적까지의 거리.
- 표적의 특성.
- (표적 주변의) 지형의 특성.

표적까지의 거리

C-6. 표적까지의 정확한 거리를 신속하게 파악하는 것은 중~장거리 사격에서 성공에 매우 중요한 요인이다. 적절한 조준 보정을 위해 사수가 숙달되어야 할 거리 측정 방법은 몇 가지가 있다.

신중한 거리 결정

C-7. 신중한 거리 결정은 주어진 표적에 대해 사수가 거리를 결정할 믿을만한 수단을 제공한다. 하지만 여기에는 추가적인 시간이 소요된다(그림 C-1참조). 연습과 경험을 통해 이들 방법을 이용하는 거리 측정 시간은 현저히 단축된다. 신중한 거리 결정을 위한 방법은 아래와 같이 몇 가지가 있다.

- 조준망선 연관법(밀 혹은 MOA).
- 인식법.
- 보충법.
- 반감법.

거리 추정	밀(MIL) 계산 공식

표적 물체의 크기(인치)×25.4=상수(常數)

상수를 밀(MILS)로 표시된 표적 물체의 크기로 나누면 표적까지의 거리를 확인할 수 있다.

예: 67인치×25.4=1701.8. 이 숫자를 반올림하면 1702가 나옴.

이것이 상수

상수(1702)를 2.5밀로 나누면=681. 즉 표적까지의 거리가 681m.

이 숫자는 스코프나 쌍안경등의 밀 눈금을 통해 목표 크기를 측정한 뒤 관찰자의 감각에 의존해 내놓은 추정 크기다.

그림 C-1. 밀 상관관계 공식의 사례

조준망선 연관법

C-8. 이 방법에서 사수는 조준기의 조준망선과 표준적인 표적의 정보를 대조해 거리를 가늠한다. 조준기에 나타나는 표적의 형상을 사용하는 이 방법을 쓰려면 사수는 일정한 거리에서 적 및 그 장비가 어떤 크기이고 어떤 세부 형상을 하고 있는지(그림 C-2참조) 숙지해야 한다.

주: 신장은 지면부터 머리까지를 기준으로 한다.
폭과 길이는 어깨로부터 잰다.
적이 휴대하는 병기는 제외한다.

정확한 비례가 아님

적 인원	길이		폭		신장	
	평균		평균		평균	
	12 IN	30 CM	20 IN	50 CM	60 IN	150 CM

주: 신장은 지면부터 차량 위까지를 기준으로 한다.
여기에 운전석보다 높이 솟아있는 탑재 병기는 포함하지 않는다.

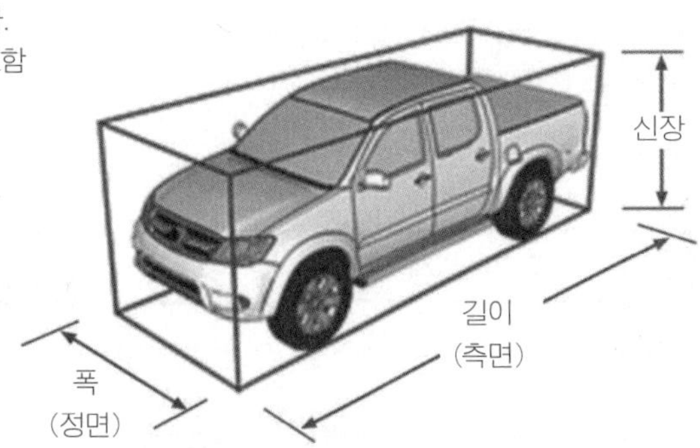

정확한 비례가 아님

적 차량 (비장갑 경트럭)	길이		폭		신장	
	평균		평균		평균	
	196 IN	500 CM	78 IN	200 CM	60 IN	150 CM

그림 C-2. 일반적인 적 하차인원과 차량의 칫수 사례

C-9. 잠재적 표적의 일반적인 크기를 아는 것은 병사들에게 조준경의 조준망선을 이용해 거리를 측정할 능력을 부여한다. 병사는 밀 혹은 MOA와 조준경에 비친 표적간의 상관관계를 활용할 수 있다. 그림 C-3과 C-4에서 조준망선을 이용한 거리측정의 사례를 설명한다.

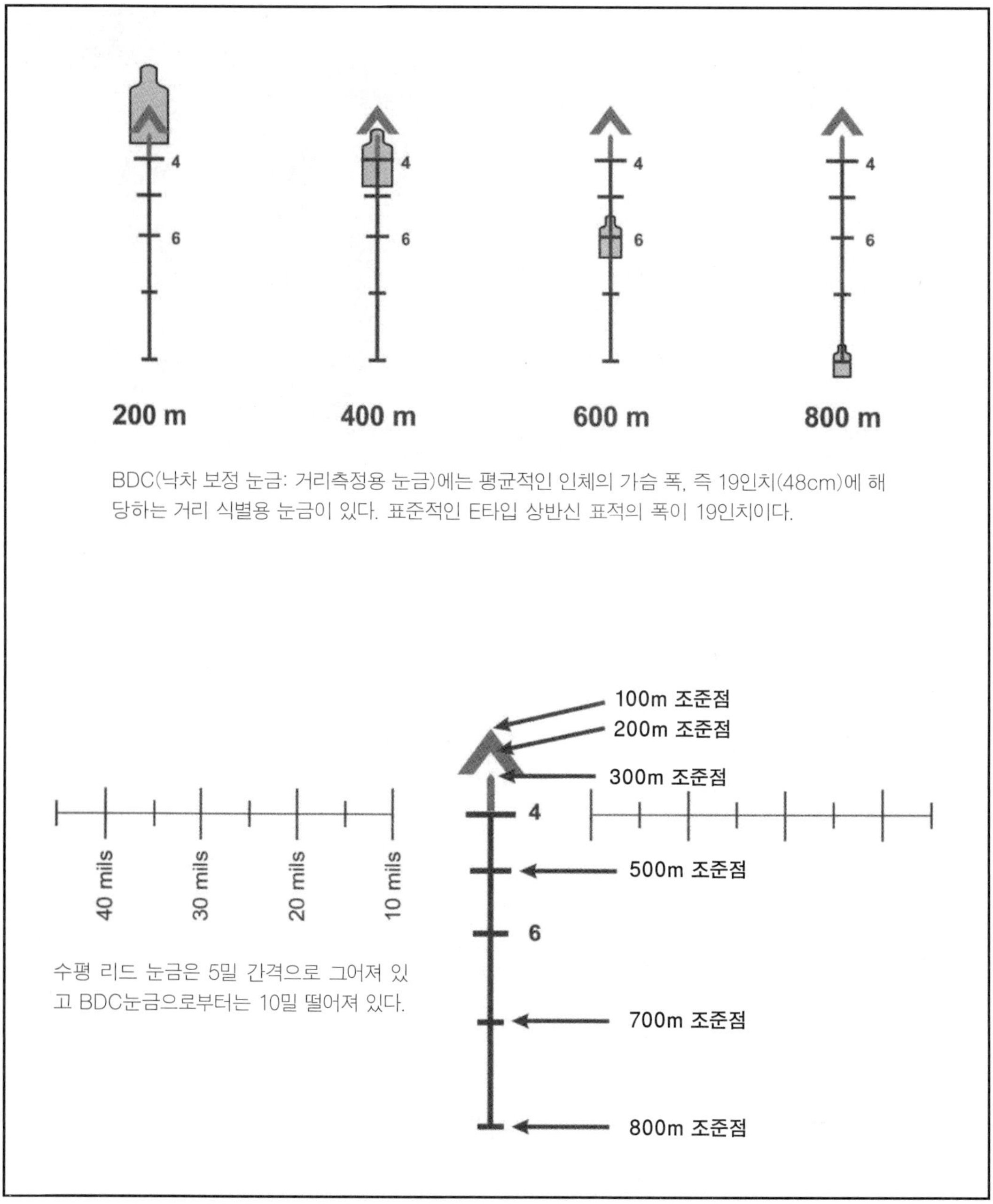

그림 C-3. RCO의 낙하 보정 눈금(BDC)를 이용해 거리를 측정하는 방법

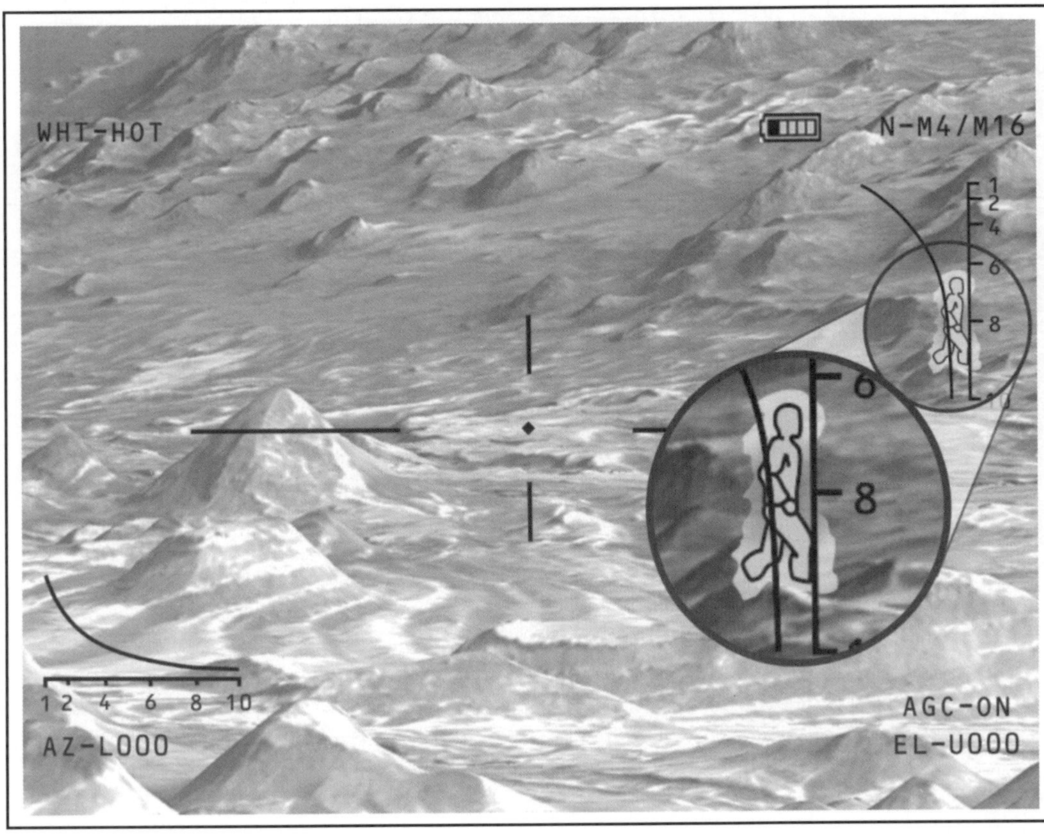

그림 C-4. 스테디아 방식 조준망선을 이용한 거리 측정

C-10. 시계를 가리는 어떤 제약(악천후나 연기, 암흑 등)도 상기한 거리 측정법에 제약을 끼친다. 표적의 형상을 이용하는 거리측정법의 효율을 높이려면 사수는 다양한 거리에서 잠재 표적이 어떤 모습을 하고 있는지 세부까지 알고 있어야 한다.

이동 표적

C-11. 이동 표적은 지속적인 속도와 방향으로 이동하는 위협을 뜻한다. 전장의 어떤 표적도 오랫동안 고정된 상태로 머물지 않는다. 특히 총격전이 시작되면 더욱 그렇다. 병사들은 다양한 이동 표적에 대해 효과적인 사격을 가할 줄 알아야 하며 여기에 필요한 교전 기술에 숙달되어야 한다. 이동 표적과의 교전에는 두 가지 방법이 있다. 추적과 포획이다.

추적법

C-12. 추적법은 잘 예상된 경로를 따라 지속적인 속도로 이동하는 표적에 사용된다. 만약 병사가 추적법을 사용한다면 사수는 표적을 소총의 조준기로 조준선 정렬을 유지하며 추적하고 사격할 때까지 조준점

을 표적 그 자체에 둘 수도 있지만 표적보다 조금 앞선 곳에 둘(즉 리드를 적용할) 수도 있다.

C-13. 이동 표적에 대한 리드 사격을 할 경우 총기의 조준기는 표적이 아니라 표적보다 앞선 곳에 두어야 한다. 사수로부터 수직 방향에 위치한 이동 표적(즉 사수의 관찰 구역을 가로질러 가는)에 대한 일반적인 리드 공식은 아래와 같다.

$$\frac{1}{100}R(7) = L$$

혹은

$$\text{표적까지의 거리의 } \frac{1}{100} \times 7 = \text{인치로 환산된 리드값}$$

C-14. 이 공식은 표적이 시속 3마일(약 4.8km), 혹은 초당 4.5피트(약 1.37m)의 속도로 이동할 때 이동 방향으로 리드를 주는데 적용된다. 그림 C-5가 이 공식을 어떻게 적용하는지 보여준다.

비교적 느린 속도(시속 3마일 혹은 4.5km/h)로 이동중인 표적 사례

$$\frac{1}{100} \times \text{표적까지의 거리} \times 7 = \text{인치로 환산된 리드값}$$

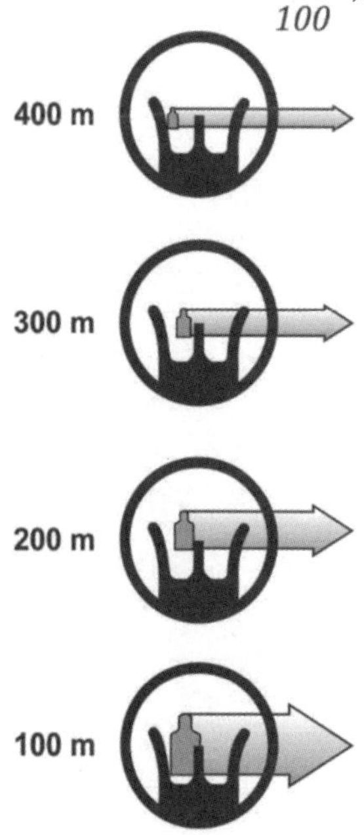

$\frac{1}{100}\ 400(7) = 28''$

$\frac{1}{100}\ 300(7) = 21''$

$\frac{1}{100}\ 200(7) = 14''$

$\frac{1}{100}\ 100(7) = 7''$

기본적인 리드값 $\frac{1}{100}R(7) = L$	
표적까지의 거리 (R)	리드값(L) (인치)
100 m	7"
200 m	14"
300 m	21"
400 m	28"
500 m	35"

그림 C-5. 신중한 리드 공식 사례

C-15. 추적법을 시행하려면 병사는 아래 단계를 밟아야 한다.

- 소총의 총구를 표적을 거치게 한 뒤(즉 표적의 뒤로부터 앞으로 이동시켜) 원하는 리드값을 적용해야 한다. 조준점은 표적 바로 위, 혹은 표적보다 조금 앞에 위치시키며 이는 표적의 거리와 속도, 이동 각도에 따라 달라진다.
- 원하는 조준상을 확보하는 동안 추적을 하면서 조준기에 초점을 맞춰야 한다. 조준상을 얻는 동안 초점을 표적과 소총의 조준기 사이에서 바꿀 필요가 있을지도 모르지만, 사격할 때 만큼은 초점을 조준기에 둬야 한다. 조준상이 얻어지면 교전해야 한다. 그리고 적절한 리드를 유지하는 동안 아래 사항을 지켜야 한다.
  - 적절한 사격후 조치를 취해 탄자가 총구를 빠져나간 뒤에도 리드가 유지되게 한다.
  - 사격 후에도 재사격 필요가 있을지 모르니 추적을 멈추지 않는다.

포획법

C-16. 포획법(그림 C-6)은 앉아 쏴나 서서쏴 등의 자세 때문에 표적을 조준기로 추적하기 힘들 때에 사용된다. 표적과 효과적으로 교전하기 위해 요구되는 리드가 교전 지점과 적절한 조준 보정값을 결정한다.

C-17 조준선 정렬을 마친 뒤 표적이 미리 정해진 교전지점에 이동하기를 기다리며 적절한 조준상을 형성한다. 조준상이 떠오르면 즉각 방아쇠를 당긴다. 포획법을 실시하려면 병사는 아래 단계를 밟아야 한다.

- 표적보다 앞선 지점에 조준점을 잡는다. 바로 표적을 '포획'할 곳이다.
- 조준점에 대한 조준선 정렬을 한다.
- 표적이 시야에 나타나 원하는 조준상이 완성될 때까지 조준선 정렬을 유지하며 기다린다.
- 표적이 조준기 안에 들어가 조준상이 완성되면 즉각 방아쇠를 당긴다.
- 사격후 조치를 실시하 탄자가 총구를 빠져나가는 동안 조준선 정렬에 가해지는 방해가 최소한으로 국한되게끔 한다.

$\frac{1}{100}$ ×표적까지의 거리×7 = 인치로 환산된 리드값

1. 필요한 리드값을 정한다.

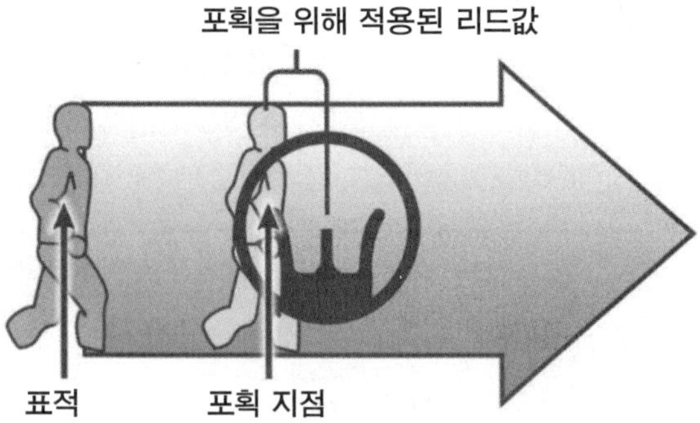

2. 계산한 리드값을 이용해 나온 적의 예상위치를 미리 조준한다.

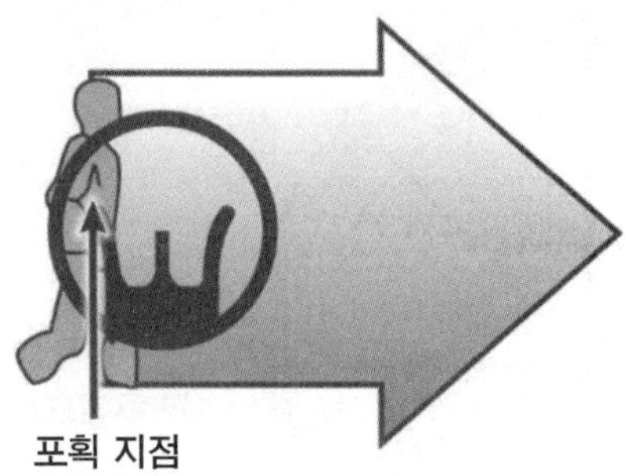

3. 표적이 예상위치(포획지점)까지 도달하기를 기다린다.

4. 포획지점에 도달하는 순간 방아쇠를 당긴다. 탄자의 비행 시간 덕분에 표적이 실제로 명중하게 될 것이다.

그림 C-6. 신중한 포획법 실시의 사례

사선 표적

C-18. 사수에게 대각선으로 다가오거나 멀어지는 위협을 사선 표적이라 한다. 표적이 설령 일정한 속도와 방향으로 이동하더라도 이런 경우는 사수에게 문제가 된다. 실제 속도보다 느려보이기 때문이다.

C-19. 병사들은 이 경우의 조준 보정을 총과 표적을 잇는 직선과 표적의 이동 방향 사이에 생기는 각도를 기준으로 정해야 한다. 아래의 가이드(그림 C-7)은 사선 표적과 교전시 어느 정도 비율로 조준 보정을 하는 편이 바람직한지 도와줄 것이다.

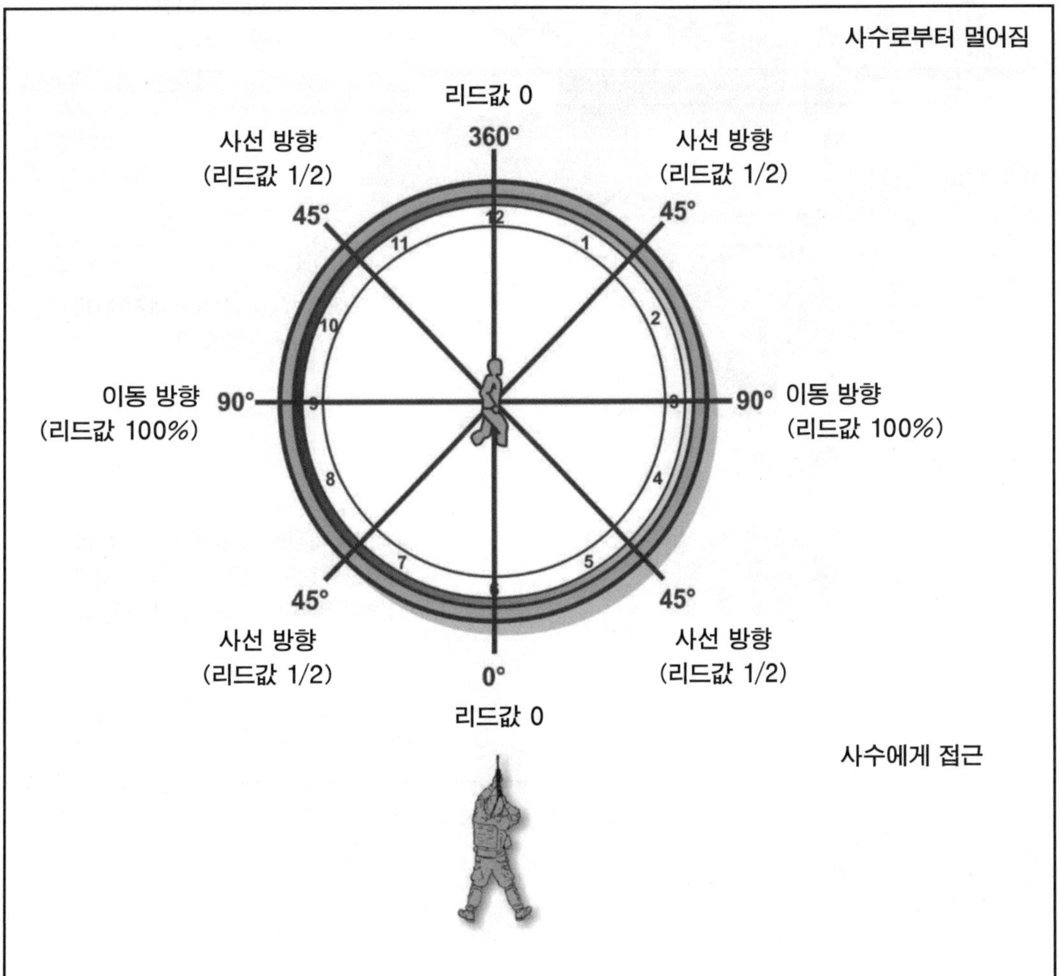

그림 C-7. 사선 표적의 사례

환경적 조건

C-20. 강한 바람이나 시계의 제한과 같은 환경적 조건으로 인해 사격 과정중에 애를 먹거나 비스듬하게 쏴야 할 경우가 생길 수도 있다. 병사들은 이런 상황을 어떻게 감안해 조준할지 이해해야 하며 사격 과정에서 여기에 필요한 기술을 적용할 준비가 되어있어야 한다. 여기에는 여러가지 복잡한 조건이 사격시의 제원 산출에 어떤 영향을 끼치는지도 포함된다.

바람

C-21. 바람은 강외 탄도학에서 가장 강력한 외부 영향요소다. 바람 그 자체가 탄자를 당장 옆으로 미는 것은 아니다. 탄자의 끝은 바람의 영향을 받아 살짝 방향이 틀어질 수 있으며, 이로 인해 탄환이 서서히 바람의 방향으로 이동하게 된다. 바람이 탄자와 최종 탄착점에 어떤 영향을 끼치는지 이해한다면 바람의 효과도 사수가 상쇄할 수 있다. 실제 영향을 끼치는 바람의 요소는 아래와 같다.

- 시간. 탄자가 실제 바람에 노출되는 시간(거리).
- 방향. 어느 쪽에서 바람이 부는가?
- 속도. 탄자가 비행하는 동안에 부는 바람의 속도.

풍향과 값

C-22. 왼쪽으로부터 부는 바람은 탄자를 오른쪽으로 밀리게 하며 오른쪽으로부터 부는 바람은 탄자를 왼쪽으로 밀리게 한다. 바람의 영향은 바람의 속도와 방향에 탄자가 노출되는 시간이 얼마나 되는지에 따라 바뀐다. 바람의 영향을 보정하려면 사수는 바람의 방향, 즉 풍향과 그 값을 먼저 확인해야 한다(그림 C-8 다음페이지).

C-23. 시계방향을 이용, 바람의 방향과 그 값을 정한다. 사수가 총구를 향하는 쪽을 12시로 가정하는 시계를 떠올리면 된다.

C-24. 일단 바람의 방향을 확인하면 바람의 값이 그 다음이다. 바람의 값은 바람이 탄자에 얼마나 영향을 끼치는지를 나타내는 지표다. 어떤 방향에서 부는 바람은 탄자에 거의 영향이 없기도 하다. 아래의 표를 보면 2시에서 4시 방향 사이에서 부는 바람과 8시에서 10시 방향 사이에서 부는 바람이 가장 영향이 강한 것(100%)으로 나타난다. 1시, 5시, 7시, 11시 방향에서의 바람은 '반값'으로 분류되어 값이 100%인 방향의 바람보다 영향력이 절반에 불과한 것으로 간주된다. 6시와 12시 방향의 바람은 아예 값이 0으로, 영향력이 없거나 무시해도 좋을 수준이다.

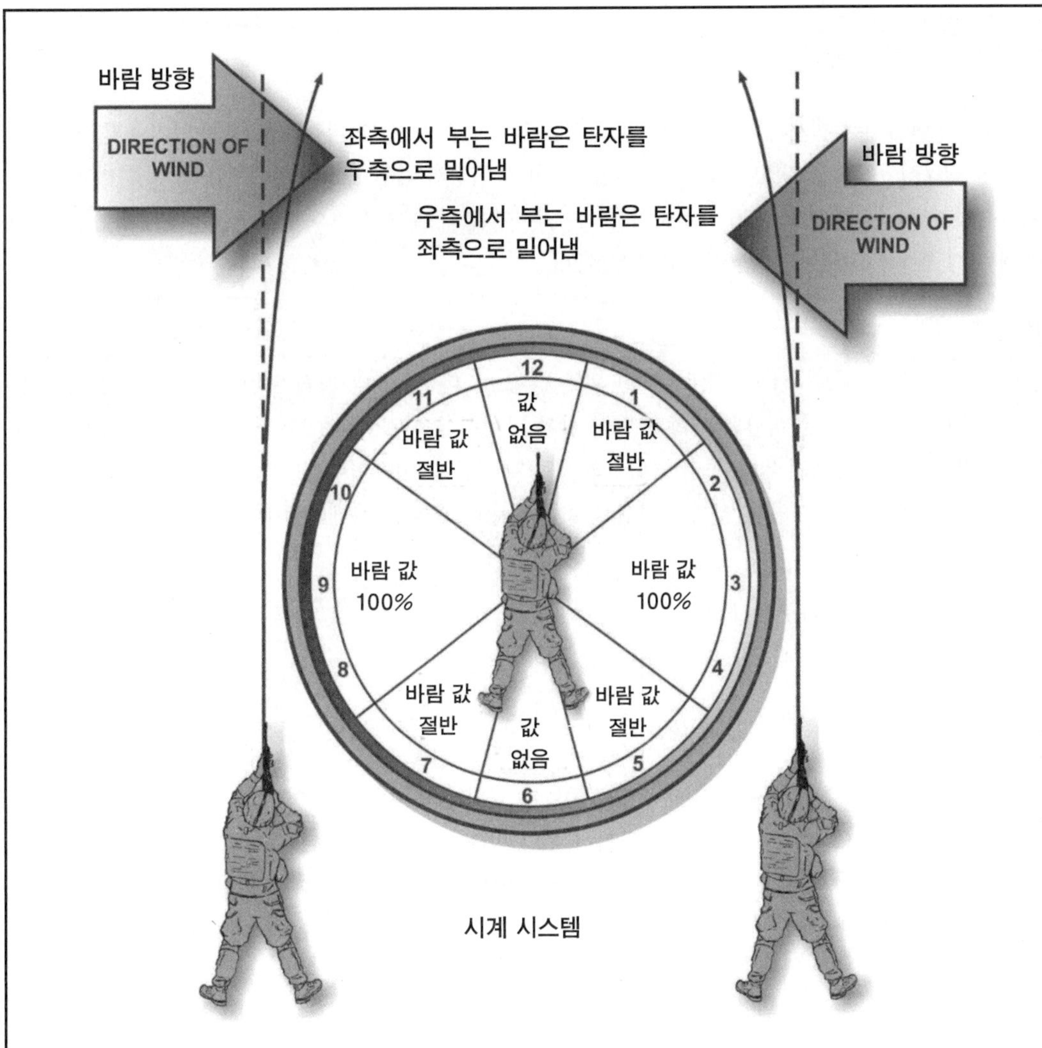

그림 C-8. 바람의 '값'

C-25. 바람은 부는 방향쪽으로 탄자를 밀어낸다(그림 C-9). 바람이 탄자에 끼치는 영향은 바람에 노출되는 시간, 바람의 방향, 바람의 속도에 따라 결정된다. 바람의 영향에 맞춰 조준을 보정하려면 병사는 바람의 방향에 따라 조준위치를 옮기면 된다.

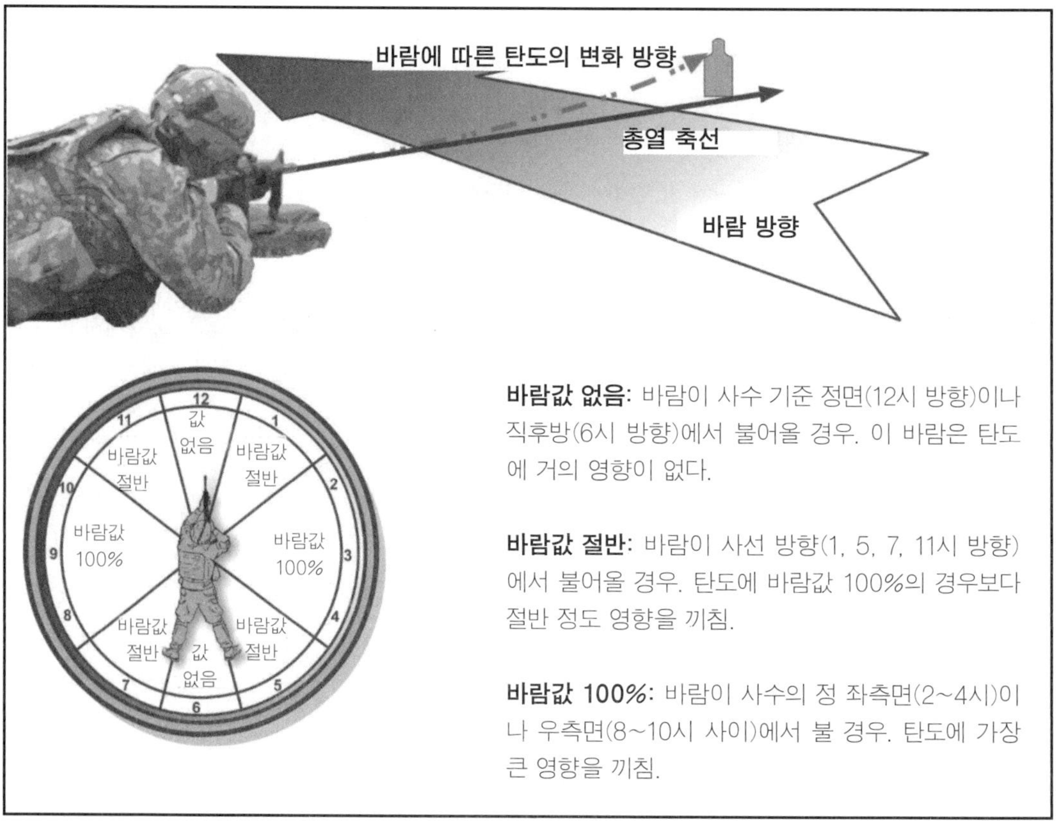

그림 C-9. 바람의 영향

풍속

C-26. 풍속, 즉 바람의 속도는 사격 지점부터 표적 사이에서 계속 변한다. 풍속은 사격 거리 내에서 부는 평균값으로 표시한다. 사수의 초점은 물론 사수와 표적 사이의 바람에 집중되어야 한다. 탄도 궤적의 초반 1/3에서 부는 바람이 가장 중요하지만, 거리가 멀어질수록 사수는 중반과 표적 지역의 바람도 고려해 최고의 평균점을 잡을 수 있어야 한다.

C-27. 병사는 전방의 물체들이 어떻게 움직이는지 보고 풍속을 짐작해야 한다. 각각의 환경에는 각각 다르게 반응하는 식물들이 있다.

C-28. 풍속(시속) 추정은 아래와 같이 실시된다.

- 0~3마일(0~4.8km)=거의 느낄 수 없지만 연기는 옆으로 흐른다.
- 3~5마일(4.8~8km)=얼굴에 가볍게 느껴진다.

- 5~8마일(8~13km)=나뭇잎들이 지속적으로 움직인다.
- 8~12마일(13~19.3km)=먼지나 종이등이 날아간다.
- 12~15마일(19.3~24km)=작은 나무가 휘청인다.

C-29. 병사의 위치에서 부는 바람과 표적에서 부는 바람이 다를 수도 있다.

바람 추정

C-30. 병사들은 지속적으로 정확한 사격을 가하기 위해 바람의 영향을 판단하는 능력을 숙지하고 숙달해야 한다. 병사들은 병사와 표적 사이의 바람이 어떤지 추정하는 지표들을 사용해 적절한 조준을 실시해야 한다.

C-31. 바람이 사격에 미치는 영향을 추정하려면 병사들은 아래의 세 가지 요소가 어떤지 결정해야 한다.

- 풍속.
- 풍향.
- 바람의 값.

바람의 영향을 결정

C-32. 일단 풍속과 풍향, 값을 파악했다면 그 다음에는 바람의 영향을 어떻게 조준에 반영할지 결정해야 한다. 병사의 입장에서는 강풍에 대한 적절한 조준 보정을 하는 세 가지 방법이 있다. 바람 공식의 사용, 바람 추정, 혹은 바람에 대한 평균화된 수치를 나타낸 탄도학적 풍향 보정표를 사용하는 것이다.

C-33. 일단 표적까지의 거리와 풍속을 알고 있다면 아래의 공식을 이용해 바람의 영향을 계산한다. 아래의 공식은 MOA값으로 산출된다. 최종 정답은 반올림등으로 끝을 단순화해 더 빠르게 계산하도록 한다. 아래의 공식(C-10)은 병사들에게 바람에 의해 탄자가 밀려나는 거리만큼 조준을 보정하도록 도울 것이다.

바람에 따른 조준 보정 추정 공식(5.56mm용)

$$\text{바람의 영향을 산출한 MOA값} = \frac{(\frac{1}{100}R)V}{7} = \frac{\frac{1}{100}\times\text{표적까지의 거리(미터)}\times\text{속도(시속 마일)}}{7}$$

$$\frac{(\frac{1}{100}400 \quad)x\,7\,mph}{7} = \frac{4\,x\,7}{7} = 4\,MOA = 16''$$

	미터	풍속(시속 마일:mph)			
		5	10	15	20
거리	300	6인치	13인치	19인치	26인치
	200	3인치	5인치	8인치	11인치
	100	1인치	1인치	2인치	3인치

주: 본 표는 M855탄약 기준임.

그림 C-10. 바람 공식 및 탄도학적 보정표의 사례

C-34. 탄도학적 보정표에는 거리 100m부터 바람에 밀리는 양을 인치(1인치 약 25.4mm)로 표시했다. 거리는 300m까지 기재되어 있으며 풍속은 시속 20마일(약 3.2km/h)로 표시했다. 100m거리에서는 20마일 풍속조차 영향이 그리 크지 않지만 300m에서는 20마일의 바람이 탄자를 무려 26인치(약 66cm)나 옆으로 밀어버린다. 이 표를 보더라도 거리가 멀어질수록 바람의 영향이 커진다는 사실을 알 수 있다.

편류 보정

C-35. 바람의 영향에 따른 조준점 변경은 조준 보정의 중요한 부분이다. 예를 들어 바람이 탄자를 좌측으로 12인치(약 30.4cm) 움직일 것으로 예상된다면 조준점 역시 우측으로 12인치 옮겨야 한다. (그림 C-11 다음페이지)

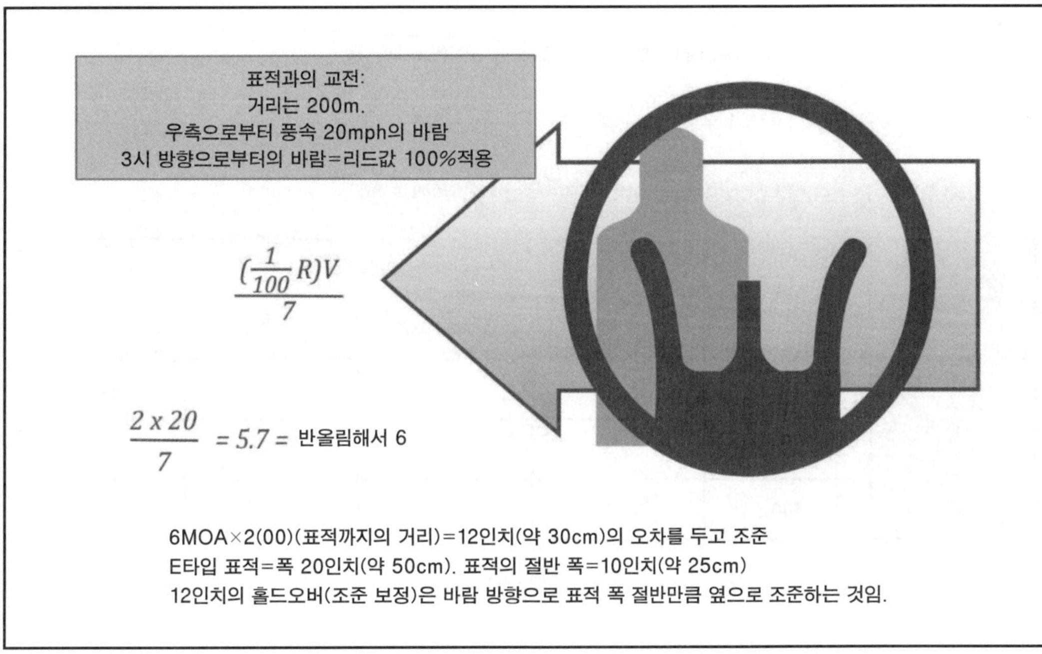

그림 C-11. 바람의 영향에 따른 보정(역보정) 사례

주) 조준점은 표적의 가시 중심점, 즉 실제 보이는 부분의 중심부여야 표적 명중률을 극대화 할 수 있다. 조준 보정을 통해 새로운 조준점을 설정하는 것도 가시 중심으로부터 얼마나 떨어질지를 계산해야 한다.

C-36. 사수는 바람의 효과를 감안한 조준 보정을 해야 한다. 만약 원거리 표적이 빗맞았는데 바람이 왼쪽에서 오른쪽으로 분다면 다음 사격은 오른쪽으로 조준을 옮겨 쏴야 한다. 가장 쉬운 방법은 표적의 바람 맞는 쪽 모서리에 가늠쇠의 가운데를 위치시키는 것이다.

C-37. 신병들은 초탄 사격시에는 반드시 표적의 가시 중심을 맞춰야 하며 그 뒤에 바람때문에 빗맞았다는 확신이 들어야 바람에 따른 보정을 하도록 한다. 숙련된 사수라면 초탄부터 바람에 따른 조준 보정을 해도 되지만 언제나 기본을 따라야 한다- 어떻게 해야 할지 알 수 없다면 무조건 표적의 가시 중심을 겨누라.

경사 사격

C-38. 30도 이상의 각도로 위 혹은 아래로 사격한다면 사수는 수평으로 사격할 때와는 탄착이 달라지는 것을 감안해야 한다. 과도한 경사각으로 영점거리 이상의 먼 거리에 상방 사격된 탄환은 표적보다 위에 맞게 된다. 이를 보정하려면 '신속 고각 사격 공식'을 사용해 조준을 보정해야 한다.

C-39. 첫 단계는 영점거리를 넘은 표적에 대한 적절한 조준 보정값을 잡는 것이다. 표 C-1은 300m이상의 거리에서 어떻게 조준을 보정해야 할지를 알려주는 것으로, M855A1실탄 기준이다.

표 C-1. 영점거리 이상의 표적에 대한 고각 보정값 표

거리(미터)	조준점으로부터의 낙차 (인치)	MOA홀드	밀 홀드
400	-11.9	2.6	0.7
500	-31.4	5.5	1.6
600	-59.7	8.7	2.5

C-40. 그 뒤 사수는 사격 각도가 30도인지, 45도인지, 60도인지 확인한다. 그 뒤에는 신속 고각 사격 공식을 이용해 적절한 고각 보정을 실시한다. 이 공식은 신속하게 필요한 조준 보정값을 내려는 것이다.

C-41. 그림 C-12(다음페이지)는 신속 고각 사격 공식을 MOA와 밀 모두로 표시한 것이다. 이 예는 거리 500m의 표적에 대해 30도, 45도, 60도로 사격할 때의 해답을 제시한다.

그림 C-12. 신속 고각 사격 공식 사례

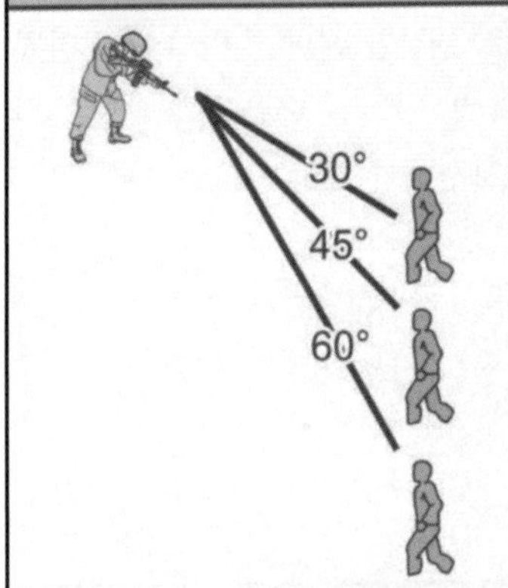

하방 각도	100m에서의 MOA오차적용	100m에서의 밀 오차적용
30°	-1/2 MOA	0.15 mils
45°	-1 MOA	0.3 mils
60°	100m 기준으로 -2MOA적용 후 1MOA를 더함	100m 기준으로 0.6밀 적용 후 0.3밀을 더함

500m에서의 MOA 적용 사례

각도	거리에 따른 홀드값		각도에 따른 보정(-)		60도 각도 보정(+)		실제 적용할 고각 홀드
30°	5.5 MOA	-	2.5 MOA	+		=	3 MOA
45°	5.5 MOA	-	5 MOA	+		=	1/2 MOA
60°	5.5 MOA	-	10 MOA	+	1 MOA	=	-3 1/2 MOA

500m에서의 밀 적용 사례

각도	거리에 따른 홀드값		각도에 따른 보정(-)		60도 각도 보정(+)		실제 적용할 고각 홀드
30°	1.6 mils	-	0.75 mils			=	+0.85 mils
45°	1.6 mils	-	1.5 mils			=	+0.1 mils
60°	1.6 mils	-	3 mils	+	0.3 mils	=	-1.1 mils

60도의 경우 가장 간단한 공식: -MOA/0.6밀 + 고각 홀드

그림 C-12. 신속 고각 사격 공식 사례

복합적 조건

C-42. 어려운 사격 조건의 정보들을 종합해 보면 병사들은 특정 상황에서 어떻게 조준보정을 해야 하는지에 대한 규칙을 만들 수 있다.

C-43. 아래의 사례들은 다양한 속도로 움직이는 이동 표적들에 대한 적용예들이다. 이것은 교전시에 복잡한 탄도학적 해결책을 내놓아야 할 때 다양한 조준 보정 정보를 어떻게 적용할 수 있는지를 보여준다.

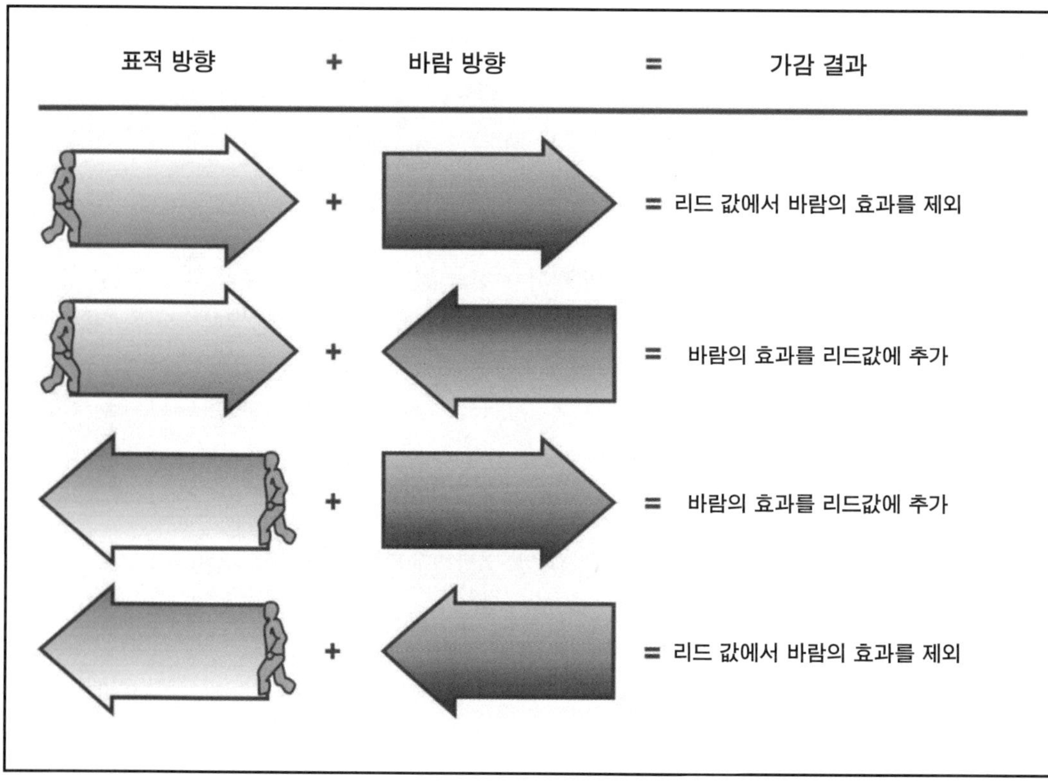

그림 C-13. 바람과 표적의 속도를 함께 고려해야 할 때의 사례

부 록 D

연 습

이 부록에서는 소총및 카빈을 위한 다양한 연습 및 그 목적을 서술한다. 훈련 과정은 모든 개인 및 공용화기별로 표준화되어있으며 이는 훈련과 실전 모두에서 병사들이 배정받은 무기로 일상적으로 수행해야 하는 가장 흔한 임무의 수행을 강화하기 위함이다.

이 연습들은 통합 병기 훈련 개념을 실천할 때 사용되며 동시에 일상적인 유지보수와 훈련, 임무배치등에도 적용된다. 이 부록에서 사용되는 연습은 병기의 숙련도와 능률을 얻기 위해 사용되며 일상적인 병기 사용에 녹아들어야 한다.

D-1. 각각의 연습은 훈련 및 실전에서 장비 및 병사 자신의 행동에 자신감을 주기 위해 고안됐다. 이들은 반복을 통해 숙달되면서 병사들에게 제2의 본능으로써 일상적이고 정상적인 상황에서 부드럽고 지속적으로 적용할 수 있게 해야 한다.

D-2. 연습은 아래의 원칙들에 따라 병사들의 능률을 향상시켜야 한다.

- 사고방식- 병사가 스트레스를 받는 상황에서 빠르고 효율적으로 임무를 수행하는 능력.
- 능률- 연습이 최소한의 동작이나 단계들만으로도 올바르게 완료될 수 있도록 한다. 한 단계라도 줄일 수 있도록 애쓴다.
- 개인적 전술- 해당 연습이 실전과 직결될 수 있도록 한다.
- 유연성- 실행에 융통성이 있는 연습을 준비하도록 한다. 장비 자체나 그 사양, 전술등에 따라 과정을 부대 단위로 바꿀 수도 있다.

사고방식

D-3. 지속적인 전투는 근본적으로 스트레스를 유발한다. 전투에서 병사들은 탈진하고 정신적으로도 필요한 임무를 빠르게, 혹은 효율적으로 수행하기 힘들게끔 변한다. 스트레스를 받는 상황에서 임무를 수행할 병사의 능력이야말로 전투 승리의 요인이다. 병사가 없이는 병기도 전술도 무용지물이기 때문이다. 결국 개인과 부대 모두의 군사적 효율성은 병사가 얼마나 분명히, 정확히, 빠르게 생각할 수 있는지, 그리고 능동적으로, 적극적으로, 심리적으로 튼튼하게, 얼마나 오래 버틸 수 있느냐에 따라 달린 문제다.

D-4. 전투 스트레스로 인해 생기는 심리적 변화의 여파는 자극의 수준에 따라 상승할수도, 하강할수도 있으며 이로 인해 끊임없이 변하는 주변 전장상황에 대한 병사들의 인식능력도 바뀐다. 전술적 사고방식을 유지하는데는 각자의 상황 인식 능력에 대한 이해가 필요하며 동시에 주변 상황에 따라 상황 인식의 수준을 높이거나 낮춰야 할지에 대한 고려도 필요하다.

주) 스트레스는 병사의 활력과 임무능력 향상을 통해 맞설 수 있다. 포괄적 병사 및 가족 체력 증진(CSF2) 프로그램은 주어진 임무를 수행할 병사의 능력과 의지를 향상시키고 정신적 회복력, 육체적 회복력, 임무수행 향상 기술을 평가하고 훈련시킴으로써 병사의 임무수행 능력을 전반적으로 개선한다. 이 프로그램에서는 병사들이 스트레스에 대처할 많은 기법들을 훈련시킬 소재를 제공한다. CSF2에 대한 자세한 내용은 http://csf2.army.mil 을 참고하기 바란다.

능률

D-5. 능률은 원하는 결과를 내기 위해 투입되는 시간이나 자원을 최소화하는 것을 뜻한다. 능률적 행동은 과도한, 혹은 낭비되는 행동을 포함하는 행동보다 자연스럽게 빠르다.

D-6. 정신적-육체적 노력의 양을 줄임으로써 행동의 반복이 가능해지고 그만큼 예측도 가능해진다. 이를 통해 병사들은 정확한 사격능력을 유지하면서도 전술에 초점을 맞출 수 있다.

개인적 전술

D-7. 개인적 전술은 부대의 SOP(표준 작전 절차)와는 독립된 전술들, 혹은 각개 병사가 직접적인 총격전에서 살아남고 승리할 확률을 극대화하는 상황을 뜻한다.

D-8. 개인적 전술의 사례는 엄폐물 활용이나 해당 병사와 적 사이의 시간 및 공간을 활용하는 것이다.

유연성

D-9. 이 교범에서 설명하는 기술은 준수해야 하는 규정이 아니다. 동일한 결과를 내는데 여러 기술이 적용될 수 있기 때문이다. 사실 소총 사격에서 하나의 '만능'해결책은 존재하지 않는다. 다양한 종류의 적

과 상황이 여러 다른 기술을 요구한다.

D-10. 그러나 여기서 소개하는 기술들은 다양한 소총 관련 임무를 수행하는데 있어 효율적이며 입증된 기술들이다. 다른 기술들을 선택한다면 아래의 조건들을 충족해야 한다.

스트레스 상황에서 신뢰할 수 있어야 함

D-11. 전투기술은 신뢰성을 최우선 목표로 해야 한다. 전투시에는 어떤 기술이라도 실패 없이, 어떤 상황에서도, 전투에 필요한 장비를 착용한 상태에서 원하는 목적을 달성해야 한다.

D-12. 전투기술은 훈련시에 가능한 범위 내에서 최대한 스트레스가 주어진 상황에서 검증되어야 한다.

스트레스 상황에서 반복 가능해야 함

D-13. 전투는 강력한 스트레스 요인이며 인체는 그 어떤 스트레스 자극제보다 전투에 강렬하게 반응한다. 심리적 변화가 나타나기 시작하며 자극의 수준에 따라 다양한 정도의 반응 -통제가 가능할수도, 불가능할수도 있는- 이 나타난다.

D-14. 전투 기술은 생명을 위협하는 상황에 대한 인체의 자연적 반응을 활용하거나 지탱해야 한다.

행동의 능률

D-15. 전투 기술은 행동의 효율을 최대한으로 보장해야 한다. 여기에는 꼭 필요한 움직임만 포함해야 한다. 과도한, 혹은 불필요한 움직임은 전투 기술에서 그만큼 시간을 낭비하게 된다. 교전 상황에서 시간은 삶과 죽음을 가를 수 있다.

D-16. 교전 상황에 따라 어느 정도 속도가 필요한지 감안해야 한다. 비무장 인원은 20피트(약 7m)의 거리를 1초만에 주파할 수 있다. 임무 수행에 필요한 시간이 늘어날수록 능률은 떨어지며 그만큼 병사의 안전도 낮아진다.

반복을 통한 본능적 반응의 개발

D-17. 적절히, 그리고 충분한 횟수로 연습하면 전투기술이 병사들에게 상황에 따른 반사적 반응을 유도할 수 있다. 적절한 연습만이 병사들에게 스트레스 상황에서도 반응할 수 있는 '근육의 기억'을 각인시킨다. 훈련의 목표는 행동에 따른 각 단계를 생각하지 않고 실천할 반사능력을 키우는 것이다.

적 제압 능력을 위한 지렛대

D-18. 보병 교전은 대부분 0~600m사이의 범위에서 다양한 거리로 이뤄진다. 소총을 신속하고 효율적으로 겨누면 그만큼 병기의 안정성을 높이고 조준을 가다듬으며 정확한 사격을 가할 수 있는 사격 제어를 실현할 시간을 벌 수 있다. 이것은 부대 단위로 화력 우위를 점하고 주도권을 잡는 목표 실천을 향해

빠르게 발전한다. 속도는 훈련을 통해 발전해야 하며 작전중에도 유지되어야 한다.

D-19. 병사와 위협의 거리가 줄어들수록 잘 조준된 치명타를 적에게 쏠 시간도 줄어든다. 거리가 늘어날수록 병사는 조준을 가다듬고 기타 조작을 할 시간적 여유가 얻어진다.

연습

D-20. 사격 과정의 기능적 요소를 숙달하기 위한 기술을 쌓으려면 몇몇 임무는 반복적 연습을 통해 축적해야 한다. 이 연습은 병사가 거의 제2의 본능 수준으로 효율적으로, 막힘없이 실천해야 할 일상적 임무나 행동을 각인시키기 위한 것이다.

D-21. 연습은 병기의 특정 조작을 위협 대처에 적절하게 적용하는 능력과 병기 오작동을 극복하는 능력, 기타 병공통 과제를 유연하고 자신있게 실천할 능력에 집중해야 한다.

연습 A- 병기 점검

D-22. 병기 점검은 여기서는 병사가 시각적으로 점검하는 것을 뜻한다. 여기에는 최소 아래 항목들은 포함되어야 한다.

- 병기가 장전되어있지 않다.
- 병기의 총번(일련번호).
- 조준기의 일련번호.
- 모든 조준기및 장비, 부가장비의 장착부위.
- 기능 점검.
- 모든 장비가 레일에 적절하게 장착되었는지의 여부.
- 영점 정보.
- 모든 탄창의 기능 확인.

D-23. 병기 점검은 병기를 무기고에서 수령할 때부터 실시해야 한다. 병기를 지면에 놓아둔 상태에서 다시 집어들 때에도 마찬가지이다.

D-24. 필요하면 부대 차원에서 연습 A에 다른 것을 추가할 수도 있다. 부대에서는 병사들에게 언제라도 연습 A를 실시시켜 부대의 작전능력을 유지할 수 있다.

연습 B- 병기 휴대상태 변경 및 출납(권총집에 넣고 빼는 훈련 포함)

D-25. 이 연습은 필요에 따라 병기의 휴대 위치를 바꾸는 것이다. 이 연습을 통해 병기의 휴대 위치가 급

격히 바뀌어도 총구를 안전하게 유지할 능력을 보전할 수 있다. 이 연습은 병사의 착용 장구류와 병기가 서로 잘 맞는지 확인하고 병기를 유효하게 쓰는 능력을 유지하면서 자세를 바꿀 수 있는지도 확인한다.

D-26. 이 연습을 실시할 때에 병사는 아래 사항들은 준수해야 한다.

- 멜빵을 적절하게 조절해야 한다.
- 상체를 좌우로 돌려 멜빵이 다른 장비에 걸리지 않는지 확인한다.
- 병기가 전술적 행동에 방해되지 않는지 확인한다.

연습 C- 장비 점검

D-27. 이 연습은 전투 전 점검(PCC:Pre-Combat Check)로서 병사의 조준기 및 장비, 액세서리를 점검하는 것이며 아래 사항들을 점검한다.

- 배터리.
- 장비들의 장착 상태.
- 장비들이 전술적 행동에 방해하지 않는지의 여부.
- 사용 탄창들이 적절히 수납되었는지의 여부.

연습 D- 장전

D-28. 이것은 행정적인 장전 기능의 연습으로, 병사들에게 믿을만한 장전 기술을 숙달하게끔 한다.

연습 E- 운반

D-29. 여기서는 병기를 운반하는 5가지 원칙을 나열한다. 이것들은 훈련시의 사격장 운용과 밀접한 관계가 있지만, 전투시에도 적용되도록 특별히 손질되었다. 아래의 연습은 아래 5가지 동작들 사이를 효율적으로 오갈 수 있게 도와준다.

- 멜빵 메기(행)
- 안전 멜빵 메기(세이프 행)
- 앉은 상태에서 낮은 대기.
- 낮은 대기
- 높은 대기

D-30. 지휘관은 연습을 시작할 때 어떤 운반자세를 취할지 알려줘야 한다. 각각의 운반 수법은 무작위로 최소한 세 번은 연습해야 한다.

연습 F- 하강 전투

D-31. 하강 전투 연습은 사격 자세간에 얼마나 효율적으로 전환할 수 있는지 이해를 증진시킨다. 이 연습은 서서 쏴 자세로 시작한 뒤 명령에 따라 한 단계씩 낮은 자세로 전환하거나 지휘관이 명령하는 자세

로 전환한다. 하강 전투 연습은 아래 순서로 실시된다.

- 서서쏴
- 무릎쏴
- 앉아쏴
- 엎드려쏴

D-32. 각각의 자세는 최소 세 번은 연습해야 한다. 지휘관들은 연습 F와 G를 연관시켜 훈련시켜야 한다.

연습 G- 상승 전투

D-33. 상승 전투 연습은 작전중 다양한 사격자세를 오갈 때 시간과 속도를 증진시키기 위한 것이다. 이 연습은 엎드려쏴 자세로부터 시작해 명령에 따라 다음 높은 자세로 이행하거나 지휘관이 명령하는 자세로 전환한다. 상승 전투 연습은 아래 순서대로 실시한다.

- 엎드려쏴
- 앉아쏴
- 무릎쏴
- 서서쏴

D-34. 각각의 자세는 최소 세 번은 연습해야 한다. 지휘관들은 연습 F와 G를 연관시켜 훈련시켜야 한다.

D-35. 지휘관들은 연습의 템포를 높이고 병사들이 다음 자세로 전환하는데 필요한 속도를 높일 수 있다. 최소한의 3회 연습이 끝나면 지휘관은 F와 G사이의 전환을 언제건, 어느 속도로 해도 가능하도록 훈련을 계속해야 한다.

연습 H- 엎드려쏴로 전환

D-36. 엎드려쏴 전환연습은 서서 쏴나 쪼그려쏴 자세에서 엎드려쏴 자세로 신속하게 전환하는 능력을 높인다. 요구되는 기준 시간은 2초 이하이다.

D-37. 지휘관들은 병사가 취해야 할 시작 자세를 지정해야 한다. 해당 병사가 시작 자세를 제대로 잡았다면 병사는 엎드려쏴 명령을 내려야 한다. 이 연습은 정지 상태에서 최소 5회, 보행중 최소 5회 실시해야 한다.

D-38. 지휘관들은 이 연습에 필요한 예비 명령을 주어서는 안되며 병사가 예상 못한 상황에서, 혹은 불규칙적인 주기로 엎드려쏴 명령을 내려야 한다. 지휘관들은 전술적 구보 훈련에 연습 H를 포함해야 한다.

연습 I- 탄창교환

D-39. 전술적 탄창교환(재장전) 연습은 병사가 완전한 전투 장비를 갖춘 상태에서 이뤄진다. 이 연습은 어떤 사격자세에서도 믿을만한 탄창교환 능력을 반복을 통해 숙달하는데 목적이 있다.

D-40. 병사는 연습 I를 아래의 각 사격자세에서 각각 최소 7번은 해야 한다.

- 서서쏴
- 쪼그려쏴
- 무릎쏴
- 엎드려쏴

D-41. 지휘관들은 연습 I를 실시하는데 다른 연습들도 혼합해 훈련을 강화할 수 있다.

연습 J- 기능고장 배제

D-42. 이 연습은 소총이나 카빈에서 가장 흔한 기능고장들을 배제하면서도 올바른 총구 방향 및 상황 인식능력을 유지할 수 있는 세 가지 방법을 포함한다. 병사들은 지휘관의 명령에 따라 세 가지 방법 모두를 연습해야 한다.

D-43. 연습 J의 세 가지 방법은 반드시 각각 다섯번 반복되어야 한다. 일단 끝나면 지휘관들은 연습 J를 다른 연습들에 혼합해 어떤 자세에서도 임무수행이 유연하게 가능하도록 해야 한다.

연습 K- 탄창 제거/약실안전 확인

D-44. 이는 행정적으로 필요한 실탄 제거 절차로, 병사들이 믿을만한 탄 제거 기술을 숙달하게 하려는 것이다. 이 연습은 연습 D, 장전과 함께 실시해야 한다. 이 연습은 병사의 탄입대 용량에 맞춰 최소 7차례 실시되어야 하며 어떤 상황에서도 사용한 탄창을 회수할 수 있도록 '덤프 파우치'(탄창 회수 주머니)의 사용을 강조해야 한다.

D-45. 이 연습은 병기에 탄약이 없어도 수행할 수 있다. 지휘관들은 필요하면 더미탄이나 탄피를 이용해 연습할 수 있다. 주둔지 내에서 지휘관은 연습 K를 필요할 때 언제든 활용할 수 있어야 한다. 특히 이는 건물이나 차량에 들어가기 전에 실시되어 병사의 능력 및 세부에 대한 주의력을 증진시킬 수 있다.

부 록 E

영점 잡기

병기의 영접을 잡는 것은 훈련도 아니고 전투에 필요한 조작도 아니다. 영점은 유지-정비의 일환으로, 병기가 병사의 능력, 기술, 전술적 상황, 조준장비, 탄약 등과 함께 작전에 사용될 수 있게끔 한다. 영점 잡기의 목적은 조준선과 탄도를 일정한 거리에서 최대한 일치시키는 것이다. 영점 과정은 병사와 병기, 조준기, 탄약이 표적까지의 특정 거리에서 최소한의 실수만으로 기대한대로 작동하도록 하는 것이다.

병사들이 높은 수준의 정확도와 정밀도를 유지하려면 영점을 올바르게 잡아야 한다. 병사들은 일련의 사격에서 반드시 지속적인 탄착군을 유지해야 하며 탄착점을 적절한 조준점으로 이동시켜야 한다. 병사들은 이 부록에서 서술된 과정과 병기및 장비의 교범을 활용해 영점을 잡아야 한다.

전투가늠자 영점

E-1. 전투가늠자 영점은 다양한 교전 상황에서 정확한 거리 측정이나 가늠자 조정등의 필요를 최소한으로 줄일 수 있는 가늠자의 설정 및 탄도 조합을 의미한다. 보통 전투가늠자 영점은 병기및 탄약, 조준장비의 조합에서 기본 설정으로 잡혀있다.

E-2. 적절한 전투가늠자 영점은 사수에게 일정한 거리의 표적에 대해 조준점을 조정하지 않고도 교전이 가능하게끔 한다. 전투중에 조정이 가능하지 않은 조준장비, 혹은 낙하 보정 눈금(BDC)이 없는 M68같은 장비에서는 전투가늠자 영점을 맞출 거리의 선정이 매우 중요하다.

영점 과정

E-3. 영점을 잡을 때는 절차를 잘 따라야 한다. 영점 과정은 최대한 시간을 효율적으로 이용하면서 가장 정확한 영점을 잡게끔 설정되었다.

E-4. 영점 잡는 과정에는 기계적 영점 설정, 영점용 레이저, 25m 탄착군 형성 및 영점, 300m거리에서의 영점 확인이 포함된다.

주) 비록 바람과 중력이 탄도 궤적에 최대의 영향을 끼치지만, 공기의 밀도와 고도 역시 고려해야 한다.

영점용 레이저

E-5. 영점용 레이저는 눈에 안전한 레이저로서 광학 및 금속 조준기, 조준용 레이저를 사격하지 않고 영점을 잡기 위한 도구이다. 영점용 레이저는 25m거리의 영점 표적에 처음 형성되는 탄착군을 보조한다. 영점용 레이저는 영점 과정에서 사격장에서 소모되는 시간과 소요 실탄을 절약할 수 있다. 영점용 레이저는 총구 축선에 맞춰 중심이 형성되며 이 때 표적은 총구로부터 10m떨어진 곳에 놓인다.

25m 탄착군 및 영점

E-6. 일단 레이저를 통한 비사격 영점조절이 잘 이뤄지면 다음 단계에서 실제 탄착군 형성과 영점 작업이 필요하다. 탄착군과 영점 조절은 25m에서 25m용 영점 표적, 혹은 미리 설정된 다른 거리에서 이뤄진다.

25m 탄착군

E-7. 여기서 중요한 것은 사수가 조밀한 탄착군을 형성하고 그 탄착군을 계속 동일한 위치에 형성시키는 것이다. 조밀하고 계속 같은 곳에 형성되는 탄착군은 사수가 영점을 잡기 전에 적절하게 조준하고 올바르게 방아쇠를 통제할 능력이 있다는 사실을 보여준다. 사수는 탄착군을 올바르게 형성할 능력을 갖추기 전에는 영점 조절 과정을 시작해서는 안된다.

25m 영점조절

E-8. 일단 사수가 정확한 탄착군 형성능력을 보여주면 이들은 탄착군이 표적 중심으로 이동할 수 있도록 조준기를 조절하기 시작해야 한다. 영점 조절 과정에서 사수는 최대한 탄착군이 가운데로 이동하도록 해야 한다. 조준장비에 따라서는 25m거리에서 맞추는, 영점을 지시하는 표식이 있을 수 있다. 영점 조절 과정에서 사수는 탄착군을 최대한 이 표식에 가깝게 이동시켜야 한다.

300m거리까지의 영점 확인

E-9. 영점 조절 과정에서 가장 중요한 단계는 300m까지의 거리에서 영점을 확인하는 것이다. 25m거리에서 영점을 맞췄다고 300m에서 맞는다고 장담할 수는 없다. 300m에서 맞는지 확인하는 가장 확

실한 방법은 300m에서 쏘는 것 뿐이다.

E-10. 명중 확인은 병사가 탄착을 육안으로 확인할 수 있다면 어느 거리에서도 가능하다. 여기서 탄착군을 형성해야 하며 조준기도 맞춰서 조절해야 한다. 적어도 300m에서의 확인은 해야 한다. 실탄의 여유가 있다면 사수에게 다양한 거리에서 사격시켜 어디에 명중하는지 보게 하면 좋다.

E-11. 100m 이상의 거리에서 영점을 확인할 때에는 바람의 영향도 필요하다면 고려해야 한다. 만약 바람부는 날에 300m거리에서 영점이 확인됐다면 바람 조건이 다르거나 아예 없는 날에 따로 사격해 탄착점이 바뀌는지 확인해야 한다. (표 E-1참조).

표 E-1. 300m에서 바람이 영점에 끼치는 영향

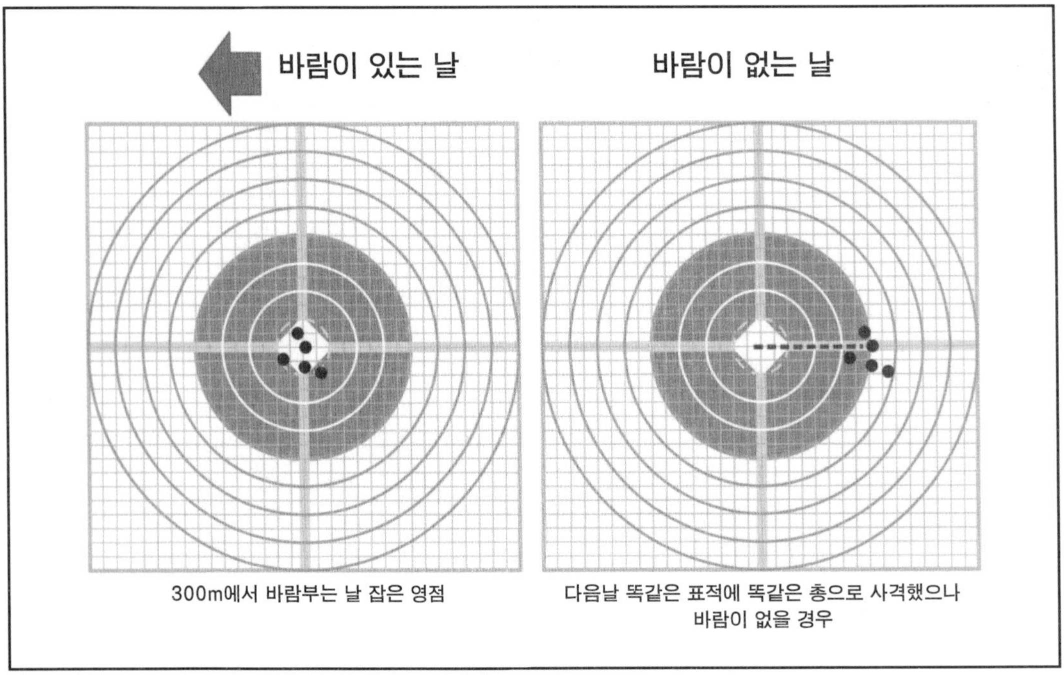

실거리 영점 확인

E-12. 모든 실사격 훈련에서는 그 결과를 확인해야 한다. 병사들은 탄착지점이 어딘지 정확히 알아야 한다. 만약 앞서 사격한 탄의 탄흔이 무엇인지 알 수 없다면 정확한 사격결과 확인이 어렵다. 정확한 사격결과 확인을 위해서 교관들은 병사들이 앞서 사격한 탄흔을 정확히 표시하게 하며, 표적지를 따로 받지 않는 자동화 사격장이면 관제실로부터 앞서 사격한 결과를 정확히 프린트해 받아둬야 한다.

E-13. 영점을 잡은 뒤에는 실거리의 결과 확인(앞서 언급한 300m까지의 확인)이 필수적이다. 만약 실거리 사격을 할 여건이 안된다면 25m거리에서의 축사 표적지를 이용하는 방법도 있다.

E-14. M4및 M16계열 총기에서 실거리 사격은 25m에서 300m사이에서 이뤄진다. 이것은 영점이 제대로 잡힌 총기라면 25에서 300m사이의 거리에서 표적의 중심부를 조준해서 효과적으로 교전할 수 있다는 이야기다. 잘 훈련된 사수라면 제대로 된 조건으로는 600m까지의 거리에서 교전이 가능하다.

주) 흔히 나오는 착각은 착용한 전투장구가 영점에 영향을 끼친다는 것이다. 사수가 전투 장구를 추가로 착용한다고 가늠자나 조준망선이 움직이지는 않는다. 가늠자와 가늠쇠를 이은 직선은 탄도 궤적상에서 원하는 지점과 겹칠 수도 있고 아닐 수도 있다. 병사들은 전투 장구를 착용한 상태와 안 착용한 상태에서 자신들의 직무 수행 능력을 파악해야 하며 여기에는 다양한 자세에서 사격을 어느 방향으로 하는 버릇이 있는지를 파악하는 것도 포함된다. 한 자세에서 탄착점이 어디로 옮겨지는지가 다른 자세에서도 똑같이 탄착점이 옮겨진다는 뜻은 아니다.

E-15. 그림 E-2는 M16A2와 M16A4를 위한 영점 표적이다. 그림 E-3은 M4및 M16계열을 위한 영점 표적이다.

M16A2/M16A4용 25m 영점표적

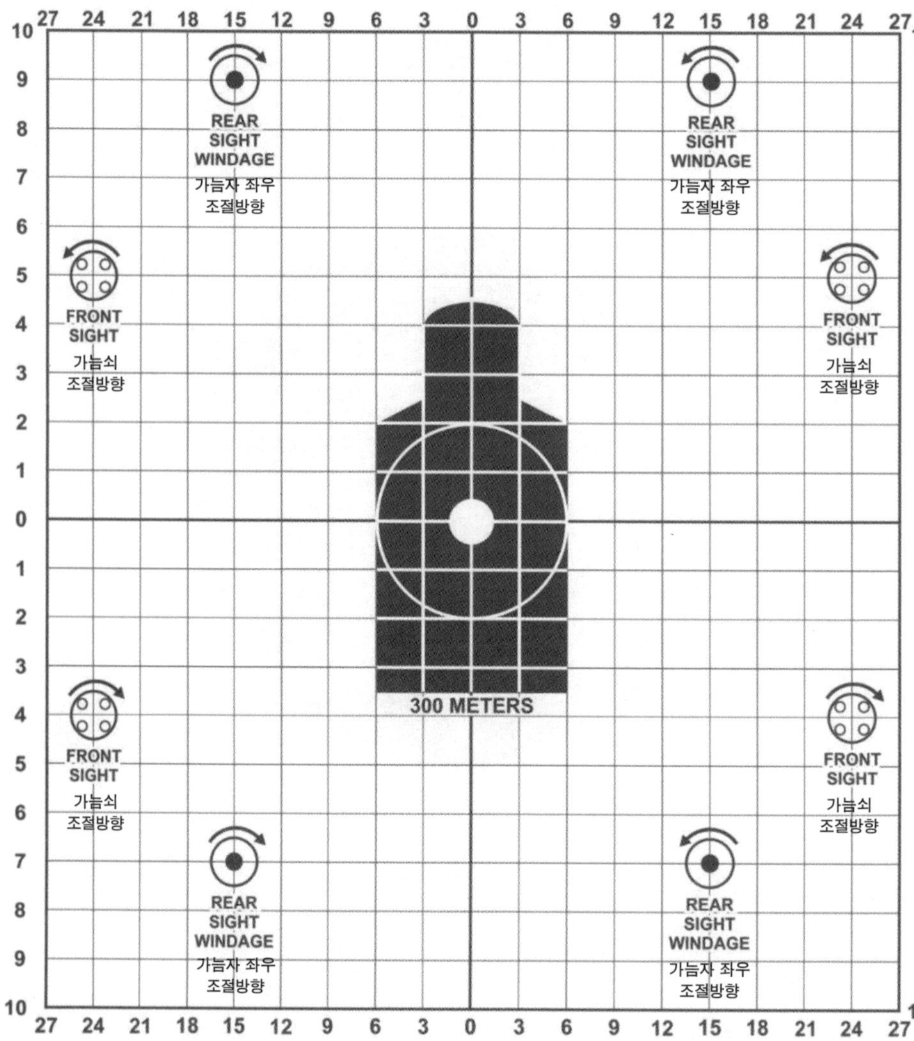

M16A2/M16A4 영점조절 표적 데이터

1. 25m에서 예비 금속 조준기(BUIS)로 조준할 경우 거리 조정 다이얼을 200m에 세팅한다. 탄착점은 4×4cm크기의 4각형 안에 들어갈 것이며 이 4각형의 위치는 표적 중앙을 겨눴을 경우 중앙에서 2.5cm하부에 있을 것이다.
2. 25m에서 CCO로 영점을 잡을 경우 표적의 중앙을 겨누고 쏜다. 탄착점은 4×4cm크기의 4각형 안에 들어갈 것이며 이 4각형의 위치는 표적 중앙을 겨눴을 경우 중앙에서 3cm하부에 있을 것이다.
3. ACOG(RCO)로 25m에서 영점을 잡을 경우, 300m를 기준으로 조준해야 한다(조준 지점은 표적 중앙). 탄착점은 4×4cm크기의 4각형 안에 들어갈 것이며 이 4각형의 위치는 표적 중앙을 겨눴을 경우 중앙에서 1.5cm하부에 있을 것이다. 다만 100m에서 영점을 잡는 편이 ACOG에서 선호된다.

그림 E-2. M16A2/M16A4용 25m 영점표적

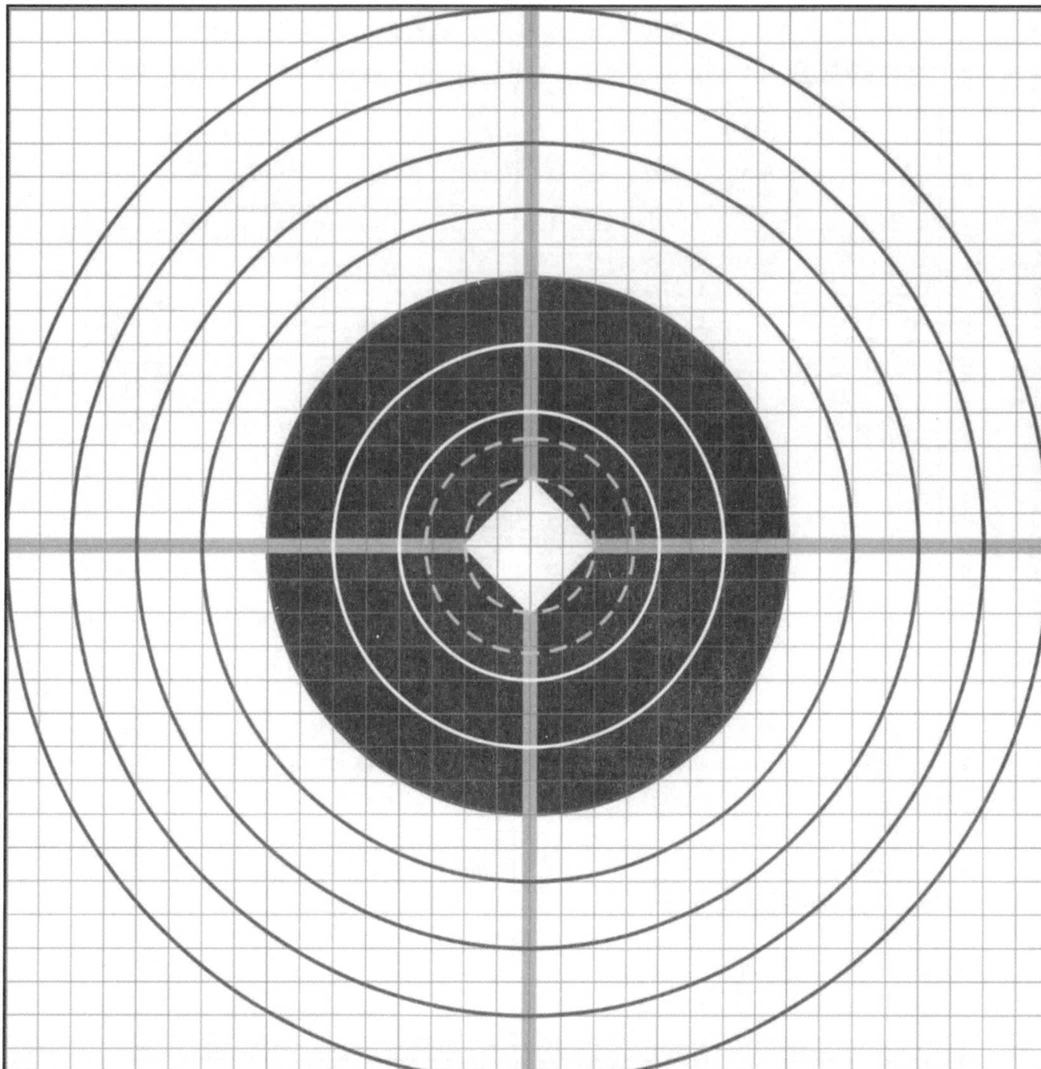

실거리에서 확인될 때 까지는 영점이 잡혔다고 인정되지 않음.

표적의 한 칸은 25m거리에서의 1 MOA

조준 장비	상하 조절 MOA값(한 클릭)	좌우 조절 MOA값(한 클릭)
CCO	0.5	0.5
M150 RCO/TA-01*	0.5	0.5
M4/M4A1 가늠자(BUIS)	0	0.75
M4/M4A1 가늠쇠	1.75	0
M16A2/A3/A4 가늠자(BUIS)	0	0.5
M16A2/A3/A4 가늠쇠	1.25	0

*안쪽 다이얼은 .333MOA

그림 E-3. M4/M16계열 총기용 25m 영점표적 겸 권총사격 표적

E-16. 표적과 정확히 교전하려면 영점을 잘 잡아야 한다. 병사가 실전에 투입되건, 혹은 새로운 장소에서 훈련에 임하건, 총기의 영점은 늘 확인해야 한다. 고도와 기압, 기타 요소들이 탄도에 영향을 끼칠 수 있기 때문이다. 영점에 영향을 끼치는 요소는 여러가지가 있으며 탄이 어디로 향하는지 확인하는 가장 확실한 방법은 실제로 사격하는 것이다.

E-17. 어떤 총에 잡힌 영점 수치가 다른 총에도 그대로 적용되는 법은 없다. 예를 들어 어떤 병사의 소총에서 가늠자를 중심으로부터 왼쪽으로 3MOA 옮겨 영점이 잡혔다고 해서 다른 소총도 똑같이 3MOA를 움직인다 한들 영점이 잡히지는 않는다. 총기마다 제조 공정에서의 오차가 발생하기 때문이다.

E-18. 병사들은 실사격을 하기 전에 실전과 동일한 장비를 착용하고 공격발 훈련을 하는 것이 바람직하다.

E-19. 미 육군의 훈련 표준 위원회 교범(STRAC-DA PAM 350-38)에는 3발 탄착군을 이용한 훈련 탄약의 배정에 대한 규정이 있다. 하지만 선호되는 영점 사격 탄착군은 5발 탄착군으로, 보다 탄착군을 정확하게 분석할 수 있다. 그림 E-4는 각각 한 발이 오른쪽으로 크게 벗어난 3발 탄착군과 5발 탄착군을 보여준다. 3발 탄착군에서 모든 탄착점을 사용한다면 사수는 이 4cm탄착군의 오른쪽 구석에 맞은 탄까지 고려해서 영점을 수정해야 한다. 반면 5발 탄착군에서는 4발이 옆 3발 탄착군의 왼쪽 2발과 같은 곳에 모여있고 한 발만 오른쪽에 맞았다. 5발 중 4발이 조밀한 탄착군을 형성한 만큼, 영점은 이 4발 탄착군을 기준으로 조금만 조정하면 되고 오른쪽의 한 발은 예외로 무시해도 좋다.

E-20. 탄착군 형성 및 영점 조절 과정에는 탄착군 표시 및 탄착군 분석이 포함된다.

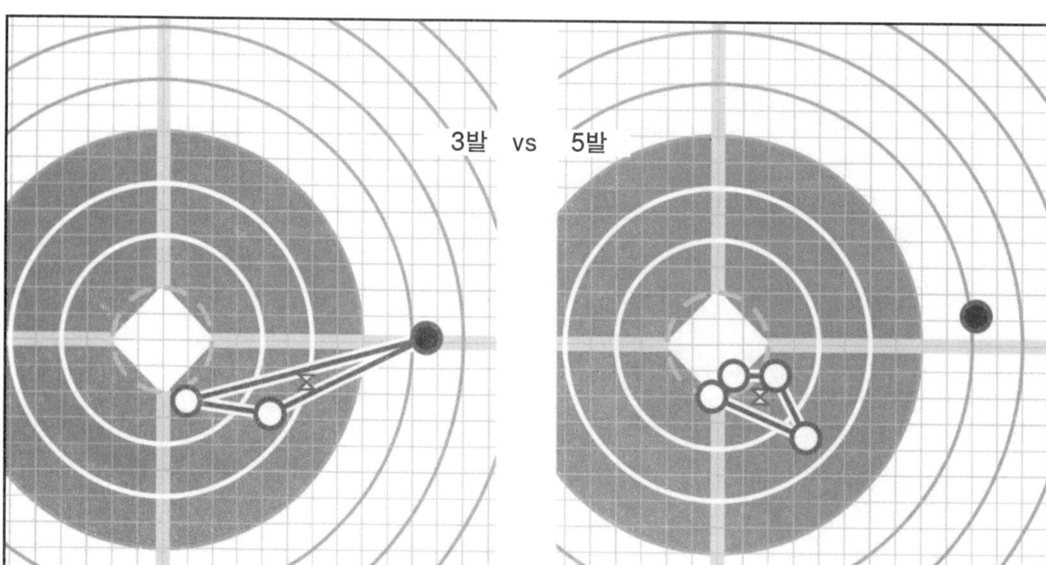

그림 E-3. 탄착군

탄착군 표시

E-21. 가능하다면 탄착군들은 각각 다른 색으로 표시해 사수가 사격 과정을 되짚어볼 수 있게 해야 한다. 그림 E-5는 영점 표적지에 탄착군을 표시하는 방법을 알려준다. 이 방법은 사수와 교관이 탄착군 형성및 영점 조절 과정을 파악하기 쉽게 한다.

E-22. 모든 영점조정은 탄착군의 중앙, 즉 '평균탄착점(Mean point of impact, MPI)'를 기준으로 이뤄져야 한다. 5발 탄착군을 사용할 경우, 지나치게 벗어난 한 발은 영점조정시 고려하지 않아도 된다.

주) 아래 그림에서는 색의 차이를 회색의 농도차로 표현했다.

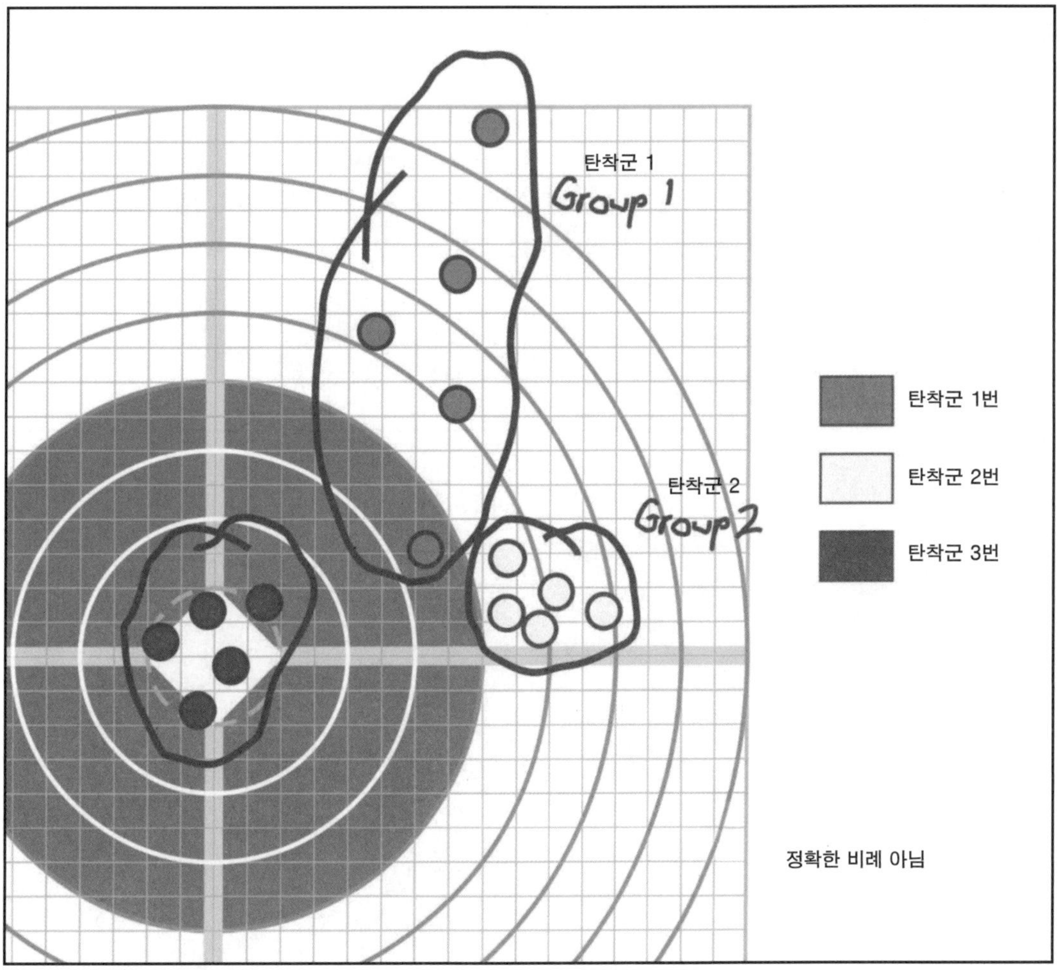

그림 E-5. 탄착군표시

E-23. 사수는 최초의 탄착군을 색연필이나 색 사인펜등으로 표시한다. 첫번째 탄착군에 테두리를 둘러 표시한 뒤 오른쪽에 1이라고 적는다. 같은 지점에 탄착점이 밀집될 때 까지 탄착군 형성 사격과 표시를 계속한다.

E-24. 각각의 영점조정 데이터 역시 해당 탄착군과 같은 색깔로 표기한다.

사격지도

E-25. 사격지도는 다른 병사가 조교로서 사격중에 사수를 관찰하며 사수 본인은 알 수 없는 실수를 파악하는 것이다.

조교의 유형

E-26. 소총 사격에는은 각종 기술을 지속적으로 적절하게 적용해야 한다. 즉 올바른 방법을 매 발마다 똑같이 실시해야 한다. 그리고 소화기 교관은 훈련중에 나오는 어떤 질문이라도 받을 준비가 되어야 한다. 대부분의 경우 단체 훈련이 끝나면 자신의 사격중 실수를 깨닫고 수정하는 것은 사수 개인의 책임이지만 이는 조교를 통한 사격지도를 통해 더 쉽게 끝낼 수 있다.

E-27. 조교에는 크게 숙련 조교와 전우 조교가 있다. 둘 다 기본적으로 같은 방법으로 도움을 주지만 숙련 조교는 일반적으로 훈련을 직접 받는 병사보다 더 많은 지식과 경험을 쌓은 인원이다. 지식과 기술이 반드시 계급과 비례하지는 않으므로 숙련 조교로 선정될 병사들은 사격 실력 및 다양한 숙련도의 다른 사수들에게 얼마나 잘 지식을 전파할 수 있는지를 고려해 선정되어야 한다.

숙련 조교

E-28. 숙련 조교가 될 인원은 아무래도 육군 내에 상대적으로 숫자가 적고 능력이 상대적으로 떨어지는 인원들보다 상당히 적다. 숙련 조교의 부족으로 인해 훈련기간중, 혹은 파병기간중 소수의 숙련 조교가 다수의 사수를 감독해야 할 상황이 닥친다. 숙련 조교가 사수들의 탄착군 사격을 감독하고 실수를 파악해 기록하는 것은 큰 도움이 된다. 기억에 의존할 경우 각 사수의 실수를 파악하기는 어려워진다.

전우 조교

E-29. 전우 조교, 즉 사수의 동료를 조교로 활용하는 것은 숙련 조교에 비하면 덜 효율적이지만 그래도 유용하다. 전우 조교의 활용은 두 가지 장점을 가진다. 숙련 조교가 없을 때에 제한된 지식으로나마 사수를 감독할 수 있으며 사수의 실수를 직접 이야기하거나 숙련 조교에게 이야기할 수 있다. 또 다른 장점은 전우 조교들 자신이 다른 사수의 실수를 인지하면서 자신들이 같은 실수를 하지 않게 된다는 것이다. 많은 사람들은 배운 것을 직접 하는 것 보다 남에게 가르치면서 더 잘 깨닫게 된다.

주: 전우 조교의 임무는 훈련 수준에 따라 제한이 있다.

E-30. 조준 자체를 제외하면 조교들은 사격의 가장 중요한 요소들을 관찰할 수 있다. 눈으로 볼 수 없는 실수를 확인하려면 조교와 사수는 열린 대화를 할 수 있어야 하므로 긴장이 풀리고 학습이 가능한 환경을 조성해야 한다. 사수는 조교에게 질문을 주저하면 안되며 조교 역시 사격시에 사수에게 스트레스를 주어서는 안된다. 또한 조교는 적절한 관찰을 위해 사수들 사이를 자유롭게 오갈 수 있어야 한다. 단 하나의 이상적인 조교 지도 위치란 존재하지 않는다. 아래의 사항들은 사격 요소 및 조교가 이를 어떻게 관찰해야 하는지를 논의하기 위한 것이다.

안정

E-31. 사수가 얼마나 안정된 자세를 취했는지 조교가 확인하려면 사수의 여러 측면에서 관찰해야 한다. 사수의 사격하지 않는 쪽 팔꿈치를 확인(지면에 닿았는지 확인) 하려면 조교는 사수가 사격하지 않는 팔, 즉 방아쇠를 당기지 않는 팔 쪽으로 가야 한다. 총기가 기울어져 있지 않은지 확인하려면(총기의 조준기 상부는 12시 방향을 향해야지, 11시나 1시여서는 안된다) 조교는 후방으로 가 조준기와 총열의 상관관계를 확인해야 한다. 조교는 그 외에도 이 교범의 챕터 6에 기재된 사격 자세들이 적절히 이행됐는지 다양한 측면에서 확인해야 한다. 또한 조교는 사격시 총기가 반동으로 얼마나 움직이는지도 관찰해야 한다. 자세가 잘 안정되었다면 반동으로 인한 움직임도 최소한이어야 한다.

조준

E-32. 사수가 조준하는데 필요한 요소들(조준상, 조준선 정렬, 초점)을 잘 실천했는지 확인하려면 조교와 사수간의 대화가 필수적이다. 종종 사수는 직접 발견하기 전에는 자신의 실수를 깨닫지 못한다. 조교가 이를 시각적으로 확인하는 방법은 M16소총용의 조준 확인기를 사용하는 것이지만 이 장비는 운반손잡이에 가늠자가 달린 총기에만 적용된다. 이 장비를 사용하지 못할 대부분의 경우 조교는 그림이나 토론, 혹은 M15A1 조준 카드(DVC-T 07-26)를 사용해 사수가 표적의 어디를 조준했는지, 사격중 어디에 초점을 뒀는지(가늠쇠에 초점을 맞춰야 한다), 사격 순간에 가늠쇠가 표적에의 조준점 및 가늠자에 대비해 어디에 위치했는지등을 파악해야 한다. 또한 사수가 자신의 탄착점이 어디인지 예상하고 알리는 것도 필요하다. 이 방법에는 사수가 사격 순간에 어디를 조준했는지 파악하고 이를 실제 탄착점과 비교하는 것도 요구된다. 이것은 사수가 사격 과정 전반에 걸쳐 초점을 가늠쇠에 맞춰야 한다는 사실을 깨닫게 한다.

E-33. 광학 조준장비가 사용될 경우 사수는 조교에게 어디를 조준했는지 반드시 말해야 한다. 특히 RCO에서 이것이 중요하다. 조교들은 25m 영점 조준시에는 반드시 300m 거리와 같은 조준 망선을 사용하게끔 확인해야 한다.

제어

E-34. 사수의 방아쇠 격발을 관찰하는 가장 좋은 위치는 사격하지 않는 팔 쪽이다. 이 쪽에서 조교가

방아쇠 당기는 속도 및 손가락의 어디가 방아쇠에 닿아있는지, 그리고 사격 후 손가락이 방아쇠에서 떨어졌는지, 혹은 계속 당기고 있는지를 파악하기 쉽다. 조교는 사수 뒤에 있으면 사격중에 방아쇠를 거칠게 당겨 총열이 좌우로 흔들리는지 파악하기 쉽다.

사격지도에 필요한 요소들

E-35. 모든 사격은 결국 병기에서 이뤄진다. 이는 사격지도가 사격중 온전히 사수에게 집중되어야지, 표적 지역에서 무슨 일이 벌어지는지에 집중되어서는 안된다는 이야기다.

E-36. 조교가 표적 어디에 탄이 맞았는지 관찰해 사수가 어떤 실수를 했는지 실시간으로 파악할 방법은 없다. 조교는 사격중에는 사수를 관찰해 어떤 실수가 있는지 확인하고, 나중에 탄착점을 통해 자신의 판단이 맞았는지 확인하면 된다.

E-37. 조교가 사격의 모든 상황을 안전하게 관찰하려면 사수의 양 측면과 후방에 있어야 한다. 또한 이를 위한 미리 정해진 위치는 존재하지 않는다.

E-38. 사격지도는 사수와 조교간의 열린 대화가 가능한, 긴장되지 않은 환경에서 이뤄져야 한다.

탄착군 분석

E-39. 탄착군 분석에는 사수가 실제 탄착군을 사격시에 머리속에 떠올린 탄착군과 비교하는 것이 포함된다. 정확한 탄착군 분석은 그저 종이 위의 구멍들을 보는 것 만으로 이뤄지지 않는다. 사실 표적보다는 사수를 분석하는 것이 더 중요하다. 모든 사격은 병기에서 이뤄지며 종이 위의 구멍들은 사격시에 총구가 어디로 향했는지를 보여줄 뿐이다. 조교가 탄착군을 분석할 때에는 반드시 사수에게 무슨 이유로 탄착점이 이렇게 형성되었는지 질문해야 한다.

E-40. 예를 들어, 사수가 조밀한 탄착군을 형성했지만 한 발만 크게 벗어났다면 사수는 사격중에 이를 인지했어야 한다. 사수는 탄착군을 표시할 때 이 한 발을 제외해야 한다(그림 E-6a와 E-6b참조). 또한 조교가 탄착군을 분석할 때 사수는 이 한 발을 쏠 때 잘못했으며 탄착군에서 제외해야 한다고 이야기해야 한다.

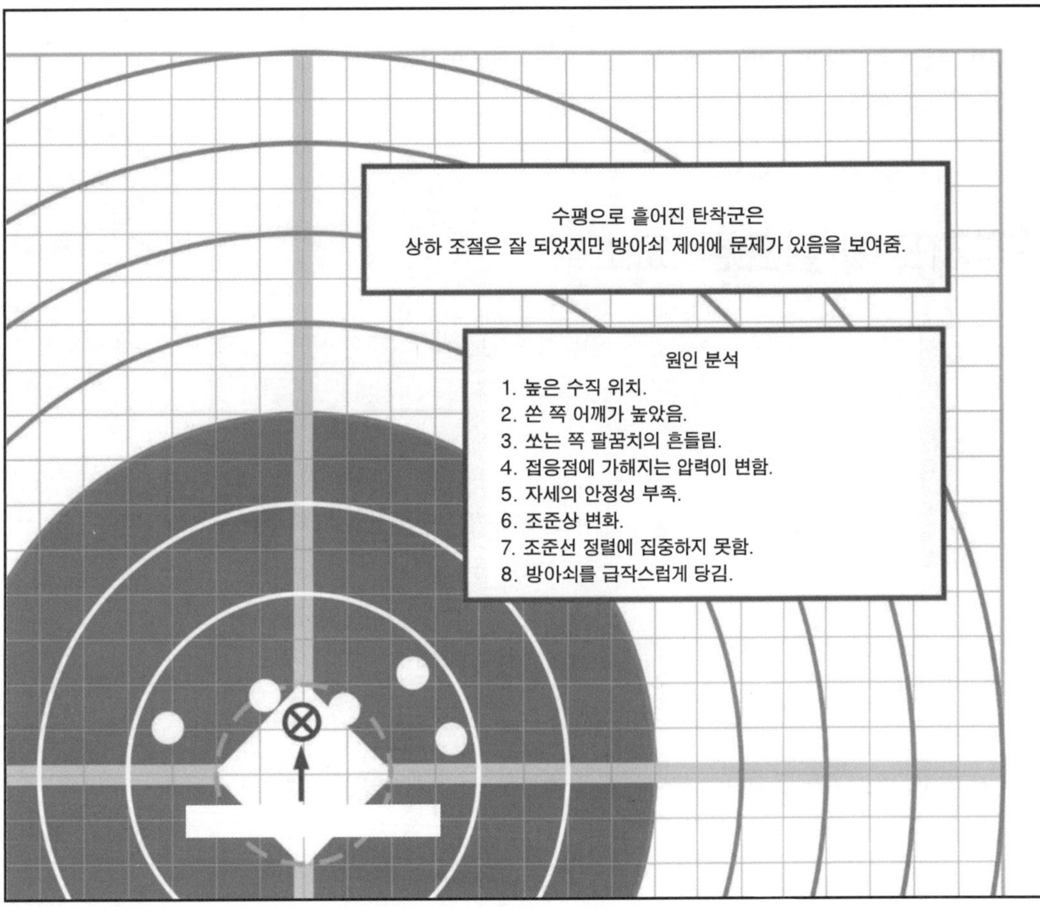

그림 E-6a. 수평으로 흩어진 탄착군 진단

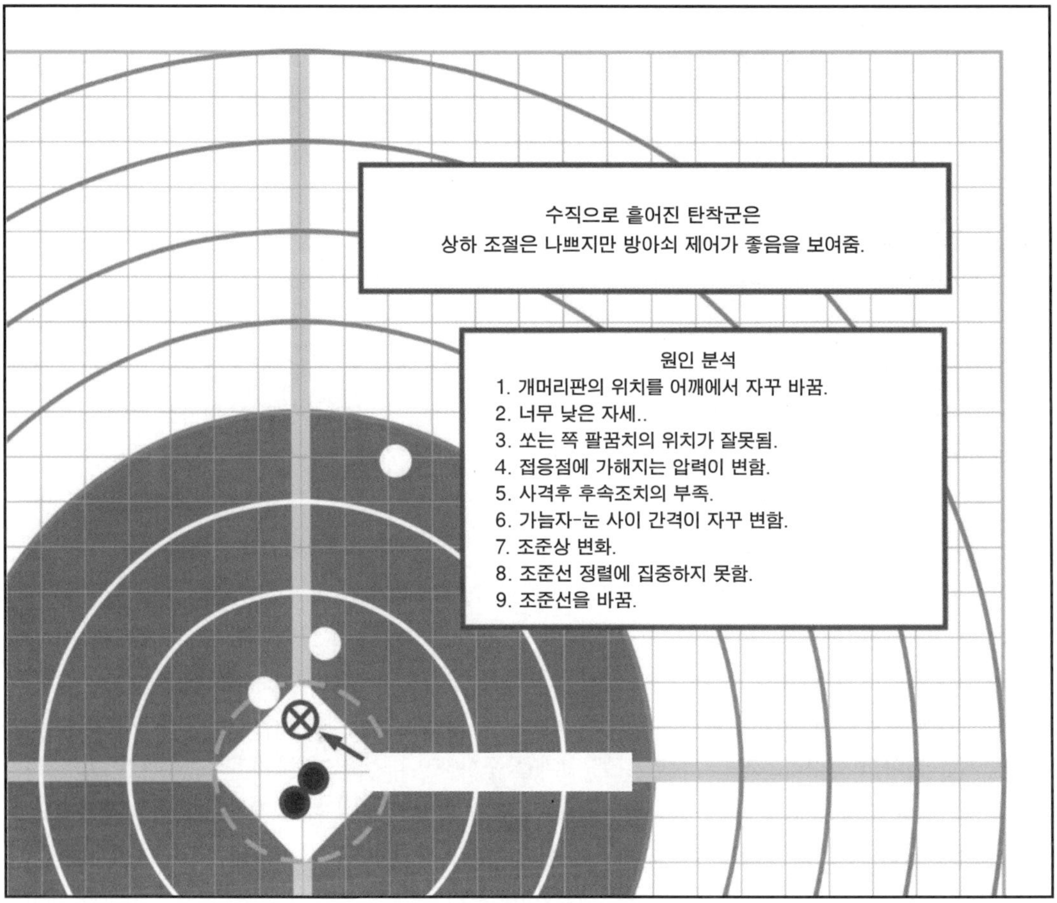

그림 E-6b. 수직으로 흩어진 탄착군 진단

E-41. 신참 병사들은 자신들이 쏜 탄착군을 직접 표시하지 않는 편이 좋다. 이 과정에서 숙련되지 않거나 스트레스를 심하게 받은 상태의 병사라면 뜻하지 않게 머릿속에서 조준을 수정해버린다. 이것이 총기에 더해지는 기계적 수정과 합쳐지면 다음번 탄착군 형성에 더 심한 문제를 야기한다. 경험많은 병사라면 총기의 조준장치를 기계적으로 수정할 뿐, 조준하는 장소 자체는 바꾸지 않는다. 영점 조절 과정이 형성된 탄착군에 맞춰 조준기를 조절하는 것이라는 사실을 잘 알기 때문이다. 조교나 교관이 병사에게 단순히 조준장치를 어떻게 수정해야 할지 알려주는 편이 더 효과적이다.

E-42. 사수에 대한 관찰은 표적에 대한 유효한 분석이 나오기 전에 끝내야 한다. 탄착군이 수직 방향으로 흩어진 것이 반드시 호흡 문제만을 뜻하지는 않으며, 수평 방향으로 흩어진 것도 반드시 방아쇠를 잘못 당겨서 그런 것만은 아니다. 조교는 총탄이 총구가 향하는 곳만으로 날아간다는 사실을 깨닫고 왜 총구가 그 쪽으로 향했는지 파악해야 하며, 여기에 추정되는 원인은 매우 많다는 사실도 알아야 한다.

E-43. 적절한 지도를 실시하려면 사격에 관한 수사관처럼 행동해야 한다. 조교는 사수를 관찰하고, 질문하고, 표적에 남은 증거를 관찰하며, 다시 사수에게 질문한 뒤 증거에 따른 추론을 내린 뒤 그 추론에 맞춰 행동해야 한다. 조교와 사수는 긴장되지 않은 상태에서 자유롭고 열린 대화를 할 수 있어야 한다. 사수가 사격을 제대로 못 배우면 결국 실전에서도 제대로 못 쏘게 된다.

탄착군 내의 탄착점

E-44. 병기의 탄착군 형성능력은 총열이 얼마나 많은 탄을 쐈느냐에 따라 좌우된다. 평균적인 탄착군 사이즈는 25m 거리에서 약 2.5cm(1인치)이다. 몇몇 총기는 이보다 탄착군이 조금 더 퍼진다. 만약 보통보다 조금 퍼지는 탄착군이 형성된다면 그 총을 보다 숙달된 사수에게 쏘게 하라. 만약 숙달된 사수가 정상적인 탄착군을 형성한다면 이것은 총보다는 사수의 문제일 것이다. 하지만 숙달된 사수라도 동일한 문제를 겪는다면 총기, 혹은 총열의 문제일 가능성이 있다.

E-45. 만약 전체 탄착군에서 1~2발이 벗어나 있다면(3발 탄착군에서는 1발, 5발 탄착군에서는 1~2발) 조교는 전반적인 탄착점의 지속성을 객관적으로 바라봐야 한다. 잘못된 탄착군이 반드시 실력 자체의 문제만은 아니다. 모든 사수는 언제든 잘못된 사격을 할 가능성이 있으며 몇몇 사수는 언제든 잘못된 탄착군을 형성할 가능성이 있다. 조교들은 경험을 토대로 사수가 그저 실력보다 나쁜 결과를 얻은 것인지, 아니면 사격에 필요한 요소들을 아직도 제대로 파악하지 못한 상태인지를 확인한 뒤 이 문제를 해결할 다음 단계를 밟아야 한다. 조교는 앞서의 나쁜 결과를 무시하고 다시 쏘게 해 새로 쏜 결과가 그보다 이전과 비슷하기를 기대할 수도 있고, 사수를 사선에서 빼낸 뒤 기본부터 다시 가르칠 수도 있다. 흔히 생각하는 것과 달리, 사수를 한 곳에 계속 두고 좋은 결과가 나올 때까지 계속 쏘게만 하는 방식은 결코 효율적이지 않다.

표적에 수평으로 흩어지는 탄착점

E-46. 수평으로 흩어지는 탄착점은 방아쇠에 손가락을 부자연스럽게 얹어 생기는 총열의 수직 운동에 의해 발생할 수도 있다. 그 외에도 다른 원인들을 생각할 수 있다.

- 수의 조준선 정렬이 좌우로 살짝 어긋나있을 수 있다.
- 사수의 조준선 정렬은 바르더라도 표적을 가늠쇠 끝에 정확히 위치시키는데 애를 먹고 있을 수도 있다.
- 사수가 발사 순간에 눈을 감거나 움찔할 수도 있다.

표적에 수직으로 흩어지는 탄착점

E-47. 수직으로 흩어지는 탄착점의 원인은 아래와 같을 수 있다.

- 사수가 가늠쇠를 가늠자 속에서 수직 방향으로 잘못 정렬시켰을 수 있다. 혹은 사수가 가늠쇠 대신 표적에 시선을 집중하고 있을수도 있다. 덜 안정된 자세(무릎 쏴, 혹은 기타 무의탁 자세

들)에서 특히 병기의 자연스러운 움직임으로 인해 이런 상황이 발생하기 쉽다.

- 사수가 표적을 보면서 가늠쇠 끝을 표적 중앙에 정확히 위치시키는데 어려움을 겪을 수도 있다. 조교는 더 큰 표적, 혹은 5인치(약 127mm)지름의 원과 같은 비표준 조준점을 사용할 수도 있다. 많은 사수들은 인체형 표적보다는 원형 표적의 중앙을 더 쉽게 조준한다.
- 사수의 의탁이 좋지 않아 매번 쏠 때마다 자세를 고치고 조준선 정렬도 살짝 틀어진 채 있을 수 있다.
- 사수가 사격중에 숨을 쉬어서 그럴 수도 있다(이런 경우는 흔치 않다. 사수들의 대부분은 본능적으로 사격 직전에 숨을 멈추기 때문이다).

넓은 탄착군

E-48. 탄착군이 넓게 퍼지는 경우는 사수가 가늠쇠 대신 표적을 보기 때문에 일어난다. 이렇게 되면 사수는 표적의 가운데에 가늠쇠를 놓을 때 가늠쇠가 가늠자의 어디를 통해 보이는지 신경을 쓰지 못하게 된다. 조준선 정렬이 조금만 어긋나도 표적에는 탄착군이 넓게 퍼지게 된다.

E-49. 많은 경우는 조준점이 문제가 아닐 수 있다. 대부분의 사수들은 정렬된 조준선이 표적을 제대로 가리키지 못할 경우에는 발사하지 않는다.

탄착군은 좋은데 표적 위에서 자리가 바뀌는 경우

E-50. 사수가 쏜 탄착군 자체는 조밀한데 쏠 때마다 다른 곳에 맞을 경우에는 몇 가지 이유가 있을 수 있다. 여기에는 아래 이유들이 포함된다.

- 조준선 정렬 자체는 올바르게 했으나 매번 다른 곳을 조준할 때.
- 가늠쇠 자체는 표적에 향한 채로 자세를 잡았지만 조준선 정렬이 잘못되었을 경우. 사수는 잘못된 조준상을 계속 유지하기 때문에 탄착군 자체는 조밀하더라도 조준선이 잘못된 방향을 향하므로 다음 탄착군을 쏠 때에는 다른 곳을 향하게 될 수 있다. 사수에게 가늠쇠에 시선을 집중하라고 알려준 다음 매회 탄착군을 형성하기 전에 사수의 자연스러운 조준점이 어디인지를 확인한다.

지난 20년 사이, 미군의 사격은 많은 면에서 바뀌었다. 이제 미군의 사격 훈련에서 중점을 두는 부분은 전술기동사격이라 묘사할 수 있는, 매우 능동적인 사격 방식이다.
야외 개활지에서의 전투보다는 시가지와 산악지대 등 보다 다양한 지형과 환경에서의 전투를 염두에 둔 현대의 전술기동사격은 근거리에서의 반자동 연속사격과 다양한 자세에서의 사격을 강조하며 각국 사격훈련의 근간을 뒤흔들고 있다.
그러나 그런 미군이라도 사격의 가장 기본을 잊은 것은 아니다. 이 책은 미 육군이 공개한 교범(FM 3-22.9)을 번역한 것이다. 그리고 이 교범의 내용은 어떻게 보면 미군이 현재 강조하는 전술기동사격과는 좀 거리가 있는 것이다.
이 책이 다루는 것은 말 그대로 사격과 탄도학의 기본이다. 전술기동사격의 화려한(?) 면모와는 다르다. 가장 기본적인 사격 자세부터 총기 조작의 기본, 탄도학의 기본 등 어떻게 보면 따분하기까지 한 부분들이다. 게다가 기본이라고 해서 쉬운 것은 아니다. 본문에 나오는 리드값 적용같은 부분은 결코 무시할 수 없는 공식까지 곁들이며 읽는 사람들에게 나름 공부할 것을 요구하고 있다.
그렇다면 미군이 2016년 5월이라는, 아주 최근에 공개한 이 교범의 존재가 미군의 사격 교육이 근간부터 바뀐다는 이야기일까? 그것은 아니다. 그보다는 단순해보이는 소총 사격이라도 실제로는 무시할 수 없는 기본이 바탕에 깔려야 더욱 응용도가 높아진다는 생각이 아닐까. 전체의 탄도학과 사격술의 기본에서 그야말로 극히 일부에 불과한 지침만 받고 속성으로 사격을 훈련받는 것으로도 무시 못할 결과를 얻는 것이 현대 소총과 탄약의 마법(?)이지만, 그래도 일선 병사들이 사격을 이해하고 더 우수한 결과를 얻으려면 기본을 더욱 깊게 숙지하는 편이 도움이 된다는 이야기다.
여기에 이 교범은 시대의 흐름도 충분히 반영하고 있다. 우리나라에서야 이제야 도트사이트가 간신히 보급되기 시작하고 있지만, 미군에서는 레이저와 도트사이트가 전투 보병의 기본장비로 보급되기 시작한지 거의 20년이 되어가며 그 동안 등장하고 실전배치된 각종 옵틱(광학장비)의 종류도 상당하다. 기본을 다루는 책이라고 해도 이 책에서는 각종 옵틱및 전자 조준 보조기기들을 당연하다는듯 다루고 있다. 21세기에는 이미 이런 옵틱류가 기본중의 기본으로 취급받는 것이다.
이 책은 물론 우리나라의 군 등 사격을 교육하는 곳들과는 여건이 많이 다른 곳에서 만들어졌다는 사실을 부인할 수는 없다. 그러나 여기서 소개하는 내용들중 상당수는 5.56mm총기를 사용하는 사격에서라면 상당부분 들어맞는 기본이다. 이것이 우리나라에서 총 및 사격과 관련된 직업에 종사하는 분들에게 나름 도움이 되는 책이기를 바란다.

2016년 10월 25일
번역자 홍 희 범

미육군 소총사격교범

저자: US ARMY
번역: 홍 희 범
편집/디자인: 김 현 경
판형: 변형 B5(188×258mm)
발행: 멀티매니아 호비스트
서울시 용산구 백범로 90다길 12, 201동 612호
전화 02)989-5311
팩스 02)989-5313
홈페이지: platoonnmagazine.com
인쇄: 애드그린
ISBN: 978-89-85578-67-7
정가: 12,000원

2016년 11월 4일 1쇄 발행